企业高技能人才职业培训系列教材

城轨行车值班员

CHENGGUIXINGCHEZHIBANYUAN（三级）

编审委员会

主　任　仇朝东

委　员　顾卫东　葛恒双　葛　玮　孙兴旺　刘汉成

执行委员　孙兴旺　瞿伟洁　李　晔　夏　莹　叶华平　李　益　杜晓红

主　编　张建华

编　者　（按姓氏笔画排序）

王繁繁　吴玲英　李　佩　张建华　郁文斌　施亦浩

主　审　田益锋

中国劳动社会保障出版社

图书在版编目(CIP)数据

城轨行车值班员：三级/人力资源和社会保障部教材办公室等组织编写. —北京：中国劳动社会保障出版社，2015

企业高技能人才职业培训系列教材

ISBN 978-7-5167-1701-1

Ⅰ.①城… Ⅱ.①人… Ⅲ.①城市铁路-行车组织-职业培训-教材 Ⅳ.①U239.5

中国版本图书馆 CIP 数据核字(2015)第 046057 号

中国劳动社会保障出版社出版发行

（北京市惠新东街 1 号 邮政编码：100029）

*

三河市华骏印务包装有限公司印刷装订 新华书店经销

787 毫米×1092 毫米 16 开本 16.25 印张 271 千字

2015 年 3 月第 1 版 2015 年 3 月第 1 次印刷

定价：38.00 元

读者服务部电话：（010）64929211/64921644/84643933

发行部电话：（010）64961894

出版社网址：http://www.class.com.cn

内容简介

本教材由人力资源和社会保障部教材办公室、中国就业培训技术指导中心上海分中心、上海市职业技能鉴定中心、上海申通地铁集团有限公司轨道交通培训中心依据城轨行车值班员（三级）职业技能鉴定细目组织编写。教材从强化培养操作技能，掌握实用技术的角度出发，较好地体现了当前最新的实用知识与操作技术，对于提高从业人员基本素质，掌握城轨行车值班员（三级）的核心知识与技能有直接的帮助和指导作用。

本教材既注重理论知识的掌握，又突出操作技能的培养，实现了培训教育与职业技能鉴定考核的有效对接，形成一套完整的城轨行车值班员培训体系。本教材内容共分为5章，主要包括：行车设备、列车运营组织、车站行车组织、停车场行车组织、行车安全管理。

本教材可作为城轨行车值班员（三级）职业技能培训与鉴定考核教材，也可供本职业从业人员培训使用，全国中、高等职业技术院校相关专业师生也可以参考使用。

前言

企业技能人才是我国人才队伍的重要组成部分，是推动经济社会发展的重要力量。加强企业技能人才队伍建设，是增强企业核心竞争力、推动产业转型升级和提升企业创新能力的内在要求，是加快经济发展方式转变、促进产业结构调整的有效手段，是劳动者实现素质就业、稳定就业、体面就业的重要途径，也是深入实施人才强国战略和科教兴国战略、建设人力资源强国的重要内容。

国务院办公厅在《关于加强企业技能人才队伍建设的意见》中指出，当前和今后一个时期，企业技能人才队伍建设的主要任务是：充分发挥企业主体作用，健全企业职工培训制度，完善企业技能人才培养、评价和激励的政策措施，建设技能精湛、素质优良、结构合理的企业技能人才队伍，在企业中初步形成初级、中级、高级技能劳动者队伍梯次发展和比例结构基本合理的格局，使技能人才规模、结构、素质更好地满足产业结构优化升级和企业发展需求。

高技能人才是企业技术工人队伍的核心骨干和优秀代表，在加快产业优化升级、推动技术创新和科技成果转化等方面具有不可替代的重要作用。为促进高技能人才培训、评价、使用、激励等各项工作的开展，上海市人力资源和社会保障局在推进企业高技能人才培训资源优化配置、完善高技能人才考核评价体系等方面做了积极的探索和尝试，积累了丰富而宝贵的经验。企业高技能人才培养的主要目标是三级（高级）、二级（技师）、一级（高级技师）等，考虑到企业高技能人才培养的实际情况，除一部分在岗培养并已达到高技能人才水平外，还有较大一批人员需要从基础技能水平培养起。为此，上海市将企业特有职业的五级（初级）、四级（中级）作为高技能人才培养的基础阶段一并列入企业高技能人才培养评价工作的总体框架内，以此进一步加大企业高技能人才培养工作力度，提高企业高技能人才培养效果，更好地实现高技能人才培养的总体目标。

为配合上海市企业高技能人才培养评价工作的开展，人力资源和社会保障部教材办公室、中国就业培训技术指导中心上海分中心、上海市职业技能鉴定中心联合组织有关行业和企业的专家、技术人员，共同编写了企业高技能人才职业培训系列教材。本教材是系列教材中的一种，由上海申通地铁集团有限公司轨道交通培训中心负责具体编写工作。

企业高技能人才职业培训系列教材聘请上海市相关行业和企业的专家参与教材编审工作，以“能力本位”为指导思想，以先进性、实用性、适用性为编写原则，内容涵盖该职业的职业功能、工作内容的技能要求和专业知识要求，并结合企业生产和技能人才培养的实际需求，充分反映了当前从事职业活动所需要的核心知识与技能。教材可为全国其他省、市、自治区开展企业高技能人才培养工作，以及相关职业培训和鉴定考核提供借鉴或参考。

新教材的编写是一项探索性工作，由于时间紧迫，不足之处在所难免，欢迎各使用单位及个人对教材提出宝贵意见和建议，以便教材修订时补充更正。

企业高技能人才职业培训系列教材

编审委员会

目录

第1章 行车设备

PAGE 1

第2章 列车运营组织

PAGE 63

第3章　车站行车组织

第1章

行车设备

学习目标

- ✔ 掌握行车设备基础知识
- ✔ 掌握车站客运组织、服务知识
- ✔ 掌握车站售检票设备系统构成
- ✔ 掌握车站机电设备系统组成

1.1 行车基础知识

知识要求

1.1.1 线路

1. 线路分类

在城市轨道交通系统中，广义的线路是轨道、路基、桥梁、隧道的总称。轨道是线路的上部建筑，路基、桥梁、隧道是线路的下部建筑。狭义的线路就是轨道。为了满足运营功能的要求，线路要具有足够的强度、稳定性和耐久性。

（1）按铺设方式，城市轨道交通线路可分为地下线路、地面线路和高架线路。

地下线路铺设于隧道内，城市的中心区域普遍采用这种形式，如图1—1所示。

图1—1　地下线路

地面线路铺设于地面，中心区域以外的区域可以采用这种形式，如图 1—2 所示。

图 1—2　地面线路

高架线路铺设于城市高架桥面之上，一般沿城市道路一侧或中央铺设，城市外围区域主要采用这种形式，如图 1—3 所示。

图 1—3　高架线路

（2）按功能，城市轨道交通线路可以分为正线和辅助线，辅助线包括渡线、折返线、存车线、联络线等。

城市轨道交通线路的编号先编正线，用罗马数字表示，下行正线一侧为单数（Ⅰ），上行正线一侧为双数（Ⅱ）。辅助线用阿拉伯数字表示，靠近下行线侧的辅助线一般为单数（3，5…），靠近上行正线一侧为双数（4，6…），如图1—4所示。

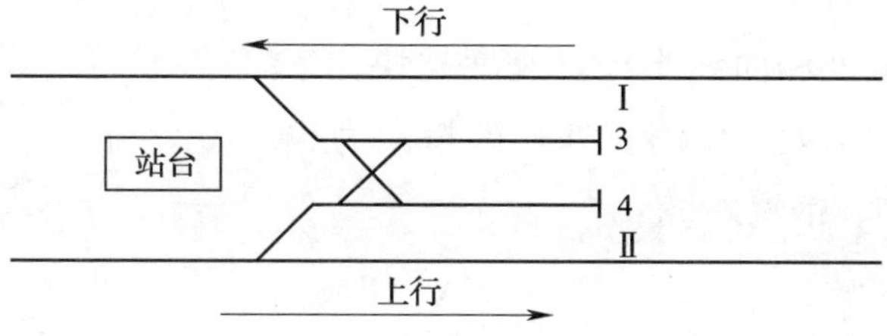

图1—4　轨道交通线路编号

2. 线路要素及标志

轨道交通线路的组成除了钢轨、接头联结零件、轨枕、扣件、道床和轨道加强设备等硬件设备之外，还包括一些标准要素，如轨距、曲线半径、限界等，以及表示这些要素的标志。

（1）线路要素

1）轨距。轨距是指轨道上两股钢轨头部内侧以下一定距离（城市轨道交通与国家铁路都采用16 mm）处，两作用边之间的最短距离。目前国内实行的标准轨距为1 435 mm。

2）曲线。轨道交通线路平面上由直线和曲线组成，曲线是线路的薄弱环节之一，它与线路性质、车辆性质、行车速度、地形地物条件等有关。为保证列车运行的平顺和安全，应采用大半径的曲线，曲线半径越大，允许列车通过线路的速度就越快，对列车的轮轨磨耗越小，但占地越大。

因受到城市空间限制和造价的影响，曲线半径不可能无限大，在满足运行速度和车辆技术要求情况下，地铁正线的最小曲线半径为300 m，在困难情况下不能小于250 m。高架轻轨线正线最小曲线半径一般不小于200 m，困难条件下不小于100 m；车场线上最小半径为30 m。

另外，A型车的最小曲线半径要求比B型车大。车站的站台段线路应设在直线上，在困难的地段可设在曲线上，其半径应不小于800 m。曲线地段一般不设置道岔。

3）曲线超高。列车在曲线轨道上运行时，会产生离心力，离心力过大会影响行车安全。为平衡离心力的作用，在曲线轨道上设置外轨超高，即把曲线外股适当抬高，使车身倾斜，车辆重力的水平分力可以抵消离心力，使内外两股钢轨受力均匀、垂直磨耗均等，减小离心加速度，增加旅客舒适感，提高线路稳定性和行车安全。曲线外轨超高如图 1—5 所示。

列车由直线进入曲线时，所产生离心力的大小取决于列车前进的速度和曲线半径。速度越快，半径越小，则离心力就越大，作用在外轨的横向力也越大，外轨磨耗加剧、钢轨外挤。

曲线超高计算式：

$$h = 11.8\frac{V^2}{R}$$

式中 h——曲线外轨超高，mm；

V——通过曲线时各类列车的平均速度，km/h；

R——曲线半径，m。

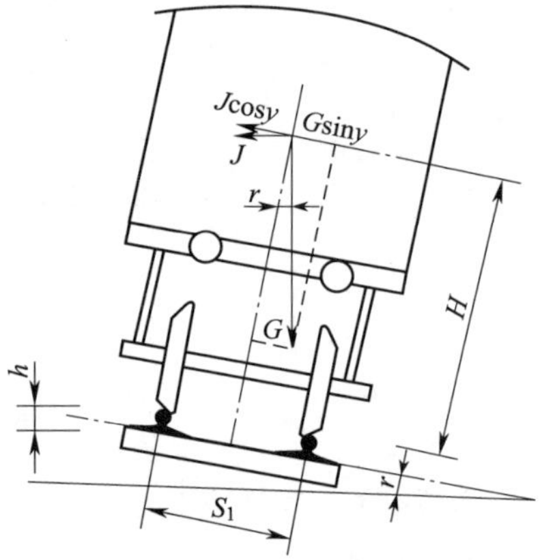

图 1—5　曲线外轨超高

4）坡度。城市轨道交通线路根据地形变化，有上坡、下坡和平坡，线路坡度标如图 1—6 所示。在坡度标上箭头表示坡度的变化，坡度值用每 1 000 m 的水平距离与线路升高或降低的数值之比的千分率来表示，如“4 ↗”，就表示每 1 000 m 的水平距离线路升高 4 m，也可表示为 4‰。线路坡段长度不宜小于远期列车长度。

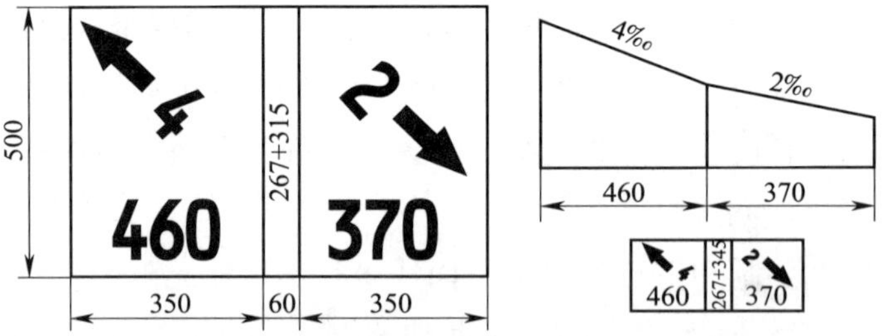

图 1—6　线路坡度标

城市轨道交通正线的最大坡度不宜大于 30‰，隧道内折返线和存车线一般不宜大于 20‰，联络线、出入段线的最大坡度不宜大于 40‰。

城市轨道交通车站站台理论上不应设在坡道上，因较大的坡度会使停车不稳，易发生溜车的危险事故，如条件限制最大坡度为 2‰，地面和高架桥上的车站站台在困难地段可设在坡度不大于 3‰的坡道上。理论上道岔也不应设在坡道上。

5）限界。限界是指列车沿固定的轨道安全运行时，所需要的空间尺寸。限界主要分为车辆限界、设备限界、建筑限界、受电弓限界等，起控制作用的主要是设备限界和建筑限界。限界越大，安全度越高，但工程量和工程投资也随之增加。因此，合理限界的确定，既要考虑保证列车运行的安全，又要考虑系统建设成本。

（2）线路标志

为了更好地描述线路的要素，线路上安装了一些线路标志，如百米标、曲线要素标、曲线始终点标、坡度标、竖曲线始终点标、公里标、旁通道标等。

1）百米标（见图1—7），标记线路整百米的位置。百米标“115”，即表示第11公里+5百米的里程位置。

图1—7　百米标

2）曲线要素标（见图1—8）。标记线路平面曲线各要素，包括曲线半径、曲线长、缓和曲线长、超高及起终点里程。

3）曲线始终点标（见图1—9）。标记线路平面曲线始终点位置，包括直线、缓和曲线、圆曲线的始终点分界。

图1—8　曲线要素标

图1—9　曲线始终点标

4）坡度标（见图1—10），标记线路坡度变坡点位置，包括坡段坡率、长度及坡度方向。

5）竖曲线始终点标（见图1—11），标记线路竖曲线始终点位置，指示竖曲线范围。

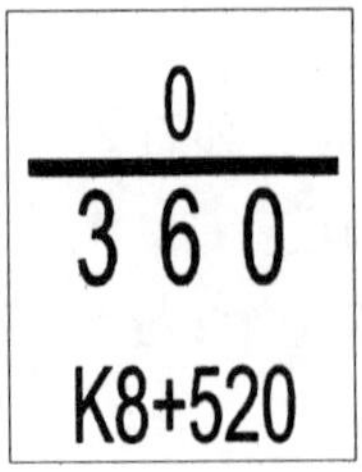

图1—10　坡度标

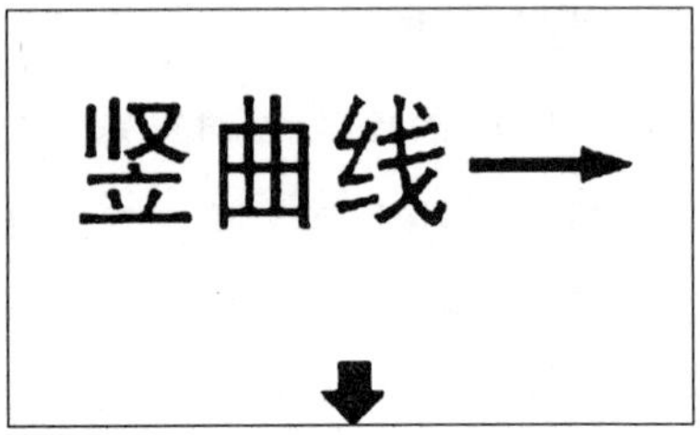

图1—11　竖曲线始终点标

6）旁通道标（见图1—12），标记线路旁通道所在位置。

7）公里标（见图1—13），标记线路公里位置。

图1—12　旁通道标

图1—13　公里标

（3）行车标志

同样，为了更好地做好行车组织工作，线路上也设置了一些行车标志，如股道牌、警冲标、停车牌、列车停车位置标、一度停车位置标、线路终端红牌、车挡位置标、限速地点标、限速牌、试车线减速标、制动牌、鸣笛标、站名预告牌、无接触网标、限高牌等。

1）股道牌（见图1—14），标示车库股道、车场线路名称或序号，提示工作人员确认，一般设置在车库股道大门上方。

2）警冲标（见图1—15），标志设在道岔后设备限界会合处的两线间，曲线范围内应按规定加宽，警冲标的位置要符合轨道交通信号设备（包括信号机、绝缘接头等）位置安装的规定。

图1—14　股道牌

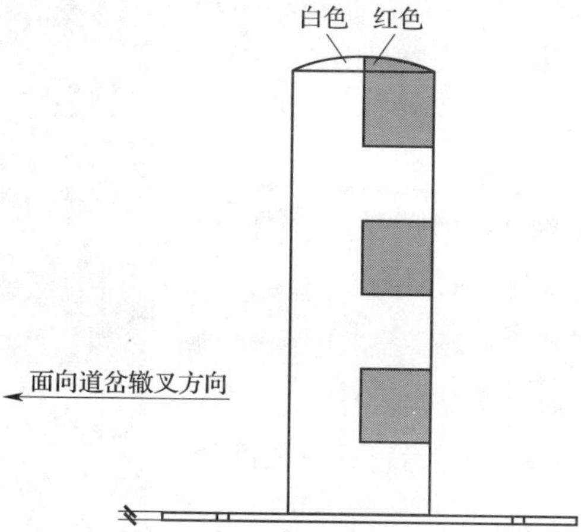

图 1—15　警冲标

3）停车牌（见图 1—16），指示列车停车地点，是规定列车停车的重要限位标志。设于线路行车方向右侧，标面向线路来车方向，标志中心距轨顶不得小于2 000 mm，距线路中心不得小于 2 150 mm，不得侵入限界。

4）列车停车位置标（见图 1—17），指定列车停车位置。设于线路行车方向右侧，标面向线路来车方向。标志中心距轨顶不得小于 2 000 mm，标志中心距线路中心不得小于 2 150 mm，不得侵入限界。

图 1—16　停车牌

图 1—17　列车停车位置标

5）一度停车位置标（见图 1—18），指定列车前行或转线时需要先停车瞭望，确认信号后运行。

6）线路终端红牌（见图 1—19），指示线路终端，所有车辆禁止逾越。设于轨道线路中心，标面向线路来车方向，标志中心距轨顶不得小于 2 000 mm。

7）车挡位置标（见图 1—20），标示车挡位置，是车挡的配属构件，应与车挡同时安装。

8）限速地点标（见图 1—21），指定限速地点，指示列车按标面标定的速度限速运行。

设于限速地段两端外不小于一运行列车长度的线路外侧，标面向线路来车方向。

9）试车线减速标（见图 1—22），指示列车在试车线上运行速度必须实施制动的地点。设于线路两侧。

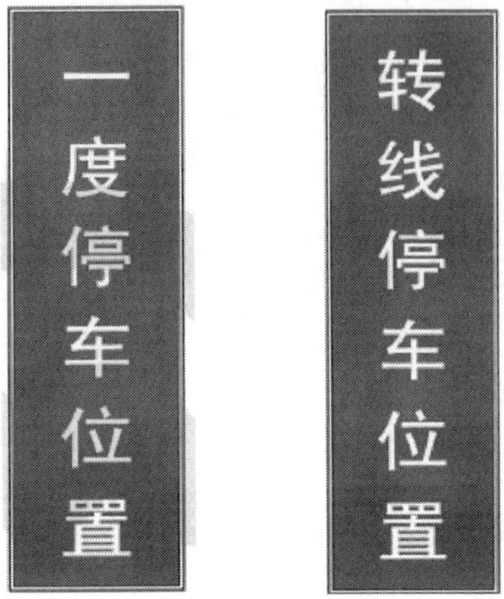

图 1—18　一度停车位置标

图 1—19　线路终端红牌

图 1—20　车挡位置标

图 1—21　限速地点标

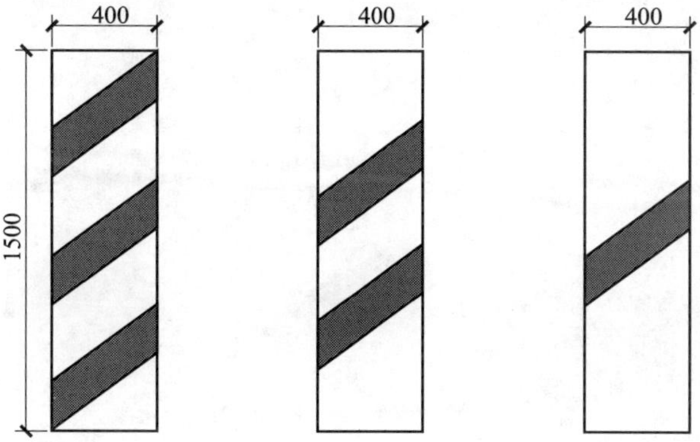

图1—22　试车线减速标

10）制动牌（见图1—23），指示需要列车实施制动的地点。设于线路行车方向右侧。

11）鸣笛标（见图1—24），指示列车鸣笛，设于需要鸣笛的地点。设于线路行车方向右侧。

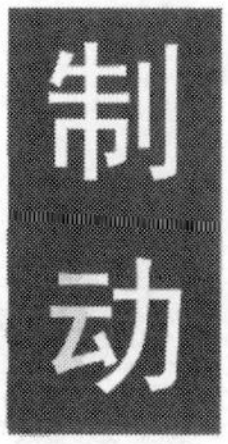

图1—23　制动牌

图1—24　鸣笛标

12）站名预告牌（见图1—25），车站站名预告，提醒行车人员确认前方站名。设于车站前方距站台端部150～200 m地点的线路右侧。标面向线路区间方向。

13）无接触网标（包括正、侧向无接触网标），指示岔后线路接触网已终止，如图1—26所示。设于线路行车方向右侧，标面向来车方向，库内线无接触网标可以采用悬挂式安装（此时标面文字横向排列），标志设于线路中心上方，不得侵入限界。

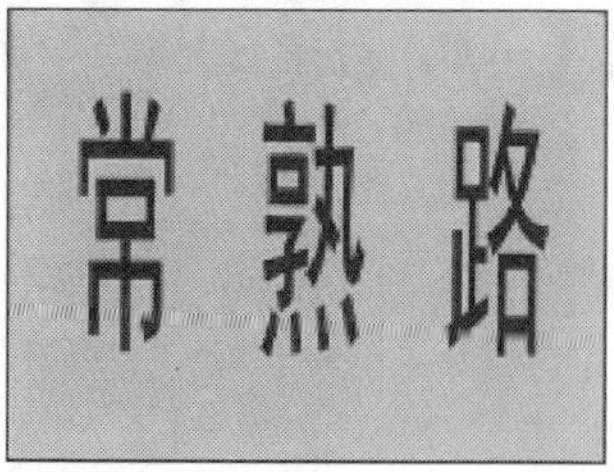

图1—25　站名预告牌

图 1—26　无接触网标

1.1.2　车辆设备

1．城市轨道交通车辆编组及分类

城市轨道交通车辆（见图 1—27）作为运送乘客的运输工具，必须具有良好的牵引、制动性能，能快速启动和停止，以保证车辆运行的安全、准时和快捷，同时还要有良好的乘客服务设施，使乘客感到舒适和方便。

图 1—27　城市轨道交通车辆

（1）车辆编组

按照预期的目的，将各独立的车辆连接起来，成为一个运行体，就称为车辆编组。

车辆编组一般应考虑线路坡度、运营密度、站间距离、舒适度、安全可靠性、工程投资、客流量大小等因素。如必须满足单向高峰小时断面客流量的需要；兼顾信号系统设备所能达到的行车密度（或行车间隔），即系统设计能力；既满足高峰时的客流要求，又能提高平时的车辆满载率，达到节能和降低运营成本的效果；考虑编组对初、近、远期客流变化的适应能力；结合运行交路的设计，合理选择车辆编组，做到经济、合理、高效。

1）按车辆有无动力编组

根据列车编组中动车数量，编组又可分为全动车编组和动、拖混编两类。

全部由具有动力的车辆连接而成的列车称为全动车编组列车。这种编组的优点是摘编方便、编组灵活，可以充分利用粘着，以发挥再生制动或电阻制动的作用，减少基础制动带来的粉尘污染。由于整车功率大，提高了列车起动加速度和制动减速度，缩短了起动和制动时间，有利于提高列车运行效率和运行图兑现。北京地铁就有全动车编组的运行列车。但是全动车编组列车的投资相对较高。

由具有动力的车辆和不具动力的拖车混合连接而成的列车称为动、拖混编组列车。这种编组形式虽然由于动车数量减少而降低了列车的整体功率，但起动和制动的加、减速度仍能满足客运量及行车间隔的要求。换言之，动车数量的减少是以能满足客运组织要求为前提。由于动车数量的减少，可以有效节省投资、降低运行成本和维修费用。一般动、拖混编采用“四动加两拖”或“六动加两拖”的连接方式。

上海、北京、广州等城市轨道交通基本上都采用动、拖混编的列车编组方式。

2）按照车厢数量编组

一组能独立运行的列车编组至少应该包含满足客流的运载空间、足够的运行动力、驾驶控制室、列车受流器、制动系统等单元。目前，城市轨道交通大都采用3节以上的编组。

多节编组时，无论采用8节编组、6节编组，还是4节编组，带驾驶室的拖车（Tc）始终编在列车的两端，其他车型在列车中的位置则可以互换。如6节编组的形式可以是Tc－Mp－M－Mp－M－Tc，也可以是Tc－Mp－M－M－Mp－Tc；8节编组的形式可以是Tc－Mp－M－Mp－M－Mp－M－Tc，也可以是Tc－Mp－M－M－Mp－Mp－M－Tc等。

目前，编组主要有3、4、6、7、8节编组。

（2）车辆的分类

1）城市轨道交通车辆按有无动力可分动车和拖车两类：

动车（M）：带有牵引动力装置的车辆。动车又分为有受电弓的动车（Mp）和无受电弓的动车（M）。

拖车（T）：无牵引动力装置的车辆。拖车又分为有驾驶室的拖车（Tc）和无驾驶室的拖车（T）。

2）根据城市轨道交通线路客流特点、客流量、行进速度及线路条件的要求，可以采用不同的车辆，主要有以下类型：

地铁车辆：属于大客运量的城市轨道交通系统，是城市轨道交通的主要形式。

它可以运行在隧道线路，也可以运行于地面或高架线路。根据线路和客运规模的不同，可选用高运量和大运量的地铁车辆，其主要技术标准及特征见表1—1。

表1—1　地铁车辆技术标准

系统	分类	车辆和线路条件	N（客运能力，人次/h） V（运营速度，km/h）	备注（典型线路）
地铁等大运量的城市轨道交通系统	A型车辆	车长：24.4 m或22.8 m 车宽：3.0 m 定员：310人 线路半径：≥300 m 线路坡度：≤35‰	N：4.0万~7.5万 V：≥35	高运量 适用于地下、地面或高架（上海轨道交通1、2、3号线等）
	B型车辆	车长：19.52 m 车宽：2.8 m 定员：230~245人 线路半径：≥250 m 线路坡度：≤35‰	N：3.0万~5.0万 V：≥35	大运量 适用于地下、地面或高架（杭州地铁1号线）
	C型车辆（直线电动机驱动）	车长：（17.2）16.8 m 车宽：2.8 m 定员：215~240人 线路半径：≥100 m 线路坡度：≤60‰	N：2.5万~4.0万 V：≥35	大运量 适用于地面、高架或地下（广州地铁4号线等）

轻轨车辆：属于中运量的城市轨道交通系统，主要运行于城市地面线路；在增加列车的车辆编组或缩小运行间隔的情况下，轻轨车辆也可以承担大运量的输送任务；

轻轨车辆也可以运行于隧道或高架线路，在线路都是标准轨距和线间距离允许的前提下，轻轨车辆也可以与地铁线路贯通运行。轻轨车辆的主要技术标准及特征见表1—2。

表1—2 轻轨车辆技术标准

系统	分类	车辆和线路条件	N（客运能力，人次/h） V（运营速度，km/h）	备注（典型线路）
轻轨系统	C型车辆	车长：18.9～30.4 m 车宽：2.6 m 定员：200～315人 线路半径：≥50 m 线路坡度：≤60‰	N：1.0万～3.0万 V：25～35	中运量 适用于地下、地面或高架（上海轨道交通5、6、8号线）
	C型车辆（直线电动机驱动）	车长：16.5 m 车宽：2.5 m 定员：150人 线路半径：≥60 m 线路坡度：≤60‰	N：1.0万～3.0万 V：25～35	中运量 适用于地面、高架或地下
	有轨电车系统（单车或铰接车）	车长：12.5/28 m 车宽：≤2.6 m 定员：110/260人 线路半径：≥30 m 线路坡度：≤60‰	N：0.6万～1.0万 V：15～25	低运量 适用于地面道路混行（上海张江有轨电车）

单轨车辆：运行在特制轨道梁上的中等运量城市轨道交通系统，车辆与专用轨道组合成一体的交通工具。根据车辆与轨道之间的关系可以将单轨交通分为跨坐式和悬挂式两种，其主要技术标准及特征见表1—3。

表1—3 单轨车辆技术标准

系统	分类	车辆和线路条件	N（客运能力，人次/h） V（运营速度，km/h）	备注（典型线路）
单轨系统	跨坐式单轨车辆GJ231	车长：15 m 车宽：3 m 定员：150～170人 线路半径：≥60 m 线路坡度：≤60‰	N：1.0万～3.0万 V：≥35	中运量 主要适用于高架（重庆轻轨）

续表

系统	分类	车辆和线路条件	N（客运能力，人次/h） V（运营速度，km/h）	备注（典型线路）
单轨系统	悬挂式单轨车辆	车长：14 m 车宽：2.6 m 定员：80～100 人 线路半径：≥60 m 线路坡度：≤60‰	N：0.8 万～1.5 万 V：≥20	中运量 主要适用于高架（日本，千叶轻轨等）

磁浮车辆：磁浮交通系统适用于城市人口超过 200 万人的特大城市之间或区域城市群之间的客运交通。因为磁浮车辆运行时具有无轮轨接触摩擦阻力、无机械振动、爬坡能力强、运行速度高、舒适性强等优点，磁浮交通系统被誉为 21 世纪的新型交通工具，其主要技术标准及特征见表 1—4。

表 1—4　　磁浮车辆技术标准

系统	分类	车辆和线路条件	N（客运能力，人次/h）	备注（典型线路）
磁浮系统	低速磁浮车辆	车长：12～15.5 m 车宽：2.6～3.0 m 定员：150 人 线路半径：≥70 m 线路坡度：≤70‰	N：1.5 万～3.0 万 最高运行速度：100 km/h	中运量 主要适用于高架
	高速磁浮车辆	车长：24～27 m 车宽：3.7 m 定员：100 人 线路半径：≥300 m 线路坡度：≤100‰	N：1.0 万～2.5 万 最高运行速度：430 km/h	中运量 主要适用于郊区高架（上海磁浮交通）

3）特种车辆。城市轨道交通系统中的特种车辆是用于地铁线路及供电设备施工、维修的牵引动力设备，主要完成正线的列车救援及站场内的列车编组、解体、转线、摘挂、取送等相关作业。特种车辆的主要类型如下。

内燃机车（调机车）（见图 1—28）牵引功率大、运行稳定性好、造型美观、操纵维护方便、司乘条件好、安全防护设施齐全，主要用于地铁列车、运输车辆及无动力轨道车辆的牵引、调车或救援作业，是理想的首选动力设备。

图 1—28　调机车

轨道车（见图1—29）运行稳定性好、造型美观、操纵轻便灵活、维护方便、司乘条件好、安全防护设施齐全，主要用于地铁线路及供电设备施工、维修的牵引动力设备，以及运输施工器材、人员。

图 1—29　轨道车

2. 城市轨道交通车辆检修制度

为了保证列车运行安全和延长使用寿命，维保中心车辆公司预先制定了车辆的日常检查、维护规范和车辆检修的各种技术规程，目前通常分为日检、均衡修、架修和大修。

（1）日检。日检作业是对容易出现危及行车安全的各主要部件进行外观检查，对危及行车安全的故障及时进行重点修理。主要是车辆公司各线路维修厂的日检岗位人员负责车辆的日检工作。

（2）均衡修。均衡修作业是为了提高车辆的使用率，减少车辆留库检修时间，利用车辆回库窗口时间进行的检修。它在原车辆月检和定修的基础上，将列车一年的维修保养工作分摊到12个月完成，这样减少了扣车时间，保证投入正线运营的车辆数。车辆公司各线路维修厂的均衡修岗位人员负责车辆的均衡修工作。

（3）架修。运营时间5年或行驶里程数60万公里，两个参数之中有一参数达到，就应实施架修。架修作业主要目标是检测和修理大型部件。列车架车后，需对车辆各部件进行解体和全面检查、修理、试验，对计量的仪器、仪表进行校验，车体重新油漆标记；列车组装后，需对列车进行静、动态调试，调试正常的列车方能投入运营。车辆架修工作由车辆公司大修厂负责。

（4）大修。运营时间10年或行驶里程数120万公里，两个参数之中有一参数达到，就应实施大修。大修作业是全面恢复性修理。要求对车辆实施全面解体，通过检查、整形、修理、试验、重新油漆、组装及静、动态调试，完全恢复车辆性能，基本达到新车出厂水平。车辆大修工作由车辆公司大修厂负责。

1.1.3 信号系统

城市轨道交通的基本任务是安全、准时、高效率、高密度地运送旅客。因此，必须采用可靠的列车运行控制设备来指挥列车的运行，以确保列车的安全运行。从传统的“闭塞、联锁信号设备”，到现代化的列车运行自动控制（ATC）系统，是长期实践、经验的积累，技术不断改进和发展的结果。

1. 轨旁信号设备

城市轨道交通信号基础设备包括地面信号机、转辙机、轨道电路、应答器（信标）、计轴器等设备。信号基础设备的可靠运转是信号系统不间断工作的基础。在城市轨道交通信号系统现代化的进程中，信号基础设备本身也在不断地得到更新和完善。

（1）信号机

1）城市轨道交通信号机的设置原则。城市轨道交通的地面信号是列车运行的辅助信号，平时地面信号都由轨旁ATC子系统自动控制，设置成自动信号或连续通过信号，它根据列车运行时刻表和列车实时信息自动动作；只有在人工控制的情况下，才由调度员或车站值班员排列进路、开放信号。地面信号机（见图1—30）的设置原则：

①正线有岔站为了防护道岔和实现联锁关系，设置地面信号机，一般中间站（无岔站）都不设信号机。

②信号机一般设置于运行线路的右侧。

③折返站的折返线出、入口都设置防护信号机。

④一般情况下，正线区间都不设通过信号机。

图 1—30　信号机

⑤停车场的出入库线应设置出、入库地面信号机，以指挥列车的出入库。

⑥停车场内，根据调车作业的需要，设置各种用途的调车信号机。

2）色灯信号机结构原理。色灯信号机有高柱和矮柱两种类型，高柱信号机的机构安装在钢筋混凝土信号机柱上，矮柱信号机的机构安装在信号机水泥基础上，城市轨道交通的信号机基本上都是矮柱信号机，在正线上，安装在钢支架上、隧道壁和防护栏上。矮柱透镜式色灯信号机如图 1—31 所示。矮柱透镜式色灯信号机直接用螺钉固定在信号机柱上。

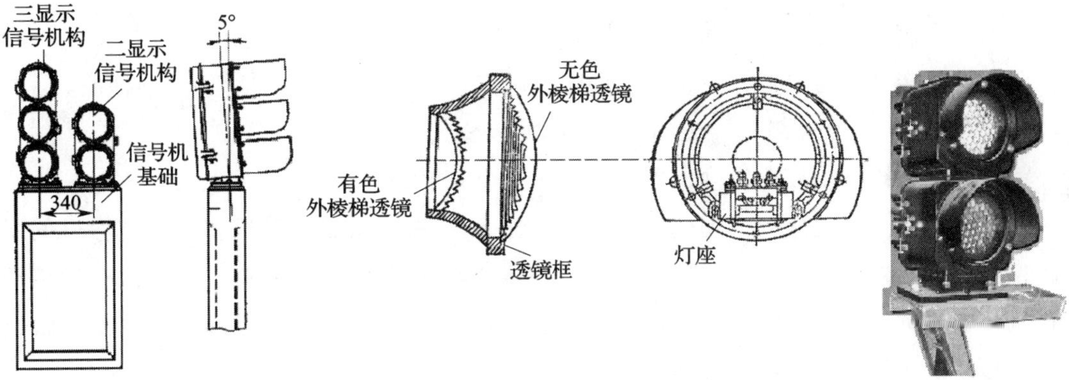

图 1—31　矮柱透镜式色灯信号机

城市轨道交通采用二显示和三显示的信号机构，近年来，城市轨道交通的新建线路及停车场的地面信号机较多选用 LED 色灯信号机。

（2）转辙机。转辙机是控制道岔尖轨动作的信号设备，它的基本任务是转换道岔、锁闭道岔和反映道岔的位置和状态。转辙机除转辙机本身外，还包括锁闭装置和各类杆件及安装装置，它们共同完成道岔尖轨的转换和锁闭。道岔及双机牵引转辙机如图1—32 所示。

图 1—32　道岔及双机牵引转辙机

1）转辙机的作用与要求

①转换道岔的位置，带动尖轨做直线往返运动。

②道岔转至所需位置，应将道岔锁闭，确保在车辆通过道岔时，尖轨不移位。

③正确反映道岔状态，给出相应的道岔位置表示。

④当道岔被挤或没有道岔位置表示时，应及时报警。

城市轨道交通大部分采用电动转辙机，近年来采用电液转辙机和交流转辙机的线路也不少，另外，由于钢轨质量的增加，一般正线道岔采用双机牵引。转辙机的传动机构将电动机的高速旋转变换成动作杆的低速直线运动，再由动作杆带动道岔尖轨运动。传动机构的另一作用是带动尖轨的锁闭。

2）转辙机的传动机构

转辙机的传动机构有齿轮传动和液压传动两类。

①齿轮传动机构。采用齿轮传动时，必须采用摩擦连接器，其原因之一是当尖轨

转换完毕时，而电动机还不能立即停转，利用摩擦连接器克服电动机的转动冲击。另外，当尖轨在转换过程中受阻而不能继续动作时，摩擦连接器进入摩擦状态，使电动机能继续转动而不致烧毁。

②液压传动机构。液压传动机构是由电动机来驱动油压泵，将加压的液体注于储能油罐中，使罐内空气压缩，以储存一定能量。在转换道岔时，电动机工作，同时将控制油路的阀门打开，使受压的油液注入油缸中，借助活塞与油缸的相对运动推动油缸，再由油缸带动动作杆，使道岔尖轨转换。道岔及双机牵引液压转辙机如图1—33所示。

图1—33　道岔及双机牵引液压转辙机

当道岔的尖轨转换到规定的位置且与基本轨保持一定的密贴力时，转辙机将尖轨锁闭在密贴状态，以保证在列车通过道岔时，尖轨不致因受振动而离开基本轨。

（3）轨道电路。轨道电路是利用线路的钢轨和机械绝缘节（或电气绝缘）构成的电路。它是信号系统的重要基础设备，它的性能直接影响行车安全和运输效率。轨道电路广泛应用于列车的检测，城市轨道交通不设轨道电路的情况下，也可以在轨道区段的两端设置计轴器，以检测列车。

（4）应答器。应答器也称信标，也是信号系统的基础设备，随着ATC系统的普及，应答器在城市轨道交通得到广泛的应用。不同的应答器应用于不同的信号制式，而且称呼也不相同；而且有“有源应答器”和“无源应答器”之分，也称为“有源信标”和“无源信标”。

在点式ATP子系统中，利用设置在每个车站出站信号机处的应答器，向列车传送ATP信息；在基于模拟轨道电路的ATC系统中，利用设于区间和车站的应答器（也称为标志器），实现列车在车站的程序对位停车控制；在基于“距离定位”制式的ATC系统中，用无源应答器进行列车定位校核，有源应答器用于车地信息交换。CBTC系统中无源应答器主要用于列车定位校准，而有源应答器主要用于信号后备系统中向列车传送点式信息。

应答器由地面、车载两部分设备构成。地面应答器和车载应答器的动作如图1—34所示。

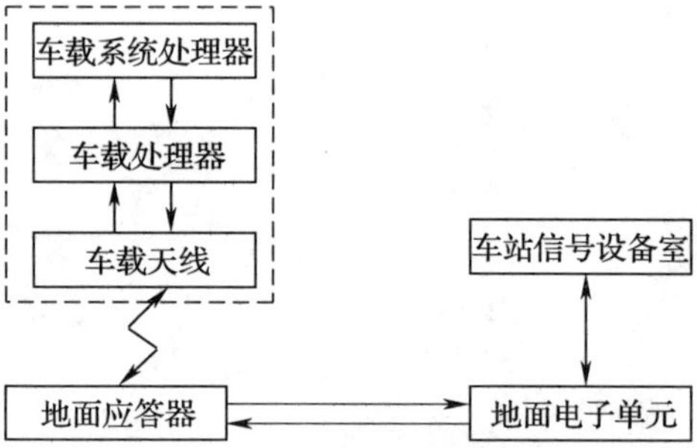

图1—34　地面应答器和车载应答器的动作

1）地面应答器设备。信号系统为每一个地面应答器分配一个固定的坐标；地面应答器的主要功能是接收车载应答器天线传递的载频能量和向车载天线发送数据信息。地面应答器是一种可以发送数据报文的高速数据传输设备。地面应答器应能提供上行数据链路，实现地对车的数据传输。地面应答器应具有足够的、可用的固定信息容量，当与地面电子单元连接时，能提供实时可变的数据信息。

①地面电子单元（LEU）。地面电子单元是一种数据采集与处理单元，当有数据变化时（如信号显示改变等），将改变后的数据形成报文传送给应答器进行发送。

②地面应答器。地面应答器有无源应答器和有源应答器两种。无源应答器向列车传送固定的信息；而有源应答器一般都与地面电子单元连接，通过连接的地面电子单元，可实时更新地面有源应答器中存储的数据。地面无源应答器通过接收车载应答器天线传递的载频能量获得电能量，使地面应答器中的信号发生器工作，然后将事先存储于地面应答器中的数据发送至车载天线。

当车载应答器天线在有效作用范围内时，地面应答器需发送连续的信息。应答器发送的信息形成一个无缝的报文信息流，该报文由同步码、有效信息以及校验码组成。一个应答器只能发送一种长度的报文。

无源应答器向列车传送固定的数据信息，以告知列车已经到达线路的某一个固定的位置，如告知列车已经接近车站，列车进入自动对位停车程序；又如列车收到某个信标信息，列车可以自动校正定位的误差。

可变编码的有源应答器内的数据报文随外部控制条件产生变化。列车接近到应答器的一定距离时，地面应答器内的数据应该保持不变。

有的城市轨道交通在车站的出站信号机处设置出站有源应答器，它根据车站联锁确定的列车发车进路状况，向列车传送包括列车运行方向及进路状态等信息。

城市轨道交通有源应答器和无源应答器如图 1—35 所示。

图 1—35　有源应答器和无源应答器

2）车载应答器设备。每个地面应答器对应于线路的某一个固定的坐标，所以列车收到地面应答器信息可以对列车行走里程进行精确的定位及校正。列车收到前一个地面应答器的信息后，可判断该应答器的特性、位置。这些信息特性包括地面应答器所处的位置、位置参数的精度、列车的运行方向等；如果接收到的地面应答器的信息与预期的不同，车载应答器解码设备应有相应的表示或相应的输出，以便车载 ATP 设备做出相应的反应，并采取相应的安全措施。

车载应答器设备包括车载天线、解码器、载频发生器与功率放大器等。

车载天线是一个双工的收发天线，既要向地面发送激活地面应答器的功率载波，还要接收地面应答器发送的数据报文。车载解码器是用于对地面应答器的数据进行处理的模块，由微处理器、滤波器和其他相关单元组成。解码器用于对地面应答器信息的接收、滤波、数字解调与处理，经处理的数据通过相应的接口传送至相关的设备，如车载 ATP 设备、司机显示单元或无线设备。载频发生器与功率放大器用于产生激活地面应答器所需的载频能量，并通过车载天线传递给地面应答器。

2. 车载信号设备

列车上主要有车载控制器、车载无线单元、信标查询器、速度传感器、加速计、司机显示屏等设备，其中车载控制器是列车的核心设备。

（1）车载控制器。车载控制器是 ATC 系统中的一个安全部件，它主要负责计算列车的位置。车载控制器检测位于轨道上的应答器，在数据库中寻找应答器的位置，并使用速度传感器的输入信号来测量从最近检测到的应答器开始的行车距离。

（2）车载无线单元。车载无线单元是安装在列车上的无线通信设备，前后车头各有一个，每一个包含两根天线。车载无线单元是列车与轨旁间通信传媒媒介之一。

（3）信标查询器。信标查询器及其天线主要负责与轨旁信标通信并确定列车位置，处理信标发出的消息并将消息传送给车载控制器。

（4）速度传感器和加速计。速度传感器和加速计用于测定列车速度和行驶距离。每一套车载控制器设备都有两个速度传感器。速度传感器安装在拖车中两个独立车轴的两端。

每套车载控制器设备具有 3 个加速计。加速计集中地安装在电子设备车厢内机车地面的固定金属板上。

（5）司机显示屏。司机显示屏是一个非安全的单元，它为列车司机提供人机接口，在显示屏上显示列车当前的运行模式以及各种工况状态。

1.1.4 通信系统

1. 通信系统的作用及组成

通信系统是城市轨道交通正常运营的神经，它的主要任务是及时传递轨道交通运营各系统、各部门和指挥中心及其相互间的信息，以便及时采用行动确保整个系统正常运营。城轨通信系统的重要任务是建立一个视听与数据链路网，实现轨道交通运转指挥调度。

通信系统主要由下列子系统组成：传输系统、电话系统、闭路电视监控系统、广播系统、乘客导乘信息系统、时钟系统、办公自动化系统、无线集群通信系统、消防无线系统、公安无线系统、集中监控系统、公众移动通信接入系统、通信电源系统。

2. 通信系统的分类

（1）传输系统。传输网是城市轨道交通通信网的基础。传输网要求具有高可靠性和丰富的业务接口，是车站连接运营控制中心重要的通信组成部分。系统提供的传输业务包括电话（窄带音频）、广播（宽带音频）、票务（中、低速数据）、视频（高速数据）等。

（2）电话系统

1）公务电话子系统。公务电话子系统以数字程控交换机为核心，与程控交换机相连的电话分机分布在城轨交通各办公管理部门、运营控制中心（OCC）、车站、设备室、停车场及所需电话的其他区域。

公务电话子系统除为各部门提供电话服务外还提供传真、电路数据等业务。系统除了能提供内部通话外，还能与市话公众电话网互联，实现与本市、国内、国际长途通信，并可根据实际需要与城轨无线集群系统互联，用以实现城轨公务电话与无线调度电话的互联互通。

2）调度电话子系统。调度电话子系统为控制中心调度指挥人员的行调、电调、维调、环调等提供专用的单键直通电话，并具有单呼、组呼、全呼、会议、紧急呼叫、强拆、强插等特有功能。城轨调度电话子系统主要包括调度总机、调度台和调度分机三部分，并通过城轨专用传输系统和通信电缆相连接组成调度电话网。

3）站内、站间及轨旁电话子系统。站内电话子系统由用户小交换机（或公务电话交换机远端模块）、站内值班台和站内电话分机组成。站内电话系统的分机除了提供公务电话外，主要提供站内各分机与站内值班台之间的直达通信或分机间的拨号通信服务。

站间电话可为车站值班员与相邻车站的车站值班员提供直达通信服务。

轨旁电话（即区间电话、隧道电话）为安装在隧道内或地面、高架线路旁的话机，通过站内电话子系统连接相邻站的站内值班台或接入公务电话网，为隧道内、地面、高架线路旁的维护人员和紧急情况下的列车司机提供通信服务。

（3）无线集群系统。城轨交通的无线集群通信系统为控制中心调度员、停车场调度员、车站值班人员等固定用户与列车司机、抢险、维护、防灾、公安等处于移动状态的工作人员之间提供语音及数据通信手段。无线集群系统在保证行车安全及处理紧急突发事故方面有着不可替代的作用，因此，系统必须满足运行安全、应急抢险的需要，并应具有与固定电话及公网系统互联互通的能力。

车站固定台配置在每个车站的车控室。车站值班站长可通过车站台与行调进行联系，经行调转接可与司机通话。移动台主要配备给站务人员、维修人员、公安等不固定地点的工作人员，使他们可与相关调度员通话或进行组内通话。

（4）广播系统。广播系统主要是为乘客及工作人员提供语音信息播报服务。广播有自动广播和人工广播。系统为线路控制中心调度员、车站值班员、停车场值班员提供相应区域的广播。

城轨交通广播系统的主要作用：对乘客广播或通知列车到站、离站、线路换乘、时间表的变更、列车的误点、安全状况等信息；播放音乐，改善候车环境；在突发或紧急情况时，对乘客进行及时有效的疏导，组织、指挥事故抢险、防灾，提高应急响应能力；另外，广播系统还可以对运营人员进行广播，发布有关通知信息，协调工作，提高服务质量。

目前的广播系统音源可选择人工、线路、预存语音等。对乘客的广播区域主要在全线各车站的站厅、站台、列车车厢内；广播系统一般不覆盖站厅和站台以外的部分，但在车站入口应预留广播喇叭接口，以备突发事件时对外广播。

车站出入口及通道、站厅、站台、车站用房一般均设置广播，某些运营线路地下隧道内也设置了广播，主要用于向乘客提示列车运行有关信息、乘车有关提示以及发生非常情况后有关信息的发布和组织、引导乘客。

城市轨道交通车站应设置完备的广播设施（见图 1—36），具备对站台、集散厅、通道进行分散广播和集中广播功能。广播音量应适中，音质清晰、不失真。

正常情况下，广播系统采用自动播放，在车站运营生产需要的情况下，可按有关规定进行人工广播。在广播计算机或智能控制部件发生故障时，车站还可以启动应急广播。

图 1—36　车站广播

（5）闭路电视监控系统。闭路电视监控系统（以下简称 CCTV）为控制中心调度人员、车站值班员、列车司机及站台监视亭值班员等对车站的站厅、站台、出入口等主要区域提供监视服务。

安装在车站的本地监视系统能满足车站工作人员的使用要求，保证车站工作人员可以实时监视本车站的图像。

运营调度用控制盘及监视器观察整条线路各个车站站厅、站台的客流、列车到发等情况。

车站值班员用控制盘及监视器（见图1—37）观察本站站厅、站台的客流、列车停靠等情况。

图1—37　车站闭路电视监控

列车司机能在驾驶室监视乘客上下车的情况，防止列车开动时夹人夹物。

车站级设备包括摄像、传输、控制及显示四部分。摄像机分为一体化摄像机和固定摄像机两大类；显示部分包括各类监视器终端；传输部分包括视频编解码设备、发送和接收设备以及光纤。其他设备属于控制部分。

（6）乘客信息导乘系统。乘客信息导乘系统（以下简称PIS）是一套服务于城轨交通的文字信息发布系统，主要作用是为乘客提供各类车务及站务信息，同时还与移动电视网连接，提供各类公共信息。

乘客导乘信息系统为网络运营监控中心、线路控制中心及车站提供了分级的信息发布功能，正常情况下信息发布主要由车站执行，紧急情况下则由线路控制中心及网络运营监控中心发布紧急信息。

乘客信息显示系统可根据信息发布点地理位置提供相应的实时运营信息，包括列车预计到达时间和目的地等动态信息，同时也提供广告媒体信息，并可通过系统平台实现在实时运营信息和其他服务信息及广告信息之间的切换发布。该系统具有以下功能：从中心到播出终端集中控制统一管理；设备配置灵活、可扩展性强；图形化操作界面，具备对设备远程管理、控制功能；操作简单，系统稳定可靠；具备快速发布紧急信息功能；接口丰富，信息内容丰富多样，为运营带来经济效益；系统设备、操作人员、播出信息分级管理，播出安全性高；自定义版式、播表，可用于 PDP/LED/LCD 等多种显示终端。

控制中心通过光纤以太网将运营开始指令通过远程启动播出方式启动车站的 PDP 播出机和 LED 播出机。中心 Net Manage 软件具备监视所有站的设备状况；控制 PDP 开关，设置 PDP 的显示内容；手动控制设备的开关机以及编辑发布紧急消息等功能。

目前，在地铁系统内，向乘客传递的信息按类别可以分为广告信息、公益信息和运营信息三大类。

1.1.5 供电系统

城市轨道交通供电系统是轨道交通的重要组成部分，它不但为列车提供牵引动力，还为轨道交通运营服务的辅助设施如照明、通风、空调、排水、通信、信号、防灾报警、自动扶梯等提供电力。

城市轨道交通供电系统由主变电站、牵引变电站、降压变电站、馈电线、接触网、走行轨、回流线、迷流防护系统和远动系统等部分组成。主变电站将市电网的三相 110 kV 电压降至为 35 kV 的电压，配送给轨道交通线路的牵引变电站和中心降压变电站。牵引变电站将 35 kV 的电压经整流变换成 1 500 V 直流电，再经馈电线输送到接触网，提供给电动列车作为牵引电源。中心降压变电站经动力变压器将电压降至 10 kV 后，以两路电源配送到各个降压变电站，降压变电站将电压降至 0.4 kV，配送给各车站用户。电力远动系统对变电站内的供电设备进行实时监控和数据采集。

我国城市轨道交通供电系统的受电方式都为集中式供电。国外也有分散式和集中、分散混合的供电方式。集中供电方式是指供电系统网络由国家或城市的高压电网组成的供电系统在 2 ~3 个受电点集中供给。城市轨道交通供电系统属于国家电网中规定的一级负荷，每条线路都有独立的供电系统。每条线路一般有两个或两个以上的与上级电网的接口，各线电力系统均由线路所属控制中心的电力调度统一管辖。

1. 变配电系统

城市轨道交通供电系统根据供电对象的重要性，将供电系统分成三级。

一级负荷：城市轨道交通电动列车、通信、信号设备、消防设备等用户，必须确保不间断供电，为此，必须采取两路电源供电，当任何一路电源失电后，应自动、迅速切换至另一路电源。

二级负荷：城市轨道交通空调、自动扶梯等用户，应确保连续供电，万一停电后会影响客运服务质量，但并不影响列车运行安全，设计时可以采用一路供电。

三级负荷：城市轨道交通的商业用电、广告照明等用户，应确保其正常供电，这些用户并不直接影响客运服务质量，其用电可根据电网负荷情况进行调整。

（1）主变电站。主变电站（以下简称主变）将城市电网提供的110 kV三相交流电压降压至35 kV，然后配送到城市轨道交通沿线的各个牵引变电站和中心降压变电站。主变承担着城市轨道交通所有用户的供电，一旦主变因故失电，将直接影响一、二级负荷的供电。为确保供电的可靠性及电力调度的灵活性，主变电站设计成两路不同源的110 kV电源进路。

主变电站设备主要有110 kV开关、主变压器、35 kV开关、各类闸刀、自动监控设备、直流电源设备等。每条城市轨道交通线路一般设有2～3座主变电站。

（2）牵引变电站。牵引变电站（以下简称牵变）将主变电站输出的交流35 kV经降压、整流为直流1 500 V（或者750 V），为电动列车提供直流牵引电源。城市轨道交通电动列车通过接触网或专用的供电线（俗称第三轨或供电轨）获取直流牵引电源。

为确保电动列车的可靠供电，通常每三座车站的两个区间就设置一座牵引变电站；万一发生局部供电故障时，牵引变电站能进行跨区域供电；冗余的供电网络确保了电动列车供电的可靠性。

牵引变电站设备主要有35 kV开关、整流变压器、整流器、正极闸刀、负极闸刀。城市轨道交通采用750 V直流供电和1 500 V直流供电两种，上海轨道交通采用1 500 V直流供电方式。

（3）降压变电站。除电动列车的牵引电源外，其他设备和设施所需的电源均由降压站提供。降压站可分为中心降压站和一般降压站。中心降压站从主变电站引入两路电源，经动力变压器将电压降至10 kV后，再以两路电源配送到各个降压变电站，经降压变电站降压后再输出到不同的供电用户。中心降压站的输入和输出电路都采用互为备用的冗余两路设计，以确保供电的可靠。

中心降压站的主要设备有35 kV开关、电力变压器、10 kV开关、10 kV分段开关等。一般降压站的主要设备有10 kV开关、电力变压器、0.4 kV开关等。一般每条城市轨道交通线路设置2～3座中心降压变电站。

城市轨道交通有多种降压方式，一般采用110 kV—35 kV—10 kV—0.4 kV四级降压供电模式，如上海的1、2、3号线等。近年来，随着制造技术和工艺水平的不断提高，越来越多地采用 110 kV—35 kV—0.4 kV 三级电压供电模式，如上海的 9 号线等。三级电压供电模式的供电质量、可靠性，损耗等指标比四级电压供电模式有显著提高，所以，三级电压供电模式将成为城市轨道交通供电方式的主要方式。

车站按照站内设备的重要性将所有设备负荷分为如下三类。

一类负荷：消防用电、防灾报警、消防泵、车地通信系统、列车信号系统、售检票机、事故照明。

二类负荷：一般风机、空调机组、各类排水泵、自动扶梯、升降电梯。

三类负荷：冷冻机组、冷冻冷却泵、广告照明、清洁用电。

另外，为降低建设费用，一些新线系统中也建设了牵引降压混合站，包含了单纯的牵引站和降压站的功能，既可以提供列车所需的动力牵引用电，也可提供车站正常动力照明用电。

2. 电力监控系统

电力监控系统（Supervisory Control And Data Acquisition，SCADA），又称数据采集与监控系统。电力监控系统由主站监控系统、子站系统和通信传输系统构成。其中，主站监控系统设在控制中心（OCC），子站系统设在各个变电站，传输系统将主站和子站联系起来。如图 1—38 所示为电力监控系统的基本构成。

通过电力监控系统可以实现控制中心（OCC）对供电系统的集中管理和调度、实时控制和数据采集；及时掌握和处理供电系统的各种事故、报警事件；对系统运行的各种数据进行归档和统计。电力监控系统具有遥控、遥测、遥信、遥调、遥视的功能。

3. 接触网

牵引供电系统主要由牵引变电所、馈线、接触网、电动列车、轨道、回流线等构成。在整个闭合回路中，通常将馈线、接触网、轨道、回流线统称为牵引网。

接触网是牵引网的重要组成部分，是一个庞大的机械系统，它用零部件实现有序的连接和接续，连接成一个能传递电能并且有支持功能，同时具备相应强度的整体系统。接触网沿电动列车开行线路架设，通过电动列车受电弓（受流器）和接触网的滑动接触，向行进中或停站的电动列车供电。

馈线是连接牵引变电所和接触网的导线，它把经牵引变电所整流后符合城市轨道牵引电压的电能馈送给接触网。轨道在非电牵引情形下只作为列车的导轨。在电力牵引时，轨道除仍具有导轨功能外，还需要完成导通回流的作用。回流线是连接轨道和牵引变电所的导线，通过回流线把轨道中的回路电流导入牵引变电所。

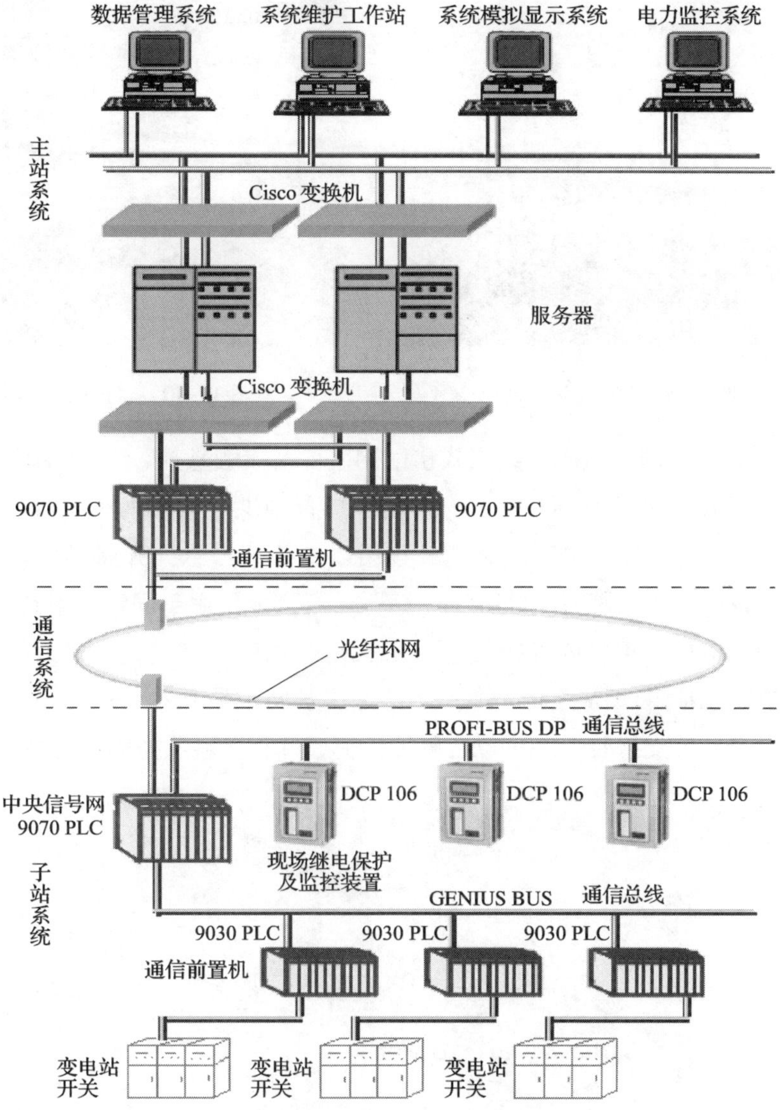

图 1—38 电力监控系统的基本构成

（1）接触网的分类。架设在车顶上方的接触网称为悬挂架空式接触网，如图 1—39 所示；隧道架空式接触网分为柔性悬挂接触网与刚性悬挂接触网。室外露天线路因为受到室外大风、高温等因素的影响较大，一般均采用架空式柔性接触网；地下线路由于环境条件相对固定，可以采用刚性接触网。

铺设在车厢地板以下部位的接触网称为接触轨式接触网，也可称第三轨供电网，如图 1—40 所示。

图 1—39　悬挂架空式接触网

图 1—40　接触轨式接触网

（2）架空式接触网的组成。架空式接触网主要由接触悬挂、支持装置、定位装置、支柱和基础等组成，如图 1—41 所示。接触悬挂直接供给电动列车电流，使其正常运行，包括承力索、吊弦、接触线。支持装置用以支持接触悬挂并将其负荷传给支持或其他建筑物的机构，包括腕臂、绝缘子、腕臂。定位装置用于固定接触线的平面位置，保证接触线与受电弓的相对位置在受电弓滑板运行轨迹范围内，并将接触线水平负荷传给支持装置，包括定位器和定位管。支柱是接触网中最基本、应用最广泛的支承设备，承受接触悬挂、支持装置、定位装置的负荷，并将接触悬挂固定在规定高度。

图 1—41　接触网结构

（3）接触轨式接触网的组成。三轨系统是接触网系统的另一种形式，其作用是将电能可靠地传送给电力牵引车辆，以满足列车运行的需要。三轨系统作为向地铁列车提供电能且无备用的供电设备，主要由以下元件组成：钢铝复合轨、绝缘支架、端部弯头、防护罩、普通接头、温度膨胀接头、中心锚结、电连接中间接头。

第三轨受流方式有三种：上接触式（见图1—42）、下接触式（见图1—43）和侧接触式（见图1—44）。

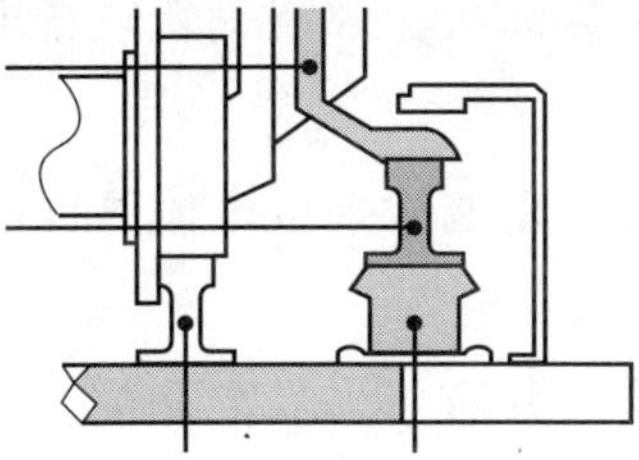

图1—42　上接触式

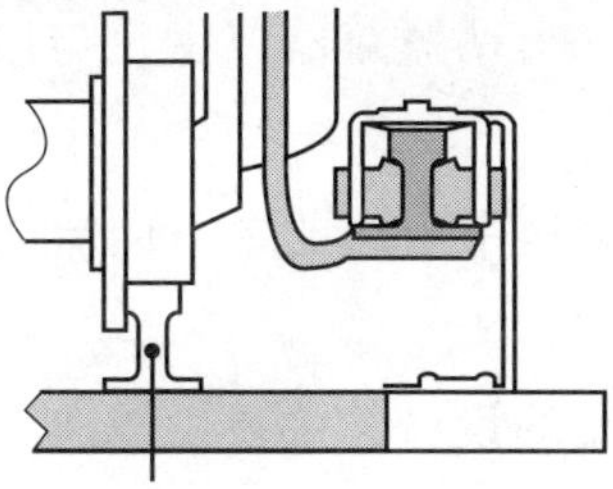

图1—43　下接触式

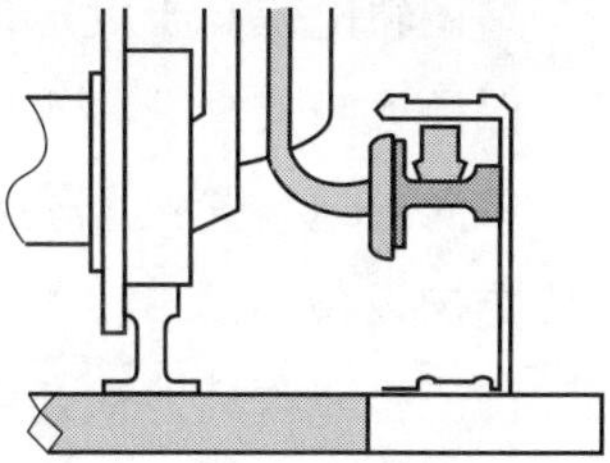

图1—44　侧接触式

（4）接触网供电方式。牵引变电所向接触网供电有单边供电和双边供电两种方式。牵引变电所通过接触网向电动列车供电，接触网在每个牵引变电所附近断开，分成两个供电区段。每个牵引变电所仅对其两侧的区段供电。每个供电区段称为一个供电臂，如电动列车只从所在供电臂上的一个牵引变电所获得电能，这种供电方式则称为单边供电。单边供电时，若有故障，其范围小，牵引变电所内的保护也较简单，但电动列车所需牵引电流全部由一边流过牵引网，牵引网电压降和电能损耗也就大。如一个供电臂同时从相邻两个牵引变电所获得电源，则称为双边供电，如图1—45所示。双边供电时，牵引电流按比例由两边流过牵引网，牵引网电压降和电能损耗相对就小，但有故障时，范围也较大，保护较复杂。当某一牵引变电所故障时，该故障所退出运行，此时，该区段接触网就改为单边供电，或可通过闭合故障牵引变电所所处接触网的联络隔离闸刀，实施越区供电，此时称为大双边供电。

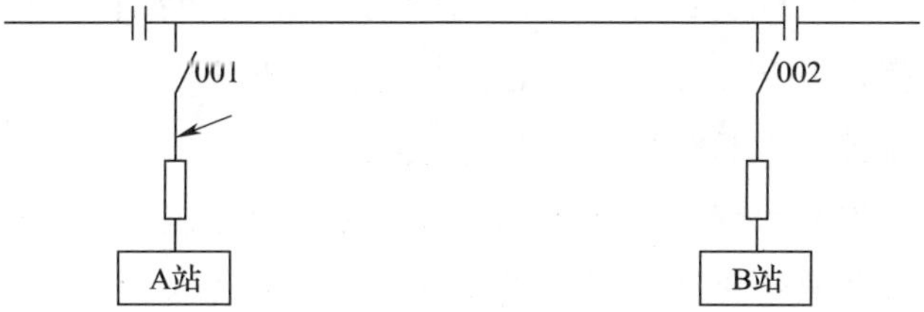

图1—45　双边供电

（5）回流。地铁直流牵引回流系统是由钢轨、回流电缆、轨电位装置、单向导通装置、排流柜以及隧道结构钢筋等组成的。

钢轨：作为回流线路。

回流电缆：连接钢轨和牵引变电所的导线，通过回流电缆把钢轨中的回路电流导入牵引变电所。

轨电位装置：俗称车站短路器，该装置连接在变电所接地母排与车站钢轨之间，当车站钢轨电位高于设定值时，车站短路器将钢轨与接地母排短接，限制钢轨轨道电位，保证人身安全。

单向导通装置：用于限制钢轨中电流的单方向流通，是防止地铁杂散电流腐蚀的重要防护设备。

排流柜：收集地铁杂散电流的设备，主要由隔离二极管、分流器、隔离开关、电流表等元件组成。排流柜接于牵引站 1 500 V 直流负极与大地排流网之间。

杂散电流收集网：是由金属件纵横交错按一定距离间隔构成的立体网，安装于道床的下方，从钢轨回流中走失的电流大部分能通过杂散电流收集网流回牵引站的负母线。

在直流牵引供电系统中，直流牵引电经整流器输出至牵引所正极直流母排，再经直流开关和上网刀闸将牵引电输送至接触网；电客车经受电弓从接触网上引入直流牵引供电，经电客车内主逆变器负极流出至电客车的轮对；电客车轮对再将主逆变器负极的电传至与其直接接触的回流钢轨；由于回流钢轨与道床之间有一层绝缘性能良好的橡胶垫，因此大部分回流都经过钢轨回流，通过回流电缆流回牵引所负极直流母排。只有一小部分回流通过绝缘不良的地方流入道床或隧道结构，这部分电流则形成了地铁杂散电流，这种杂散电流称为迷流；杂散电流则经过具备单向导通功能的排流柜流回牵引所负极直流母排，至此，完成一个完整的牵引回流过程。迷流如图 1—46 所示。

迷流会不断地、缓慢地腐蚀建筑物结构中的钢筋、预埋件等金属物件，对其流经范围内的城市建筑物、地下隧道，尤其是城市轨道交通车站等建筑物构成了巨大危害，因此必须予以足够重视，采取各种措施进行防护。

根据杂散电流产生的原因，按照“堵—排—限”的思路减少迷流。堵是指减少杂散电流量；通过设置杂散电流收集网，逐层屏蔽，实现排流；提高走形轨道与大地的绝缘度，减少迷流强度，限制迷流扩散。

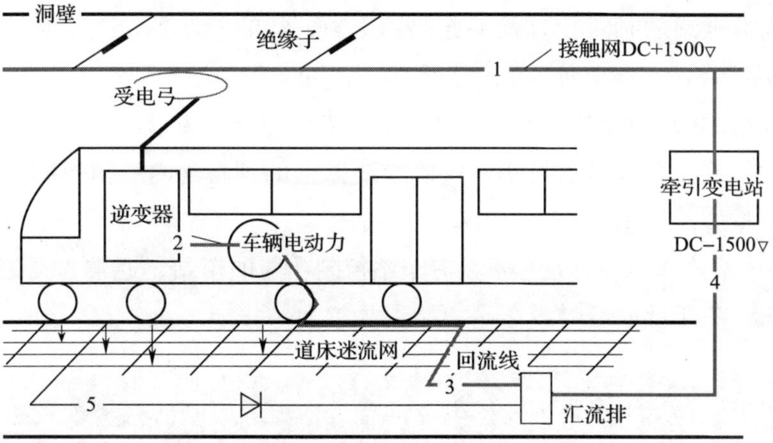

图 1—46　迷流

1.2　车站

知识要求

1.2.1　车站功能概述

车站是城市轨道交通网络中的重要组成部分，是乘客乘坐列车的起始、终到及换乘的地点，是客流集散的场所，也是列车到发、通过、折返或临时停车的地点。

1. 车站分类

(1) 车站按运营功能的不同分为终点站、中间站、折返站和换乘站。

1) 终点站（即始发站)。终点站是指线路两端或列车交路两端的车站，除供乘客上下车外，通常还具有列车折返、停留或临时检修等运营功能。

2) 中间站。中间站处于线路两端终点站之间的沿途车站，中间站一般只供乘客上下车，是线网中数量最多的车站。有些中间站还设有折返线、渡线、存车线等，以提供在紧急情况下的列车调整。

3) 折返站。折返站是终点站与中间站中设有折返线、渡线等折返设备，可供长、短交路列车进行折返作业的车站。

4) 换乘站。换乘站是设置在两条及两条以上的有轨道交通线路交叉点的车站，换乘站使乘客在计费区内从一条轨道交通线路换乘到另一条轨道交通线路，节省了乘客进、出站及排队购票的时间，为乘客换乘提供方便。

（2）车站按有无运行监控功能可分为集中站和非集中站。

1）集中站。集中站是指具有站控功能的车站，车站内安装有联锁设备。集中站车站值班员根据调度命令，可监控集中站管辖线路上的列车运行，执行扣车、催发车等列车运行调整措施。集中站通常为有道岔车站。

2）非集中站。非集中站是指不具有车站控制功能的车站，通常为无道岔车站。车站监控如图1—47所示。

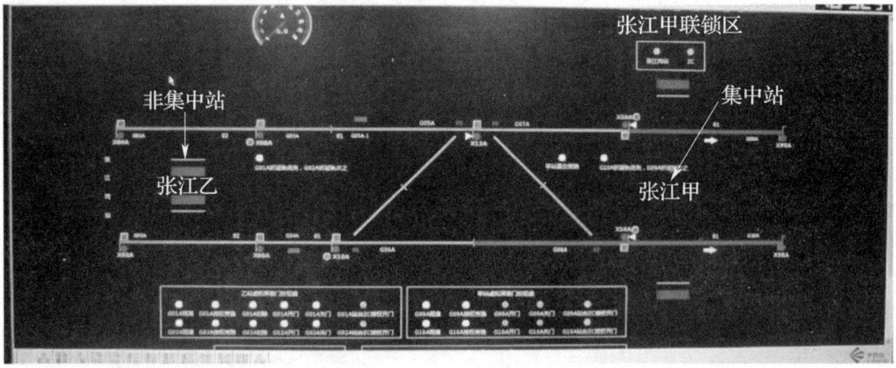

图1—47　车站监控

2. 车站的结构功能

车站的建筑主体结构主要由站台、站厅、设备用房、管理用房、辅助用房及列车运行空间等组成；车站的附属结构有出入口、通道、风亭（风井）等。

3. 车站站界

（1）无道岔车站。两端均以发车表示器或进/出站信号机或一端以安全线尽头处作为车站与区间的分界。

（2）有道岔车站。有岔端以该线最外方道岔防护信号机作为车站与区间的分界，无岔端以发车表示器作为车站与区间的分界。折返线归属车站管理。

（3）终端车站。尽头端以正线尽头处车挡为站界，无岔端以发车表示器或者进/出站信号机为站界。

1.2.2 车站客运组织

1. 客运服务设施

客运服务设施是乘客可以通过自身感官直接感受到的车站设施、设备，主要是乘客出行必须使用或能为乘客出行提供方便的设施、设备，如通过视觉感受的导向系统、通过听觉感受的广播系统、通过自行操作进行查询或购票的自动售检票系统、替代乘客步行的自动扶梯等。客运设施包括为乘客乘坐轨道交通提供基础服务的基础设施及辅助性服务设施。

（1）基础设施

1）自动扶梯。自动扶梯是车站基础设施之一。轨道交通的车站都设有站台层和站厅层，由于使用功能不同且为提高车站利用率，这两层一般不在同一平面。为方便乘客出行，也为便于车站的客流组织，轨道交通车站就设置了车站自动扶梯。车站每次开启前，应确保自动扶梯完好无故障。自动扶梯运行中要巡查自动扶梯运行状态，发现问题要及时报告，并采取相应应急措施。

2）无障碍设施。盲道（见图1—48）和残疾人电梯属于无障碍设施。残疾人使用残疾人电梯，应当在站务员陪护下进行，由站务员进行操作。站务员每次操作残疾人电梯前，应当确认该电梯完好无故障。将轮椅推上残疾人电梯放好停稳后，方可启动残疾人电梯。

图1—48　盲道

3）自动售检票系统。自动售检票系统是指为乘客提供售票和检票服务的一系列相关设备。目前，国内采用的售检票系统有人工售检票和自动售检票两种。

人工售检票系统是单一的采用纸制车票作为介质，通过人工出售、人工检验票、人工统计的一种售检票系统。

自动售检票系统是通过计算机集中控制的，以磁卡及非接触器或IC卡为介质的一种售检票方式。

4）导向标志。导向标志系统提供引领乘客进入车站、乘车和离开车站的信息，紧急疏散时能引导乘客顺利离开危险区域并最终离开车站。导向系统包括各类导向标志、禁令标志及其他设备设施标志。

导向标志（包括固定标志和可变标志）是引导乘客乘坐列车或向乘客指示服务设施所设置的各类标志。主要有示意各出入口、公交站点的标志、自动或人工售票的标志、进出计费区的标志、乘车方向及站点分布的标志、紧急出口标志、公用电话标志、车站周边示意图及临时导向标志等。

禁令标志是指限制乘客某些行为的标志，主要有禁止吸烟标志、禁止携带易燃易爆物品标志、严禁跳下站台标志、禁止进入隧道的标志等。

其他设备设施标志是指为乘客提供更便利服务而设置的服务设施的标志。提示标志如图1—49所示。其他设备设施标志包括服务于普通乘客的自动扶梯标志；为盲人提供方便的盲道及供残疾人专用的无障碍通道与垂直电梯的标志、公用电话、厕所等设施的标志。

图1—49 提示标志

5）广播系统。车站出入口及通道、站厅、站台、车站用房一般均设置广播，主要用于向乘客提示列车运行有关信息、乘车有关提示以及发生非常情况后有关信息的发布和组织、引导乘客。城市轨道交通车站应设置完备的广播设施，具备对站台、集散厅、通道进行分散广播和集中广播功能。广播音量应适中，音质清晰、不失真。车站在运营生产需要的情况下，应按有关规定进行人工广播。

（2）辅助性设施。辅助性设施主要有乘客信息显示系统（见图1—50）、信息查询系统等。

2. 客运服务

城市轨道交通客运服务可以定义为利用列车完成乘客运送任务的过程中，在承运方和乘客间完成的至少一项活动的结果。

（1）城市轨道交通客运服务

1）运输服务的基本特征。交通运输业的生产活动既具有企业性质，又具有鲜明的服务性质。而运输生产的最终结果——位移，就是运输的产品。

运输服务具有公共性、无形性、即时性、不可储存性、公益性。

2）轨道交通客运服务特点。轨道交通客运服务除了具有运输服务行业的共性外，还有着城市轨道交通服务的共性。

①服务对象的广泛性。

②服务方式的多样性。

③服务时间的规律性。

（2）乘客需求的特点

1）乘客需求是多方面的。乘客选择城市轨道交通出行时，要求购票方便，候车舒适、安全、便捷，车站服务良好。在市场经济条件下，乘客总是选择安全便捷、服务

图 1—50　乘客信息显示系统

质量好、价格相对便宜的交通路线作为出行的首选。在这些指标都比较接近时，服务质量就成为主要因素。

2）乘客需求是多层次的。马斯洛需求层次理论表明不同层次有不同的需求期望值，同一层次的不同用户、不同消费群有不同的爱好和需求。即使同一用户群在不同场合也会有不同的需求。需求的变化大多体现在心理上的满足。

3）乘客需求是不断发展的。随着生产水平的发展，乘客需求是不断变化、提高的。在市场经济条件下，乘客的出行促进了城市轨道交通企业的生产和发展。企业既要重视乘客当前主要层次的显性需求，更要着眼于将来的潜在需求，同时要认真清理使需求量骤降的服务，从中总结过去，分析将来的需求发展规律。

3. 客流组织

城市轨道交通车站的选址、规模在城市轨道交通建设时已经确定，一般不能再改变，在运营管理中如何正确设置售检票位置、合理布置付费区、进行合理的导向对客流组织起着很重要的作用。

客流组织的主要任务是通过合理布置客运有关设备、设施以及对客流采取有效的分流或引导措施来组织客流运送的过程。

客流组织的主要内容包括车站售、检票位置的设置，车站导向的设置（见图 1—51），车站自动扶梯的设置，隔离栏杆（见图 1—52）等设施的设置以及车站广播的导向，售、检票数量的配置，工作人员的配备，应急措施等。

图 1—51　车站导向

图 1—52　隔离栏杆

客流组织的目的是保证客流运送的安全，保持客流运送过程的畅通，尽量减少乘客出行的时间，避免拥挤，便于大客流发生时的及时疏散。

同时，对于不同的站台设置方式，有不同的客流组织方式。例如，广州市公园前站站台是“一岛两侧”式的，即除了中间的站台外，两侧还各有两个站台。中间的岛式站台专门用于上车，两侧的站台则用于出站和换乘，这样就合理地分解了上下车客流，这种多站台形式及客流组织方法在全国尚无先例。

（1）正常客流组织方法

在布置时一般要以符合运营时最大客流量，保持客流的畅通为原则，因此一般按以下要求进行布置。

1）售检票位置与出入口、楼梯应保持一定距离。

2）保持售检票位置前通道宽敞。

3）售检票位置根据出入口数量相对集中布置。

4）应尽量避免客流的对流。

（2）换乘站客流组织方法。换乘站客流比较大，同时客流流线复杂，客流组织相对于其他车站较为复杂。换乘站根据不同的换乘方式，在客流组织管理上应注意采用不同的方法，总的原则在于应组织好换乘客流，缩短换乘路径，减少换乘客流与进出站客流的交叉、干扰。

1）站台直接换乘。车站一般是两条线路平行交织，而且采用岛式站台。这种情况下要求站台能够满足换乘高峰客流量的要求，换乘楼梯或自动扶梯应有足够的宽度，以免发生乘客堆积和拥挤。

2）站厅换乘。乘客在换乘过程中，须通过另一个车站的站厅或者两站共用的站厅到达另一个车站的站台。这种情况下，下车客流朝一个方向流动，应减少站台上人流的交织，乘客行进速度快。

3）通道换乘。这种换乘方式下，两个车站通过设置单独的换乘通道为乘客提供换乘。通道换乘设计应注意上下行客流的组织，更应避免双方向的换乘客流与进出站客流的交叉紊乱。

4）组合式换乘。在这种条件下，一定要确保换乘旅客客流顺畅，特别要做好客流的诱导工作。

（3）大客流组织与调整。大客流往往是在节假日旅游高峰期，举办重大活动（大型体育赛事、音乐会等），风、雨、雪恶劣天气等情况下发生，大客流虽然持续时间不长，但在大客流冲击情况下，往往对客流组织形成较大甚至很大的压力，城市轨道交通必须在保证疏散客流安全的前提下，尽快地疏散客流，大客流组织的主要措施包括增加列车运能、增加售检票能力、采取临时疏导措施以及关闭出入口或进行进出分流等。

1.2.3 车站机电设备

1. 火灾自动报警系统

（1）地铁火灾自动报警系统的作用及目标。地铁火灾自动报警系统的作用是在地铁涉及的空间范围能自动捕捉火灾监测区域内火灾发生时的烟雾或热气，并能发出声光报警，通过输出接点，控制自动灭火系统、事故照明、事故广播、消防给水和排烟等系统，实施对地铁空间的救灾工作，实现监测、报警和灭火的自动化控制。而火灾自动报警系统又是地铁所有设施中的一个子系统，但其又能在完全脱离其他系统或网络的情况下独立运行和操作，完成自身所具有的防灾和灭火的功能，具有绝对的优先权。

在现代地铁系统中设置火灾自动报警系统的目的是将地铁火灾消灭在萌芽状态，最大限度地减少火灾损失，满足地铁防火安全职能的要求，一旦地铁发生火灾，其火灾自动报警系统就能及时探测、鉴别、判定其信号，并能自动启动消防设施，自动关闭不必要的电力系统，启动防排烟系统，与车站自动控制系统配合实现火灾工况联动，同时，又能将火警信息实现联网通信。

地铁火灾自动报警系统从控制方式来说有两种方式：一种为“自动报警，人工消防”方式；另一种为“自动报警，自动灭火”方式。采取不同的控制方式，在火灾前期处置中所能实现的功能各不相同。系统采用“自动报警，人工消防”方式时，当其所保护的区域发生火灾时，火灾自动报警系统安置在监测区域内的火灾报警器上会发出报警信号，在消防中心的主控制器就会显示发生火灾的区域的代码，消防人员或现场工作人员就会根据报警信息情况，到现场采取必要的消防措施，对火灾进行前期扑救。系统采用“自动报警，自动灭火”方式时，当其所保护的区域发生火灾时，火灾自动报警系统安置在监测区域内的火灾报警器上会发出报警信号，在消防中心的主控制器会显示发生火灾的区域的代码，并在主控制器的作用下，自动启动灭火系统或灭火设备，对发生火灾设备自动喷洒气体或液体灭火剂进行消防灭火，在消防中心的指挥平台上附设有直接通往消防专业单位的电话，主控制器在接到报警信号时，立即发出疏散通知，开启紧急广播系统、消防泵、自动灭火系统等，切断三类负荷电源，停用相关电梯等，对火灾进行自动扑救。

（2）地铁火灾自动报警系统的组成。地铁火灾自动报警系统是一个以微型计算机为基础的智能系统，其基本结构及原理如图 1—53 所示。系统中火灾探测器、消防控制设备与微处理器间的连接必须通过输入/输出接口来实现。

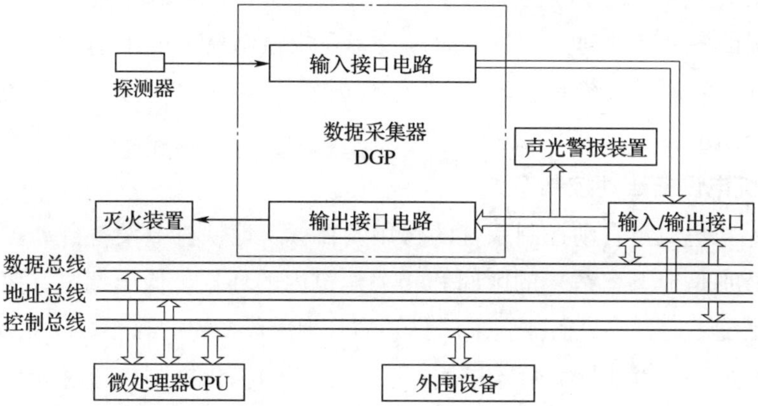

a）

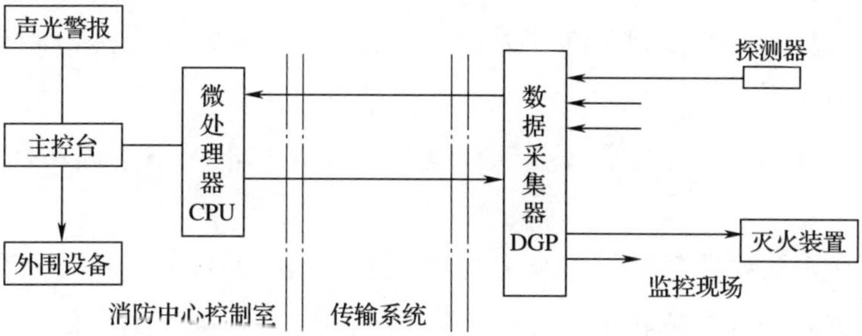

b）

图1—53　自动报警系统结构

一套完整的地铁火灾自动报警系统一般由中央级设备和车站级设备通过网络形式连接而成。地铁的火灾自动报警系统中央级设备一般安装在控制中心，而车站级设备一般安装在各车站的车站控制室。

中央级设备包括图形命令中心、系统主机、网络显示单元、事故风机控制盘、打印机等，能实现对地铁线路火灾情况的监控和时钟同步功能。

车站级设备包括火灾自动报警主机、外围设备（主要有地址式烟感探测器、普通式烟感探测器、线型温感探测器、地址式手动报警器、普通式手动报警器、对射式烟感探测器、电话插孔、带箱话机、插式话机、地址式探测模块、地址式控制模块、地址式通信模块、消防泵启动开关等设备）及系统软件。

（3）地铁火灾自动报警系统的运行。地铁设置在各车站的火灾自动报警系统如果已经投入使用，必须24 h处于不间断开机工作状态，其运行方式分为正常运行方式和非正常运行方式两种。这两种运行方式均可采用手动和自动两种控制模式。在火灾发生时或火灾初期由火灾自动报警主机与车站机电设备自动控制系统联合完成系统设计的对火灾工况的各种联动动作，并可通过设置在主控制器上的手动控制盘对触摸按钮开关或双连开关实现对系统的手动/自动控制转换。一般要求触摸按钮开关或双连开关设置在自动控制位。

2. 车站机电设备自动控制系统

（1）车站机电设备自动控制系统的作用及目标。地铁机电设备自动控制系统是将地铁车站（特别是地下车站）的区间和相关建筑内的环控、低压配电、照明系统、给排水系统等系统，通过中央监控和采用科学的管理手段搭建的综合自动化系统。

该系统通过对环境进行集中监控实行实时监测和优化控制。通过现代化自动控制技术与网络技术，对地下车站机电设备运行状况实行实时集中控制、监视和报警，减少设备操作复杂性及操作难度，协调设备动作，并以经济运行为目的，对车站环境进行监测，根据采集的数据控制车站环控设备高效运行，提高车站环境质量，为乘客提供最佳乘车环境。

另外，通过计算机程序化管理，实现能源和车站机电设备管理现代化和科技化，降低运行成本。

同时，可由消防报警系统提供火灾报警信息，相关的机电设备转向火灾模式，实现地铁发生火灾时机电设备联动自动化，将火灾的影响程度降到最低，保证地铁设备和乘客的安全。

（2）车站机电设备自动控制系统的组成。地下车站机电设备自动控制系统通常由中央、车站、现场三级实现对环控、给排水、冷水机组、热泵机组的监视和控制。

1）中央级设备。系统中央级设备设置在控制中心的中央控制室，主要由计算机主机、显示器、打印机、网络 TAP、隧道火灾通风控制盘、中央控制器等组成。中央级设备具备远程控制功能，通过操作工作站，值班人员可根据实时运行状态向有关车站发出控制指令，实现远程控制。

中央级设备主要用于监视地铁线路车站环控设备的状态和地下车站的环境状况，并向各地下车站下达控制命令；监视地下各车站通风空调、冷水机组系统、隧道通风系统等设备的运行状态；监视地下各车站及区间隧道给排水设备的运行状态；显示各地下车站各测试点的温度、湿度；显示并记录各地下车站通风空调、冷水机组系统、隧道通风系统操作状态；根据列车在区间发生火灾的位置通过隧道火灾通风模拟控制盘下达区间火灾模式命令；根据列车在区间发生阻塞的位置下达区间阻塞模式命令；在 OCC 的监控站上，对于所有的报警信息具有各种类型的报警功能和方式，对于不同级别的报警有不同的显示状态，同时要求有确认的功能；有数据、时间、确认和处理的记录；对各类报警具有声光报警、报警画面弹出的功能，提醒操作员；对操作信息、报警信息进行实时记录、历史记录；进行故障查询和分析，同时可以自行编辑报表，也可自动生成日、周、月的报表；进行档案资料的记录和存储；具有信息打印功能，能打印各类数据统计报表、操作和报警信息；将车站被控设备运行状态、报警信号及测试点数据及时送至OCC。

2）车站级设备。车站级设备设于车站控制室内，主要由计算机主机、显示器、打印机、网络TAP、控制器接口、消防报警接口（HLI）等组成。

车站级设备主要监视和控制地下地铁线路车站通风空调设备的运行；监视车站给排水设备运行状态；控制和监视所辖区间隧道给排水设备运行状态；按照节能优化要求，确定本车站环控设备最佳运行模式并执行；按照通风与空调系统环控工艺要求对车站通风空调设备和区间隧道通风设备进行正常及灾害模式控制运行；实时显示车站机电设备故障；显示车站监视和记录车站根据环控系统的工艺要求测试典型区域测试点的温度、湿度等环境参数；显示记录机电设备的操作状况，产生报警信息和累积运行时间；具有信息打印功能，能打印各类数据统计报表、操作和报警信息；对操作信息、报警信息进行实时记录、历史记录；进行故障查询和分析，同时可以自行编辑报表，也可自动生成日、周、月的报表；进行档案资料的记录和存储；具有彩色动态显示和多级显示功能，车站综合显示、车站系统的显示、分类画面的显示、环控模式等显示；通过接口设备（PLC或HLI）接收车站消防报警系统发送的火灾信息，并根据火警信息内容自动执行相应火灾通风模式，控制环控设备按照火灾情况运行；将车站被控设备运行状态、报警信号及测试点数据及时送至OCC，并接收中央级的各种监控指令和运行模式。

3）现场级设备。现场级设备是由现场控制器相对集中安装于环控电控室，部分分散设置于现场被监控设备的附近。地下车站机电设备自动控制系统的现场控制设备一般采用PLC系统，现场控制器具备软件联锁保护设置，控制被控设备顺序动作；系统各种运行参数的采集及存储通过一定的计算，来实现环境和设备优化控制；对中央级、车站级下达的控制指令和控制模式、设定值的更改和其他关联参数的修正，由现场控制器处理后执行；接收安装于各测试点内的传感器、检测器的信息，按内部预先设置的参数和执行程序自动实施对相应机电设备的监控，或随时接收监控工作站及中央系统发来的指令信息，调整参数或有关执行程序，改变对相应机电设备的监控要求。

3. 地铁环控系统

（1）地铁环控系统的作用。地铁环控系统的作用就是控制车站环境。由于地铁进出车站的客流量较大，高峰每小时可达5.6万人次左右，大客流量乘客的进出对地铁车站的环境提出了较高的要求。同时，由于是地下建筑，人体呼出的二氧化碳及人体、设备散发的热量需要排放至地面，并要及时补充新鲜空气，仅依靠车站出入口的自然通风是不能满足上述要求的。必须在地铁车站建立环控系统，利用机械送排风及中央空调的方法，来改善车站的环境，满足乘客、工作人员及设备对温度、湿度、空气含氧量的需求。

车站环境系统的目标是给乘客提供一个相对舒适、安全的乘车环境，从技术指标要求来说，一年四季要求尽量将地铁地下站的站厅温度保持在30℃以下，相对湿度保持在60%左右，地下站台的温度要低于29℃，一般要略低于站厅层，相对湿度也最好保持为45%～60%，这样才能基本满足乘客对地下车站乘车环境的要求。除此之外，地铁会对地下区间隧道环境控制有明确的要求，不然会对车站和列车设备以及乘客造成很大的影响，地下隧道温度越低越好，但随着地铁运营时间的延长，隧道温度也会逐年上升，但夏季最热月日平均温度控制在35℃以下，冬季最低温保持在5℃以上，如果列车在运营时间发生故障，阻塞在区间隧道内时，也要通过通风设备尽量保持列车周围空气温度低于40℃，以免温度过高对列车设备造成影响；地下车站还要时刻保持车站内有足够的新鲜空气，为此也要通过环控系统按比例进行送排风，一般要求一小时内对站内空气交换5次以上。同时，地铁的乘客候车环境对车站设备发出的噪声也有明确控噪要求，一般车站公共区要求噪声控制在70 dB以下，机房内噪声控制在90 dB以下。

（2）地铁环控系统的组成

1）区间隧道通风系统。地铁地下区间隧道设置专用的隧道通风系统，可分为两种制式，即开式系统及闭式系统。开式系统是一种地铁车站内空气与区间隧道通过屏蔽门不相连通，区间隧道与室外大气相连通的通风方式。目前，上海地铁大部分线路都采用开式系统。闭式系统是一种地铁车站内空气与室外空气基本不相连通的方式，即空调季节地铁车站内所有与室外连通的通风井的通风阀门均处于关闭状态，车站内采用中央空调，仅通过新风机从室外向车站提供所需最小新风量。区间隧道借助列车行驶时的活塞效应将车站空调风送入区间隧道。目前，上海地铁仅2号线采用闭式系统。

2）站厅、站台通风及空调系统。地铁地下车站一般分为两层结构，上层为站厅层，由若干出入口与地面相通，供乘客进出车站及售检票。下层为站台层，供乘客候车。站厅、站台层的通风按季节分为通风系统和空调系统。

①通风系统。在每年的十月至次年五月，地铁地下车站通过车站配置的通风系统向站厅、站台输送新风。空气进入车站的流向：通过布置在车站两端环控机房内的全新风机从新风井向空调机组送风，再通过空调机组向站厅、站台送新风。空气排出车站的流向：新风在站厅、站台循环后，由布置在车站两端环控机房内的回排风机排向排风井。

②空调系统。在每年的六月至十月，地铁地下车站由空调系统向站厅、站台输送冷风。此时，启用冷水机组向空调机组输送冷冻水（7～12℃），空气进入车站的流向：通过布置在车站两端环控机房内的空调新风机、回排风机，向空调机组输送新风及回风，新风及回风混合后经空调机组冷却后，送向站厅和站台。

车站通风与空调系统组成及空气流向如图1—54所示。

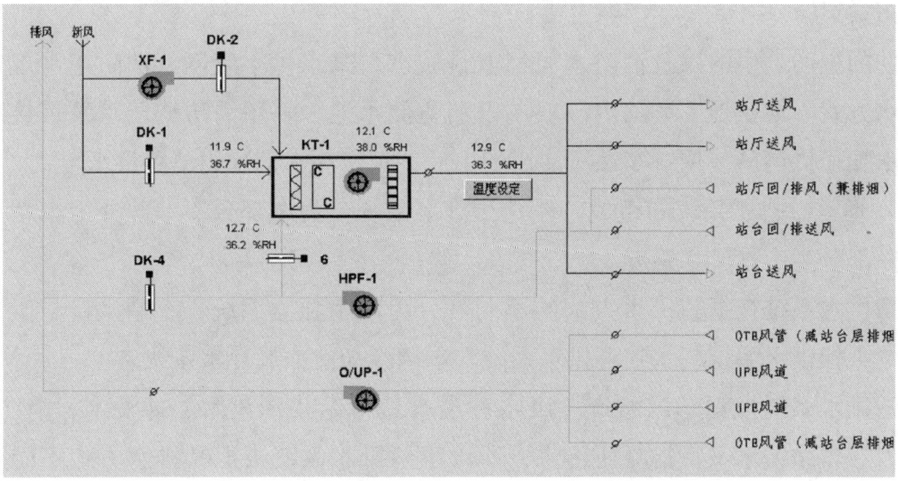

图1—54　车站通风与空调系统组成及空气流向

3）设备用房、管理用房通风系统。地铁地下车站除站厅、站台需要机械通风外，还有降压变电站、牵引变电站、主变电站、环控机房、车控室、环控电控室、信号机械室、通信机械室、电源机械室及管理用房等也需要进行机械通风。上述设备用房、管理用房除需要进行通风外，有的用房还需要采用空调进行降温。通常在需要降温的用房安装空调机进行降温。

①设备用房通风系统。设备用房通过在环控机房内布置送风机及排风机进行机械通风。在安装有各类气体灭火系统（如1301、442R烟烙尽或FM200等）的用房内，在送风管及排风管上还装有防火阀。遇到火灾时，在消防报警系统的控制下，如果

报警主机设定在自动状态时，防火阀会自动关闭，设定在手动状态时，则应手动关闭。在设备对环境温度有要求的用房内，还装有多联体空调等，以控制用房内的温度。

②管理用房通风系统。管理用房通过在环控机房内布置的送风机及排风机进行机械通风。部分用房采用百叶窗自然进风，机械排风。在送风管及排风管上还装有防火阀，便于对风量进行控制及在发生火灾时，可以关闭送风防火阀，停止送风。排风阀处于开启状态，排风机处于运行状态，排除用房内的烟雾。

4. 地铁给排水系统

（1）地铁给排水系统的作用和目标。地铁给排水（包括水消防）系统设备主要作用：提供地铁运营所必需的生产、生活、消防等用水；收集排出生产、生活、消防等产生的废水、污水及地下结构渗漏水、雨水等；提供完整的水消防系统，保证地铁的安全、正常运营。

地铁的生产、生活以及消防水源都取自城市自来水供水管网。消防用水规定采用两路供水方式。地铁地下车站内一般不设消防储水池，采用消防增压水泵直接从供水管道抽水加压供消防使用。车站所使用的生活、生产用水都采用单路供水方式。

（2）地铁给排水系统的组成。地铁给排水系统分为两部分，一部分为车站供水系统，另一部分为车站排水系统。

车站供水系统根据其供水方式的不同可分为四个独立系统：车站生产、生活供水系统，消火栓供水系统，水喷淋供水系统和空调冷却冷冻循环水系统。

车站排水系统根据车站所产生废水种类有地下结构渗漏水、冲洗水、消防废水、雨水等，而车站污水又特指厕所污水，所以车站排水系统根据其排水方式不同分为四个独立系统：1）地下车站废水由设有地漏的站厅、站台，将废水排入车站轨道两侧明沟和站台板下排水沟，经汇集至车站端头废水池内由排水泵提升，排入市政排水管道；2）污水由厕所的下水管道汇集至污水池，然后由排水泵提升排入城市污水管道或地面化粪池；3）出入口雨水汇集至出入口的集水池后，由排水泵提升排入市政排水管道；4）地下结构渗漏水汇集于就近的集水池，由排水泵提升排出车站。

地铁的地下车站一般设计为高位站台，所以两个车站之间的区间隧道中点地势最低，在此设有区间排水泵。隧道内的结构渗漏水或消防废水等沿车轨道两侧明沟汇集至区间集水池，然后由排水泵提升排入车站废水池或直接排出车站。此外，在区间隧道的洞口出入处和地下折返段端头同样设有排水泵站。

5. 地铁车站低压配电系统

车站低压配电主要为车站管辖内通风空调系统设备、消防联动设备、给排水设备、自动扶梯、照明设备、屏蔽门系统等提供电源。

（1）供电

1）系统组成。城市轨道交通车站动力配电系统采用400 V三相五线制、220 V单相三线制方式供电，它为车站站台、站厅和设备及管理用房的机电设备、售检票设备及通信、信号系统等设备提供电源。

2）负荷划分。车站低压配电系统根据不同的用途和重要性，分为一、二、三类负荷。

3）供电方式。车站低压配电系统根据设备用电的重要性可分为车站降压站直接供配电和由环控电控室供配电。

由降压站直接供电的一类负荷设备。降压站低压配电柜两段母线各馈出一路电源到设备电源切换箱，经电源切换箱实现双电源末端切换后，再馈出到用电设备。两路电源正常时，一路工作、一路备用；当一路失电后，另一路自动切合。

由降压站直接供电的二类负荷设备。低压配电柜的一段母线馈出一路电源至设备电源配电箱，经电源切换再送至设备。当降压站该段母线失电后，母线分段开关自动合闸，由另一段母线继续供电。

由降压站直接供电的三类负荷设备。低压配电柜其中一段母线馈出一路电源至设备附近的电源箱后再馈出给用电设备。当降压站任何一段母线失电或故障时，均联跳中断降压站直接供电的三类负荷设备。

车站设南、北两个环控电控室，对直接由环控电控室供配电的一、二类负荷设备各引一路电源到环控电控室电源进线柜，电源进线柜设有自切联锁装置，当降压站一段母线失电时，另一路自动投入，并且保证在任何情况总有一个进线柜在合闸状态。

对环控电控室直接供配电的环控三类负荷设备采用单母线接线形式，当该母线失压或故障时，中断供电。

（2）照明

1）系统组成。车站照明系统采用380 V三相五线制、220 V单相三线制方式供电。车站照明系统分为公共区域一般照明、设备管理用房照明、事故照明、诱导照明、安全照明、标志照明和广告照明。

车站照明系统根据车站类型不同，选用的照明方式也不同。地下车站照明供电分节电照明、一般照明、事故照明，事故照明保持24 h常开。高架车站照明供电无节电照明，只有一般照明、事故照明，且事故照明平时处于关闭状态，只有在事故状态下，事故照明才打开。

2）负荷划分。根据车站照明要求，车站照明系统分三个负荷等级：一般照明、节电照明、事故照明、疏散诱导指示照明为一级负荷；各类指示牌为二级负荷；广告照明为三级负荷。

3）供电方式。在站台或站厅的两端各设置一照明配电室，室内集中安装各类照明控制箱或配电箱。在站台两端各设置一直流装置室，室内各安装一套直流装置。地下车站一类照明的电源分别在降压站两段母线上各馈出一路电源和照明配电室控制箱相连，以交叉供电方式向车站站厅、站台及设备用房供电。事故照明由直流装置配电柜馈出至照明配电室事故照明配电箱后供电。站台、站厅和出入口的诱导灯由车站照明配电箱配出单独回路供电。广告照明及其他各类照明（区间照明除外）均由照明配电室馈出。区间照明同事故照明。

高架车站一般照明、设备用房照明是分别在降压站两段母线上各馈出一路电源至车站照明配电室照明总控制箱，由控制箱馈出电源到照明配电箱配出。事故照明由降压站直流配电柜馈出至照明配电室事故照明配电箱后配出。站台、站厅和出入口的诱导灯由车站照明配电箱配出单独回路供电。广告照明电源直接由车站降压站三类负荷母线柜馈出一路至照明配电室的广告照明配电箱后配出。

事故照明正常时采用380 V/220 V交流电源供电。当交流失电后，直流配电柜自切装置自动切换为蓄电池220 V直流电源供电。当交流电恢复后，自切装置恢复到由交流电向外供电状态。

4）控制方式。车站照明控制可分为就地控制和车站控制室遥控两种方式。

①就地控制。就地控制分集中控制和分散控制。设备及管理用房采用分散控制，进门处设有就地开关箱和盒，可控制相应设备及管理用房的一般照明。照明配电室内设有相应照明场所的照明配电箱，可在室内集中控制相应场所的一般照明、事故照明和广告照明。同时，在降压站内可对各类照明根据需要进行集中控制。区间照明由隧道内照明控制箱控制。

②车站控制室遥控。车站控制室设有一般照明控制盘，通过按钮控制降压站内照明柜可以实现对站台、站厅一般照明、节电照明和区间隧道照明的集中控制。

在正常情况下，下级配电开关全部处于合闸位置，通过车控室遥控方式实现对车站场所的照明控制。当需局部变动照明状态时才对下级开关做相应的调整。

6. 地铁车站屏蔽门系统

（1）屏蔽门的作用及类型。屏蔽门系统是安装于地铁车站站台边缘，用以提高运营安全系数、改善乘客候车环境、节约运营成本的一套机电一体化的机电设备系统。

屏蔽门系统作为站台公共区域与轨道列车之间的可控通道，在列车进站时配合列车车门动作打开或关闭活动门，为乘客提供上下列车的通道。屏蔽门系统的使用隔断了站台侧公共区域与轨道侧空间，避免了人员跌落轨道的安全隐患以及列车司机驾车进站时的心理恐慌问题；隔离了列车运行时所产生的噪声、活塞风以及粉层，保证了站内乘客良好的候车环境，并避免了活塞风所造成的站内空调冷量的损失，节省了运营成本，同时还可减少设备容量及数量、减少土建工程量等投资建设成本，产生了良好的社会、经济效益。

屏蔽门同时还具有障碍物检测功能，即活动门关闭时检测到障碍物，会后退做短暂停止以释放夹到的障碍物，然后再关闭，以免夹伤乘客。如果第二次关门时依然检测到障碍物存在，屏蔽门会重复上次操作（会后退做短暂停止以释放夹到的障碍物，然后再关闭），一般重复三次，若三次关门障碍物依然存在，则该屏蔽门全开并报警。此时须由站台工作人员做应急处理，解决问题。

从目前各国设置的屏蔽门系统来看，主要有全封闭型和半封闭型两种。全封闭型屏蔽门一般是地下车站所采用的，如图 1—55 所示；半封闭型屏蔽门也称安全门，安装位置与全封闭型基本相同，造价较低，一般用于地面和高架车站，如图 1—56 所示。

图 1—55　全封闭型屏蔽门

图 1—56　半封闭型屏蔽门

（2）屏蔽门的组成。屏蔽门系统由机械和电气两部分构成，机械部分包括门体结构和门机系统，电气部分包括电源系统和控制系统。

1）门体结构。门体结构由钢架、顶盒、门体组合、下部支承结构组成。

①钢架作为整个屏蔽门的支承骨架，承受门体的全部质量和外力；在土建结构允许的变形范围内，确保屏蔽门的安全。

②顶盒（见图 1—57）内置门驱装置、门控单元、配电端子箱、活动门导轨、闭锁机构等，是固定门支柱的上支点，活动门的吊点，承受活动门的质量和负载条件下的外力作用；并对其内置的各种设备提供一定的密封保护；站台侧的顶盒前盖板还可张贴列车运行方向和站名等内容的指示牌，兼作站台边缘的光带反射板；前盖板（站台侧）可上翻至足够的开度，并设支承装置，方便门驱系统的安装调试和维护检修。

图 1—57　屏蔽门顶盒

③门体组合。门体由固定门（FIX）、活动门（PSD）、端头门（MSD）、应急门、手动开锁机构、气密材料等组成，如图1—58所示。

图1—58　门体组合

固定门（FIX）：隔断站台和轨道。

活动门（PSD）：中分双开式门，关闭时隔断站台和轨道，开启时供乘客上下列车，在非正常运行模式和紧急运行模式下，也可作为乘客的疏散通道。

应急门：在正常情况下不开启。在紧急情况下，列车停车位置与活动门不对应时，可通过应急门疏散乘客，即将某一固定门改成可开启的应急门。应急门设有锁紧装置，且开启方便。

端头门（MSD）：主要用于车站工作人员在站台和轨道之间的进出，同时兼顾紧急情况下疏散乘客的要求，端头门有门锁装置，并在列车活塞风作用下不会开启，如图1—59所示。

图1—59　端头门

端头门配有极安全的通用门锁，即在轨道侧均可用把手、在站台侧均可用“通用”钥匙进行开/闭操作（注：门锁与PSD、顶盒通用）。

手动开锁机构：活动门设手动开锁机构，并与置于顶盒内的闭锁机构联动，在活动门关闭后，闭锁机构可防止外力作用将门打开。在活动门开启并处于正常运营模式时，活动门的门锁可自动解锁；但在非正常运营模式和紧急运营模式时，站台工作人员或乘客可手动打开活动门实现解锁，即每樘活动门在轨道侧均可用把手、在站台侧均可用“通用”钥匙对门进行开/闭操作。

④下部支承结构。下部支承结构由踏步板、固定支座、调节装置、绝缘衬垫等组成，是活动门的底部导向装置（地坎），也是乘客通过的踏面，承受乘客荷载，保证了屏蔽门门体与站台砼结构的绝缘。

2）门机系统。门机系统主要由驱动装置、传动装置、锁紧装置、DCU等组成。主要功能是满足正常运行模式、非正常运行模式和紧急运行模式下开、关、锁定活动门。

3）电源系统和控制系统。屏蔽门的电源系统分门机驱动电源和控制电源两种，由两路独立的三相五线380 V交流电源供电，属车站的一类设备用电负荷。

屏蔽门控制系统主要由PSC（含接口部件）、PSL、DCU、声光告警装置、就地控制盒、PSA、系统接口等组成。控制系统是一个对屏蔽门进行实时监控管理的计算机网络系统，具有高速性、实时性和可靠性。屏蔽门控制系统以两侧站台屏蔽门为控制对象，构成一个完整的控制系统，应确保任一侧屏蔽门的故障不应影响另一侧屏蔽门的正常运行；单侧某一樘门的故障不影响其他门的正常运行。

屏蔽门系统除了与信号系统和通信系统有连接接口，与车站机电设备监控系统（EMCS）之间或主控系统（MCS）之间也设有通信接口，用于传送屏蔽门系统运行状态、故障诊断信息，便于车站控制室人员、维修人员监视屏蔽门状态。

（3）屏蔽门的控制模式。屏蔽门系统的控制模式：一般设置有系统级、站台级、人工操作（或称手动操作）三种控制模式。系统级控制即执行信号系统命令的控制模式；站台级控制即执行站台PSL操作盘发出的命令模式；手动操作即站台工作人员在站台侧用专用钥匙解锁或由乘客在轨道侧使用解锁装置打开活动门。

1）系统级控制。系统级控制为正常运行模式，用于在系统正常情况下列车正确停站时，屏蔽门接受ATC指令控制活动门的开/关。屏蔽门与列车的开关时间差应小于0.1 s。

①开门操作。当列车停站，信号系统在收到司机打开列车车门指令后，如果与允许开门继电器相一致，则自动向屏蔽门主控机（PSC）发出开门命令，通过DCU等执行解锁、开门等顺序操作。

②关门操作。列车准备发车时，信号系统在收到司机关闭列车车门指令后，自动向屏蔽门主控机（PSC）发出关门命令，通过DCU等执行关门、闭锁等顺序操作。在所有屏蔽门关闭后，PSC向信号系统发出所有屏蔽门关闭并锁闭的信号，允许列车离站。

2）站台级控制。当系统级控制不能正常运行时，如列车停位不正确、信号系统故障、信号系统与屏蔽门系统通信中断、屏蔽门系统局部故障等非正常情况下，司机可通过站台端头控制盒（PSL）进行屏蔽门的开门、关门操作，实现屏蔽门的站台级操作。

①开门操作。列车司机先打开PSL上的钥匙开关，然后操作PSL的开门按钮，发出开门命令，DCU接收到开门命令后，执行解锁、开门等顺序操作。

②关门操作。由司机操作PSL的关门按钮，发出关门命令，DCU接收到关门命令后，执行关门、闭锁等顺序操作。在所有屏蔽门关闭后，PSL向信号系统发出所有屏蔽门关闭并锁闭的信号，允许列车离站。

③屏蔽门关闭后无法发车。当所有屏蔽门关闭，但信号系统仍然不能确认而无法发车时，由列车司机先打开PSL上的钥匙开关，然后操作PSL上的PSD互锁解除钥匙开关，发出强制发车信号，允许列车离站。

3）人工操作（手动操作）。当系统级控制、站台级控制均不能操作屏蔽门时，在站台侧，由站台工作人员用钥匙打开活动门；在轨道侧，由司机通过车内广播通知乘客使用PSD上的手动解锁把手自行开启屏蔽门。

在紧急运行模式下，如隧道内或者站台、站厅发生火灾等紧急情况，可由车站值班员操作车控室内PEC控制按钮或经授权后通过电话和广播通知站台值班员操作PSL对活动门进行开/关控制。

三种控制方式中以人工操作优先级最高，系统级控制最低。

1.2.4 车站自动售检票设备

1. 自动售检票系统的组成

自动售检票系统可对客票进行跟踪记录，记录一些客运管理数据如站间OD报告、年月日客流量、换乘客流量、平均乘距、列车满载率、站线网客流量及客运收入、平均票价等，均可及时进行统计分析并打印。

自动售检票系统主要由中心AFC系统、车站AFC系统、终端设备和车票四部分组成。

（1）车票。车票是旅客乘车的凭证，包括储值票和单程票，采用非接触式IC卡。

（2）车站终端设备（自动售票机/人工售票机/闸机等）。在车站现场配有各种终端设备，包括进出站闸机、自动售检票机、自动充值机、车站票务系统、自动验票机。

由于使用者是广大乘客，设备是否稳定、可靠、易于操作将直接影响 AFC 系统和地铁的正常运营。

（3）车站 AFC 系统。主要实现运营线路的车票交易数据采集和处理、票务对账、车票发售现金收入管理、系统运营参数管理、系统通信监测、在线设备状态监控、系统用户权限管理、车票分拣等功能。

（4）中央 AFC 系统。主要实现运营线路的车票交易数据采集和处理、票务对账、车票发售现金收入管理、系统运营参数管理、系统通信监测、在线设备状态监控、系统用户权限管理、车票分拣等功能。

2. 车票的类型及管理

（1）纸质车票。常见的纸质车票有普通纸票和条形码纸票。

1）普通纸票（见图 1—60）是将车票的所有信息都直接印刷在车票上，由票务人员识读确认。

图 1—60　普通纸票

2）条形码纸票是将车票的相关信息通过条形码编码储存，由条形码扫描仪完成信息识别，标志的信息只供读取而不能改写。

（2）磁卡车票。磁卡车票有纸质磁卡车票（见图 1—61）和塑质磁卡车票（见图 1—62），两者多是在基片上设置磁记录区域，通过磁留存储存有关的信息，由磁卡读写设备获取相关信息，信息是可修改的。

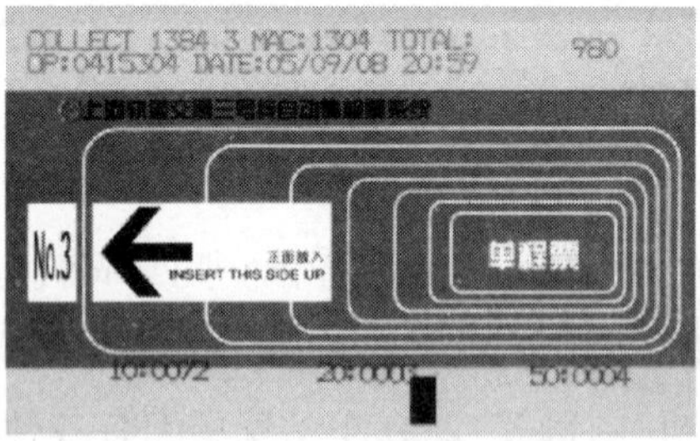

图 1—61　纸质磁卡车票

图 1—62　塑质磁卡车票

磁卡车票从功能上分主要有单程票、广告票、纪念票、储值票和测试票等。

（3）IC 卡车票。非接触式 IC 卡（smart card 或 integrated circuit card）是将车票的所有信息储存在车票的集成电路中，用非接触式 IC 卡读写设备获取相关信息。目前，轨道交通使用的非接触式 IC 卡单程车票有两种类型：卡型和筹码型（TOKEN）。

非接触式 IC 卡主要有单程票（见图 1—63）、纪念票、测试票、赠票和公共交通卡（见图 1—64）。

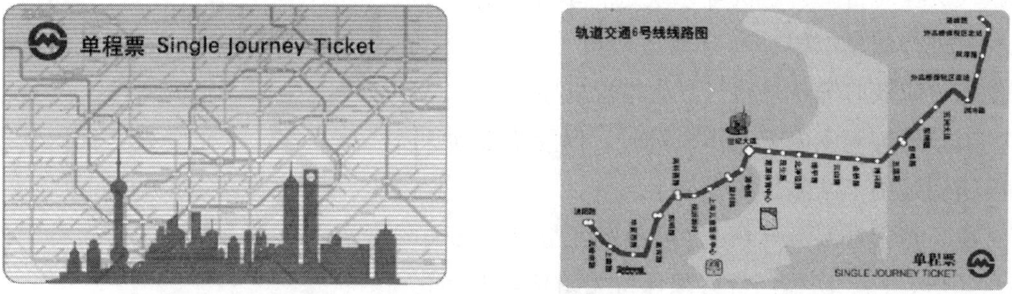

图 1—63　单程票

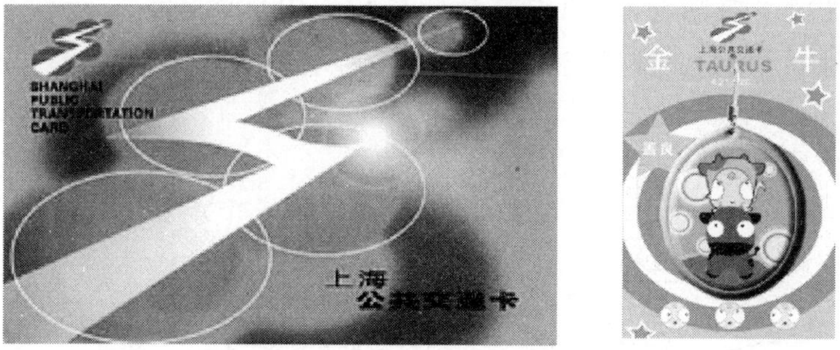

图 1—64　公共交通卡

（4）车票管理

1）票务工作的重要性。票务工作是轨道交通客运组织中一项重要的经济工作，是企业管理工作的组成部分。票务管理工作涉及面广，既有服务方面的，又有管理方面的，是运营生产活动中的重要环节。企业的社会效应来自服务质量，经济效益来自票款收入。

2）票卡的安全。任何时间，车票只能存放于编码室、BOM/EFO、TVM、GATE 等地点，除特殊原因，任何人不可在其他地点放置车票。

对于回收的废票，由站长负责将其妥善保管在指定的废票存放点，避免与单程票、空票混淆，并在指定的时间统一上交。

有价值的车票在运送途中，一律放在配票箱中。

3）票款的安全。在售补票亭、服务中心时，工作人员在离开时必须将票款、有价票卡等放置在售票桌的抽屉内，并保持锁闭状态，BOM 等处于用户退出状态。

在 TVM、CVM 时，票务相关工作人员在对自动售票机等系统进行换票、取币后，相关登入系统的密码必须处于退出状态，并将设备门保持关闭且处于有效锁闭状态。票款人员在对自动售票机等系统进行取币操作时，必须携带无线对讲设备，遇异常情况及时进行信息汇报。当自动售票机等系统出现异常登入或非法闯入等报警信息时，工作人员应及时确认是否有异常情况发生。

当车站编码室内无工作人员时，保险箱必须保持关闭状态，密码锁处于乱码状态，保险箱钥匙由车站站长随身携带。

在车站售补票亭（房）、编码室等与票款有关的房间内，无论有无工作人员工作，票亭（房）门、防盗门等必须保持关闭且处于有效锁闭状态。

车站必须将票务用各类技防设备处于有效使用状态，严禁将技防设备处于无效使用或擅自关闭状态，技防设备发生故障后应在 12 h 内及时报修。

4）车票制作、发行、注销流程如图 1—65 所示。

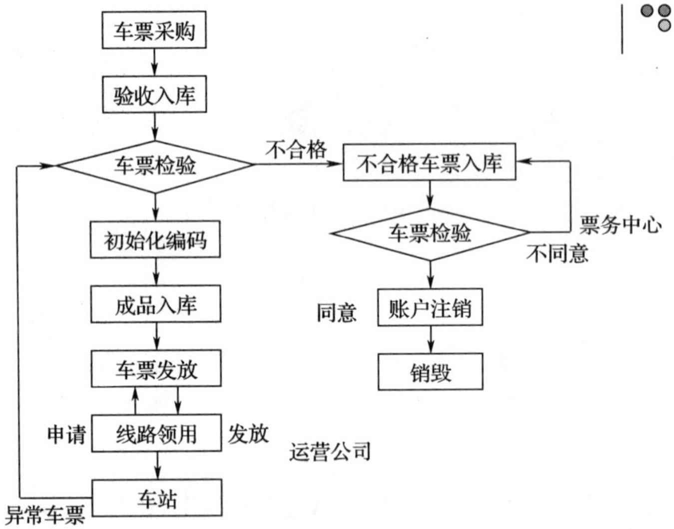

图 1—65　车票制作、发行、注销流程

5）票卡管理流程如图 1—66 所示。

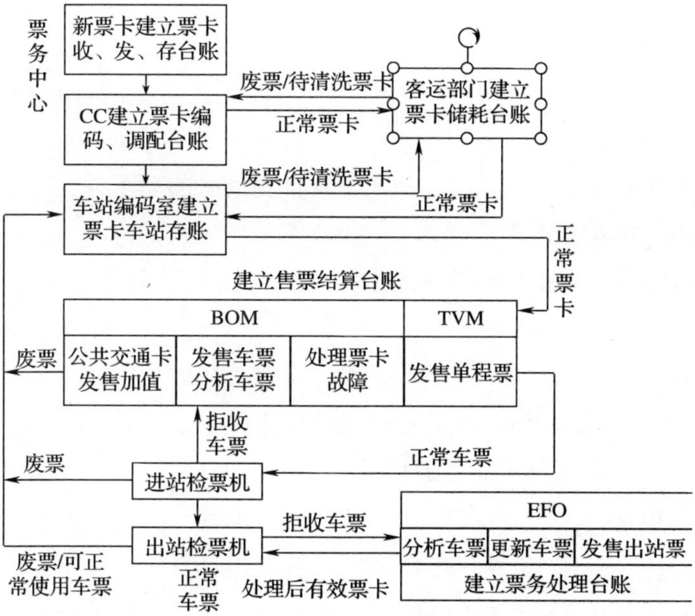

图 1—66　票卡管理流程

理论知识复习题

一、判断题（将判断结果填入括号中。正确的填“√”，错误的填“×”）

1. 地铁线路正线为双线，列车单向左侧行车。（　　）

2. 地铁列车按有无动力可分为两大类：拖车和动车。（　　）

3. 基于轨道电路的列车自动控制系统控制下，列车与先行列车之间的行车间隔都与闭塞分区的划分无关。（　　）

4. 地铁通信按信息传输的媒介分类，可分为有线通信、无线通信。（　　）

5. 牵引变电站向接触网送电采用单边供电方式。（　　）

6. 禁止吸烟标志属于禁令标志。（　　）

7. 轨道交通车站主要是为乘客提供服务的场所。（　　）

8. 票款员在清点 TVM 钱款时，可一人操作完成。（　　）

9. 为鼓励乘客收集，纪念车票一般限量发行。（　　）

10. 持单程票、旧票进库时需要入库单。（　　）

二、单项选择题（选择一个正确的答案，将相应的字母填入题内的括号中）

1. （　　）不是钢轨损伤。

A. 钢轨接头断裂　　B. 裂纹
C. 剥落掉块　　D. 钢轨折断

2. A 车是（　　）。

A. 带驾驶室的拖车　　B. 带受电弓的动车
C. 不带受电弓的动车　　D. 不带驾驶室的拖车

3. 基于轨道电路的列车自动控制系统控制下，列车与先行列车之间的行车间隔与（　　）无关。

A. 站台长度　　B. 闭塞分区的长度
C. 地面信号机之间的距离　　D. 以上均不是

4. 以下（　　）不属于车站的通信系统。

A. 行车调度电话　　B. 公务电话
C. 广播　　D. 公用电话

5. 地铁供电根据其重要性规定为（　　）级负荷。

A. 一　　B. 二　　C. 三　　D. 四

6. （　　）标志不是导向标志。

A. 各出入口　　B. 站点分布　　C. 禁止吸烟　　D. 公用电话

7. 城市轨道交通基本服务措施不包括（　　）。

A. 车站候车椅　　B. 废物箱　　C. 安检设备　　D. 屏蔽门

8. 票款员在清点 TVM 钱款时，至少（　　）人操作完成。

A. 1　　B. 2　　C. 3　　D. 4

9. （　　）通过出站检票机时肯定被闸机自动回收。

A. 公交卡　　B. 单程票　　C. 员工票　　D. 均不可

10. 凡（　　）可在人工售票亭充值。

A. 公交卡　　B. 单程票　　C. 员工票　　D. 均不可

理论知识复习题答案

一、判断题

1. ×　　2. √　　3. ×　　4. √　　5. ×　　6. √　　7. √　　8. ×

9. √　10. √

二、单项选择题

1. A　2. A　3. A　4. D　5. A　6. C　7. D　8. B
9. B　10. A

第2章

列车运营组织

学习目标

- ✔ 掌握行车组织架构及行车规章体系组成
- ✔ 掌握编制全日行车计划的基本过程
- ✔ 掌握联锁闭塞的原理
- ✔ 掌握正常和非正常情况下的列车运行组织的作业流程
- ✔ 能够进行列车运行图的计算和铺画
- ✔ 能够进行道岔操作过程中的分析

2.1 行车组织指挥体系

知识要求

2.1.1 行车组织架构

行车组织指挥架构包括路网管理层、线路控制层和线路执行层，如图 2—1 所示。路网管理层负责全路网的运营监控、统筹管理，在发生突发事件时路网运营方案的制定；线路控制层（各线路控制中心）负责线路行车计划的组织实施，在发生运营紊乱、突发事件时运营方案的落实；线路执行层（车站、列车、停车场）负责线路行车计划的执行，在发生运营紊乱、突发事件时运营方案的执行。

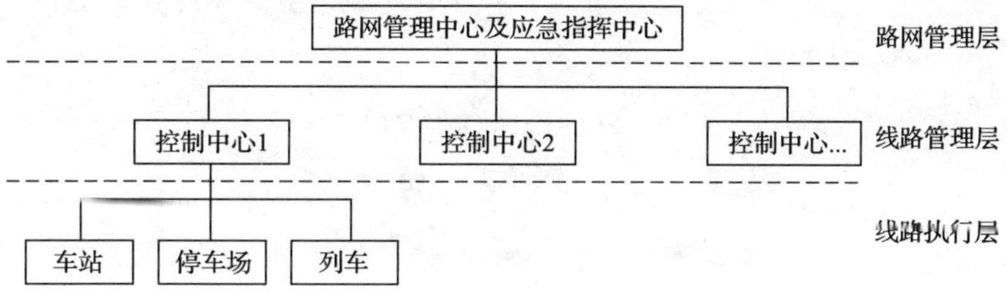

图 2—1 行车组织指挥架构

1. 路网管理层

路网管理层主要由路网运营监督和管理中心（Comprehensive Operation Coordination

Center，COCC）及应急指挥中心组成。

（1）架构职能。路网运营监督和管理中心主要负责监督各运营线路的客流变化、列车运行和设施设备运行状态，采集、传递各类运营生产信息，发布各项运营生产任务和命令。应急指挥中心主要负责指挥涉及多线、影响较大突发事件的应急处置，统筹各单位应急处置资源，协调各线路、单位联动处置各类突发事件。

（2）岗位配置。上海轨道交通网络协调和应急指挥室主要设置经理、主管、值班长、值班员和信息员岗位，具体如图 2—2 所示。

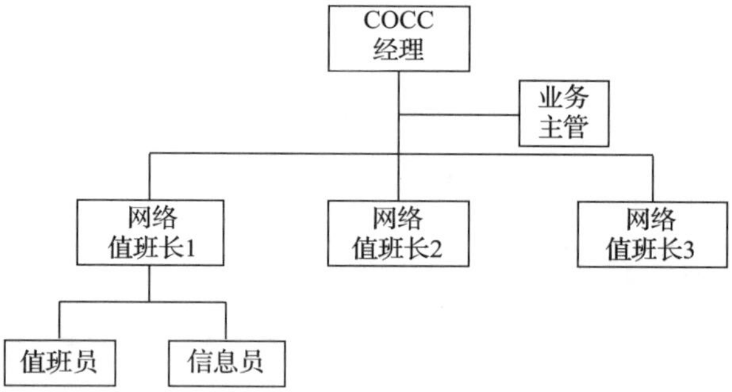

图 2—2　COCC 岗位配置图

2．线路控制层

线路控制层主要指线路控制中心（Operation Control Center，OCC），如图 2—3 所示。

图 2—3　控制中心

（1）架构职能。线路控制中心是城市轨道交通日常运输工作的指挥中枢，负责组织指挥线路与列车运行有关的各部门、各工种协同作业，确保列车运行图实现，组织完成客运生产任务，保证行车和乘客安全，在发生突发事件时执行路网管理层指令。运营调度执行行车指挥职能时，具体指挥流程如图 2—4 所示。

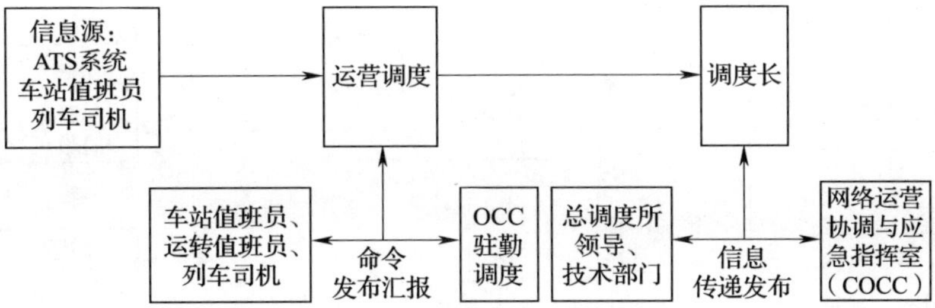

图 2—4　运营调度指挥工作流程

（2）岗位配置。线路控制中心主要岗位配置有线路调度长、值班调度长、运营调度、设备调度等，具体如图 2—5 所示。

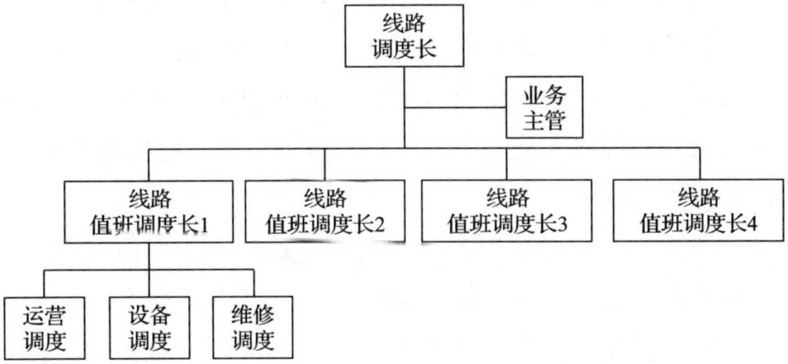

图 2—5　上海轨道交通线路控制中心岗位配置

3. 线路执行层

线路执行层主要分车站值班员、电动列车驾驶员及停车场运转值班员。

（1）车站值班员。车站值班员负责监控列车运行，正常情况下按列车运行图组织行车，及时、准确执行调度命令，按行车指挥指令处理车站各类运营突发事件；使用车站广播设备和监控设备做好客运服务和安全工作，适时与相关调度、邻站值班员等通报有关信息，确保列车正常运行；负责车站检修、施工实施确认和许可工作；妥善保管、使用行车设备、日常备品、备件和钥匙等；负责夜间车站安全工作，督促站务员做好夜巡和道床清扫工作；车站设施、设备发生故障时，按规定程序报修并做好报修后的跟进工作，按规定填写相关报表。

车站值班员日常工作流程如图 2—6 所示。

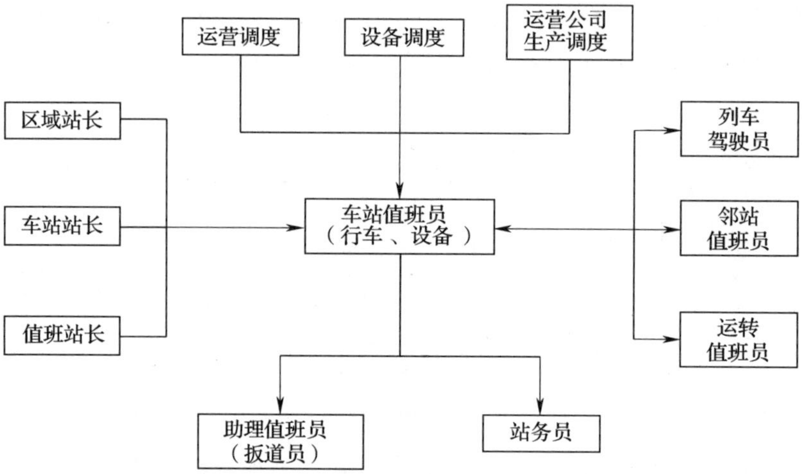

图 2—6　车站值班员日常工作流程

（2）停车场运转值班员。停车场运转值班员根据列车运行图及列车检修调试计划，负责安排每日用车，编制列车出入库作业计划；根据检修需要，负责布置电动列车和内燃机车调车、试车作业；根据调度命令，做好列车出入场作业；做好列车运行情况的统计汇总；负责乘务部线路人员的场内出勤、退勤工作；协调场内作业人员的工作，做好停车场内的检修施工管理。

（3）电动列车驾驶员。电动列车驾驶员负责正线、停车场内的列车驾驶及列车试车工作。做好车辆在出车前、回场后的车辆检查，负责值乘列车的安全正点运行，做好与行车相关人员的信息传递。在正线载客运行中，按规范服务标准做好对乘客的服务；发现列车故障或在运行途中遇突发事件，按预案要求迅速采取措施，排除故障，缩短处理时间，减少对正常运营的影响。

2.1.2　行车规章体系

城市轨道交通是技术高密集的大容量客运交通系统，具有高度集中、统一指挥、紧密联系和协同配合的系统运作特点。为确保轨道交通运营安全整点、方便快捷、高速高效，必须建立一个规范、统一、科学的行车规章体系。

行车组织类规章制度是城市轨道交通企业技术管理的核心，是规范行车组织运行秩序，约束行车工作人员生产活动的行为准则。它规定了各单位、各部门、各工种在从事轨道交通运输生产时必须遵守的基本原则、责任范围、工作方法、作业程序和标准。通用型的行车组织规章体系如图 2—7 所示。

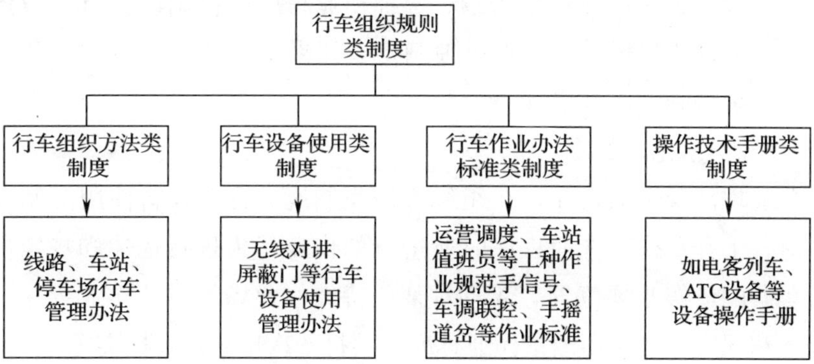

图 2—7　行车组织规章体系

1．行车组织规则类制度

行车组织规则类制度是行车组织各项规章制度制定的基本大法，它是某一城市轨道交通行车组织工作的技术标准。它具体规定了在进行行车生产作业中所必须遵循的运作规则，界定了行车生产过程中的所有作业程序和各工种的相互关系，明确了各工种在行车生产过程中所必须遵守的作业方法和标准。它是一切与行车有关的办法、规定、作业规范和标准等规章制度的基础。一般轨道交通运输企业习惯将该制度命名为《某某地铁行车组织规则》，简称《行规》。

2．行车组织方法类制度

行车组织方法类制度是在行车组织规则的基础上，根据设备具体技术特点按线路分别编写的，一般分为行车管理办法、行车调度工作细则（调细）、车站工作细则（站细）和停车场行车工作细则（场细）。

行车管理办法具体规定了在具体设备条件下，特别是在信号系统功能一定的条件下，线路行车所遵循的行车方法。具体描述了各作业程序的具体作业方法，确定了各工种的作业职责。因此，一般当影响行车的设备条件发生变化时，行车管理办法必须进行相应的修订。

调细、站细、场细则是在行车管理办法的基础上按工种分别编写的。它们具体针对调度所、车站、车场这三个行车场所的各工种，对各种行车场景下作业过程中的作业程序、作业职责、作业关系进行了规定。

有些轨道交通运输企业会将正常和非正常行车场景下的行车方法独立，分别对不同行车场景下的行车方法、作业方法、作业程序等进行具体规定或制定成专项处置预案。

3．行车设备使用类制度

行车设备使用类制度是根据行车组织方法类制度，结合行车设备的具体功能进行编写的。它具体规定了在各种行车场景、各种作业程序中使用此类行车设备的各种功能。一般地，该类办法根据设备类别单独制定。如果不同线路设备类型相同，但功能不同，则必须单独编制具体规定。

4. 行车作业类规范、标准

行车作业类规范、标准是在行车组织方法类制度、行车设备使用类制度相关规定的基础上，对各工种在执行作业程序时所进行的作业行为进行描述和规定，如司机作业规范、行车调度员作业规范等。或者对某些特殊作业场景时的作业程序、作业行为进行具体描述和规定，如手摇道岔作业标准、司机一次出乘作业标准等。

5. 行车设备类操作技术手册

行车设备类操作技术手册是行车作业各工种操作行车设备时所必须遵循的指导性文件。它是设备部门配合行车部门描述如何正确操作设备以实现设备设计功能的技术性文件。或者是描述如何判断故障原因，排除故障使设备恢复正常功能或功能降级的技术性文件，如电客列车操作手册、车载设备操作手册、电客列车排故手册、车载设备排故手册等。

2.2 列车开行计划

知识要求

2.2.1 全日行车计划的编制

1. 全日行车计划的定义

全日行车计划是营业时间内各小时开行的列车数计划，它规定了城市轨道交通线路的日常运输任务，是编制列车运行图、计算运输工作量和确定车辆运用的基础资料。

2. 全日行车计划的编制资料的收集

全日行车计划编制之前，必须对下列资料进行收集。

（1）营业时间。轨道交通营业时间的安排主要考虑两个因素：一是考虑市民出行活动的特点，满足城市生活的需要，方便乘客；二是满足轨道交通系统各项设备施工检修作业的需要。世界上大多数城市的轨道交通营业时间为 18 ~ 20 h，个别城市是 24 h 运营，适当延长运营时间是轨道交通提高服务水平的体现。城市轨道交通运营时间表见表2—1。

表2—1　　城市轨道交通运营时间表

城市	始运年份	营业时间（h）	城市	始运年份	营业时间（h）
伦敦	1863	20	东京	1927	19.5
纽约	1868	24	莫斯科	1935	19
芝加哥	1892	24	北京	1969	18
布达佩斯	1896	19	华盛顿	1976	18
巴黎	1900	20	中国香港	1979	19
柏林	1902	21	上海	1993	18

（2）分时最大断面客流量。站间客流量数据（Origin Destination，OD）是计算最大断面客流量的原始资料。根据站间OD客流数据，首先算出各站上下车人数，然后计算出断面客流量，最后得到最大断面客流量。

在新线投入运营时，站间OD客流数据来源于客流预测资料；在既有线运营时，站间OD客流数据来源于客流统计或客流调查资料。由于在客流预测资料中通常只有高峰小时与全日站间OD客流量预测数据，分时最大断面客流量的确定可采用下列两种方法：在已知高峰小时最大断面客流量的基础上，根据分时客流占高峰小时客流的比例进行确定；或者在已知全日最大断面客流量的基础上，根据分时客流占全日客流的比例进行确定。

（3）列车定员数。列车定员数是列车编组辆数和车辆定员数的乘积。

列车编组辆数的确定以高峰小时最大断面客流量作为基本依据。在客流量与列车运能一定的情况下，列车编组数量取决于列车间隔和车辆选型。但在列车密度已经较大时，为满足增长的客流需求，增加列车编组辆数往往成为首选措施。此时，轨道交通保有的运用车辆是增加列车编组辆数的限制因素之一，其他限制因素包括站台长度等。

车辆定员数取决于车辆的尺寸、车厢内座位布置方式和车门设置数。一般而言，在车辆限界范围内，车辆长宽尺寸越大载客越多，车厢内座位纵向布置较横向布置载客要多。

（4）线路断面满载率，即单位时间内、特定断面上的车辆载客能力利用率。在实际工作中，线路断面满载率通常是指高峰小时、单向最大客流断面的车辆载客能力利用率。它的计算公式如下：

$$\beta = \frac{p_{max}}{c_{max}} \times 100\%$$

式中　β——线路断面满载率；

p_{max}——单向最大断面客流量，人；

c_{max}——高峰小时线路输送能力，人。

线路断面满载率既反映了高峰小时开行列车在最大客流断面的满载程度，也反映了乘客乘车的舒适程度。为了提高车辆利用率、降低运输成本和提高经济效益，在编制全日行车计划时，轨道交通系统高峰小时可适当超载。

全日行车计划的编制一般要在分时行车计划编制完毕的基础上汇总而成。在计算得出分时行车计划的开行列车数和行车间隔时，要检查是否存在某段时间内行车间隔过长的情形。行车间隔过长，会增加乘客等候时间，降低乘客服务水平，不利于吸引客流。另外，高峰小时行车间隔的确定应检验与列车折返能力是否相适应。

3. 全日行车计划的编制过程

收集完编制全日行车计划的资料后，开始正式的编制过程，主要是计算分时开行列车数和分时行车间隔，根据计算出的开行列车数和列车间隔，最终确定全日行车计划。

（1）计算分时开行列车数

计算公式如下：

$$n_i = \frac{p^i_{max}}{p_{列}\beta}$$

式中　n_i——分时开行列车数，列或对；

p^i_{max}——分时最大断面客流量，人；

$p_{列}$——列车定员数，人。

（2）计算分时行车间隔

计算公式如下：

$$t^i_{间隔} = \frac{3\ 600}{n_i}$$

式中　$t^i_{间隔}$——分时行车间隔，s。

（3）最终确定全日行车计划

为方便乘客、提高服务水平，轨道交通系统在非高峰运营时间内，如9:00—21:00，最终确定的行车间隔时间标准一般不宜大于6 min；而在其他非高峰运营时间内，最终确定的行车间隔时间标准也不宜大于10 min。另外，对全日行车计划中的高峰小时行车间隔时间应检验是否符合列车在折返站的出发间隔时间。

2.2.2 列车开行方案的编制

1. 列车开行方案的定义

列车开行方案包括列车交路方案、列车编组方案和列车停站方案三部分。在列车开行方案中，列车交路方案规定了列车的运行区段与折返车站；列车编组方案规定了列车是固定编组还是非固定编组，以及列车的编组辆数；列车停站方案规定了列车是站站停车还是非站站停车，以及非站站停车的方式。此外，列车开行方案还规定了按不同编组、交路和停站方案开行的列车数。

列车开行方案是日常运营组织的基础。列车开行方案的编制应遵循客流分布特征与运营经济合理兼顾的原则，以实现既能维持较高的乘客服务水平，又能提高车辆运用效率的目标。

2. 列车交路方案

（1）列车交路种类

1）长交路：长交路又称为大交路或常规交路，列车在线路的两个终点站间运行，到达线路的终点站后折返，如图2—8所示。优点：从行车组织的角度，长交路要较短交路列车运行组织简单，对中间站折返设备要求也不高。不足：在各区段客流量不均衡程度较大的情况下，会产生部分区段运能的浪费。

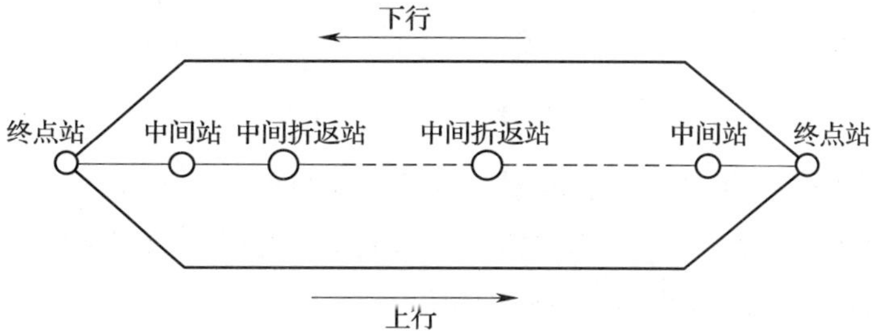

图2—8 长交路（大交路）

2）短交路：短交路又称为小交路或衔接交路，是若干交路的衔接组合，列车只在线路的某一区段内运行，在指定的中间站折返，如图2—9所示。优点：能适应不同客流区段的运输要求，运营也比较经济。不足：该种交路要求中间折返站具有两个方向的折返能力以及具有方便的换乘条件。从乘客的角度出发，短交路的服务水平有所降低。

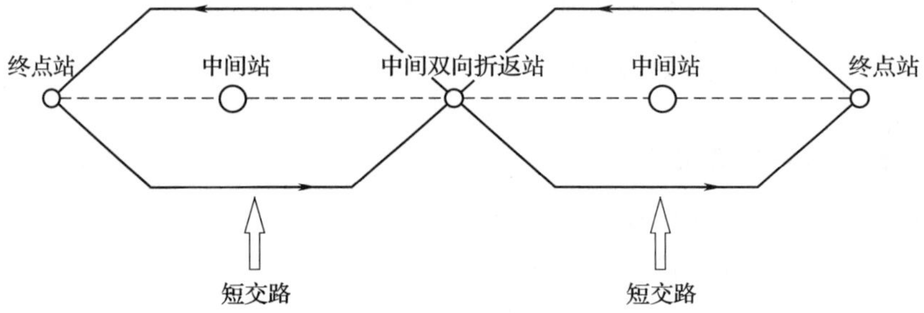

图 2—9　短交路（小交路）

3）长短交路：长短交路又称为大小交路或混合交路，该交路指列车在线路中运行结合了长、短交路两种情况的运行模式，如图 2—10 所示。优点：长短交路混跑，既能满足运输需求，又能提高运营效益。因此，在线路各区段客流量不均衡程度较大的情况下，可以采用以长交路为主，短交路为辅的列车交路安排、组织列车在线路上按不同密度行车。不足：行车方式相对比较复杂，且对客运组织要求较高，部分乘坐长交路列车乘客的候车时间增加。

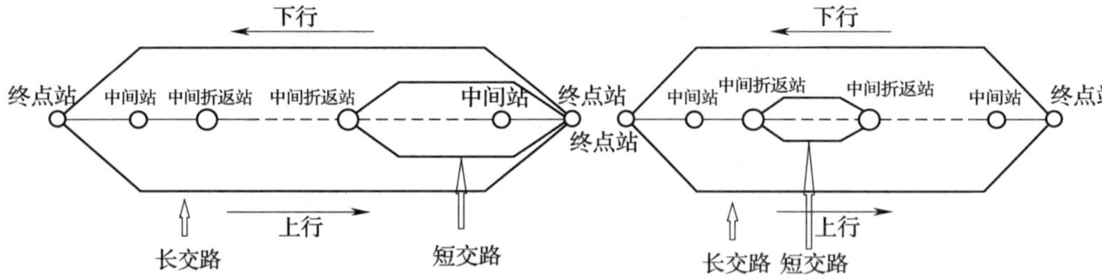

图 2—10　长短交路（大小交路）

（2）影响列车交路方案比选的因素。客流的空间分布特征是列车交路方案选择的前提条件或必要条件。此外，列车交路方案选择要考虑的主要因素有乘客服务水平、运营经济性、通过能力适应性和运营组织复杂性等。

3. 列车编组方案

（1）列车编组种类

1）大编组方案。大编组是指在运营时间内列车编组辆数固定且相对较多，如地铁列车采用 6 辆或 8 辆编组的情形。

2）小编组方案。小编组是指在运营时间内列车编组辆数固定且相对较少，如轻轨列车采用3辆或4辆编组的情形。

3）大小编组方案。大小编组是指在运营时间内列车编组辆数不固定。大小编组有两种情形，一种是在客流非高峰时段编组辆数相对较少，在客流高峰时段编组辆数相对较多，如在客流非高峰和高峰时段，轨道交通列车分别采用3/6辆组、4/6辆组或4/8辆编组的情形；另一种是在全日运营时间内采用大小编组，如轨道交通列车采用3/6辆或4/6辆编组的情形。在采用大小编组方案时，与4/6辆编组方案相比，3/6辆编组方案具有乘客服务水平较高、可根据客流量灵活编组以及车辆维修周期一致等优点。

（2）影响列车编组方案比选的因素。为满足一定的客流需求，轨道交通必须提供一定的列车运能。小时列车运能既与小时内开行的列车数有关，也与列车编组辆数和车辆定员有关。由运能计算公式可知：在车辆定型一定时，列车编组与列车间隔成正比关系；在列车间隔一定时，列车编组与车辆定员成反比关系。由此可见，影响列车编组方案选用的主要因素是客流、通过能力和车辆选型。此外，在进行列车编组方案比选时，通常还应考虑乘客服务水平、车辆运营经济性和运营组织复杂性等影响因素。

$$P = \frac{3\,600 \times m \times p_{定}}{t_{间隔}}$$

式中 P——小时内单向最大输送能力，人；

$t_{间隔}$——列车开行间隔，s；

m——列车编组辆数，辆；

$p_{定}$——车辆定员数，人。

4. 列车停站方案

（1）列车停站种类

1）站站停车。列车在全线所有车站均停车，如图2—11所示。与非站站停车相比，线路上开行列车种类简单，不存在列车越行，乘客无须换乘，也无须关注站台上的列车信息显示。在跨区段、长距离出行乘客比例较大时，站站停车在车辆运用与服务水平方面均未达到最佳状态。

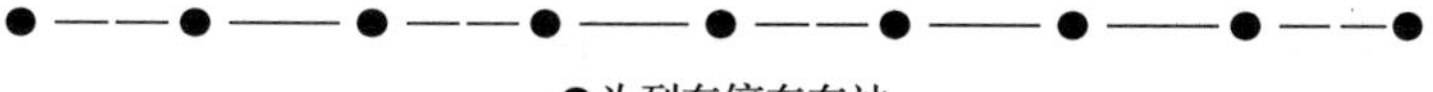

图2—11 站站停车方案

2）区段停车。区段停车在长短交路情况下采用，长交路列车在短交路区段外每站停车，但在短交路区段内不停车通过；而短交路列车则在短交路区段内每站停车，短交路列车的中间折返站同时又是乘客换乘站，如图 2—12 所示。与站站停车相比，区段停车方案中的长交路列车在短交路区段内不停车通过，列车停站次数的减少使长交路列车的停站时间及起停车附加时间总和也相应减少，提高了列车运行速度，压缩了列车周转时间。因此，采用区段停车方案有利于压缩长距离出行乘客的乘车时间和减少车辆运用、降低运营成本。

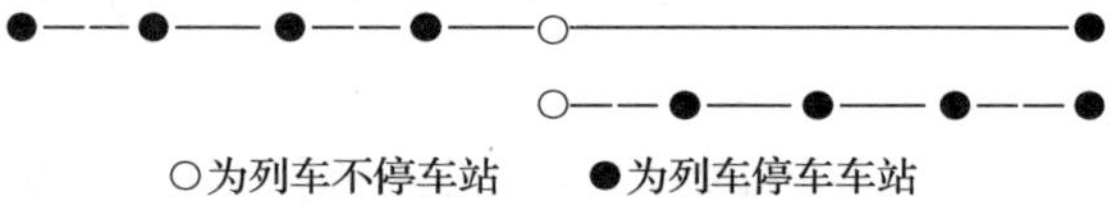

图 2—12　区段停车方案

但是，区段停车方案也存在若干问题：首先，在行车量较大的情况下，有可能会产生列车越行情形，需要在部分中间站修建侧线；其次，在不同交路区段间上下车的乘客会增加换乘时间，而在短交路区段内上下车的乘客则会延长候车时间。

3）跨站停车。跨站停车是在长交路的情况下采用，将线路上开行的列车分为甲、乙两类，全线的车站分为 A、B、C 三类，其中 A、B 类车站按相邻分布的原则设置，C 类车站可按每隔 4 个或 6 个车站选择一个的原则设置。甲类列车在 A、C 类车站停车、在 B 类车站通过；乙类列车在 B、C 类车站停车、在 A 类车站通过，如图 2—13 所示。与站站停车方案比较，跨站停车方案的优点类似于区段停车方案。但由于 A、B 两类车站的列车到达间隔加大，在 A、B 两类车站上车乘客的候车时间有所增加；此外，在 A、B 两类车站间上下车的乘客需要在 C 类车站换乘，会增加换乘时间及带来不便。因此，跨站停车方案比较适用于 C 类车站上下车客流较大，并且乘客乘车距离较远的情形。

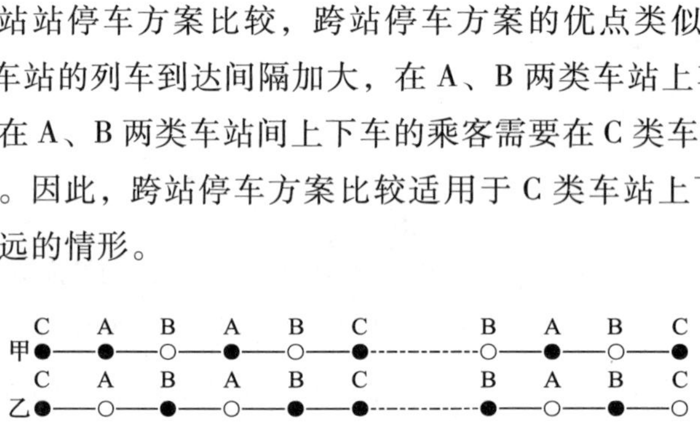

图 2—13　跨站停车

4）部分列车跨多站停车。部分列车跨多站停车是指线路上开行两类长交路列车，即普速、站站停车列车和快速、跨多站停车列车，快速列车只在线路上的主要客流集散站停车，而在其他站则不停站通过，如图 2—14 所示。该停车方案在提高跨多站停车列车旅行速度的同时，避免了跨站停车方案存在的部分乘客需要换乘问题，做到既能提高运营经济性，又不降低对乘客的服务水平。此外，该停车方案的运用比较灵活，运营部门可根据客流特征，按不同比例确定快速列车开行对数。在线路通过能力利用率比较高的情况下，采用该停车方案通常会引起快速列车越行普速列车，如果不安排列车越行，则只能以损失线路通过能力来保证追踪列车间隔时间。

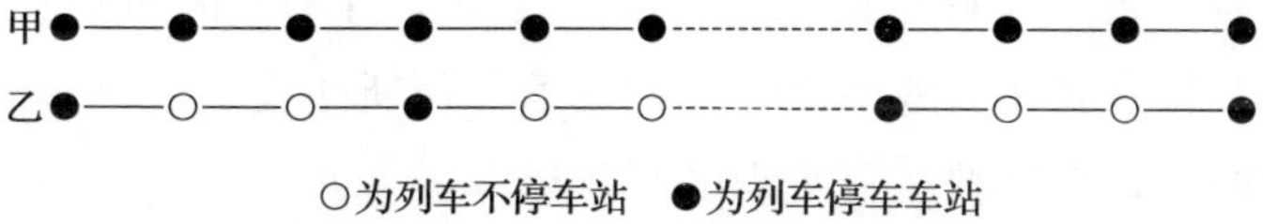

图 2—14　部分列车跨多站停车

（2）影响列车停站方案比选的因素。采用非站站停车方案通常有利于减少车辆运用与降低运营成本，但采用非站站停车方案也会出现一部分乘客节约了乘车时间，另一部分乘客又增加了候车时间或换乘时间的情形，乘客节约时间总和是否大于增加时间总和取决于站间 OD 客流的空间分布特征。此外，由于轨道交通车站一般不设置侧线，采用非站站停车方案还会产生列车越行问题。因此，影响列车停站方案比选的主要因素为站间 OD 客流特征、乘客服务水平、列车越行、运营经济性和运营组织复杂性等。

5．列车开行方案选优

列车开行方案选优首先是列车编组、列车交路与列车停站方案的初步选优，然后是列车开行方案的综合选优。

影响列车开行方案选优的因素包括多个方面，每个方面又有若干评价指标，它们分别从某一侧面反映了列车开行方案的某个特征，如车辆运用、运输成本方面的评价指标侧重于反映列车开行方案的经济合理性，通过能力适应性、运营组织复杂性方面的评价指标侧重于反映列车开行方案的技术可行性，但任何一个列车开行方案都很难使各方面的评价指标均达到最优。此外，在众多评价指标中，一些评价指标不能量化，能够量化的评价指标的量纲也不尽相同。因此，列车开行方案选优是一个复杂的多指标综合评价问题。

列车开行方案选优的评价指标包括下列五个方面。

（1）乘客服务水平。与乘客服务水平有关的评价指标主要是乘客的乘车时间、候车时间、换乘时间、换乘次数和平均出行速度等。

（2）车辆运用。与车辆运用有关的评价指标主要是列车周转时间、运行速度、运用车数、日车走行公里和车辆满载率等。

（3）通过能力适应性。通过能力适应性主要是评价列车开行方案实施后的能力损失，以及最终通过能力是否适应。与通过能力适应性有关的评价指标主要是线路通过能力利用率、列车折返能力利用率等。

（4）运营组织复杂性。运营组织复杂性与列车开行方案中的列车编组、交路或停站种类数、乘客需要获得的乘车信息量，以及列车运行调整的机动性等有关。运营组织很复杂的列车开行方案在实践中通常不为运营部门所接受。在列车开行方案选优时，可用等级或排序的方式来反映运营组织的复杂程度。

（5）运输成本。与运输成本有关的评价指标主要是车辆购置费用、增设折返线费用、增设越行线费用、列车运行距离相关费用和乘务人员费用等。

2.2.3 列车运行图的计算和铺画

1. 列车运行图的要素

列车运行图的组成要素在内容上有时间要素、数量要素和相关要素三类。

（1）时间要素

1）区间运行时分。区间运行时分是指相邻车站之间的运行时分，需经列车牵引计算和实际查标后确定。

根据列车在车站通过与否，可以将区间运行时分分为四类，如图 2—15 所示。

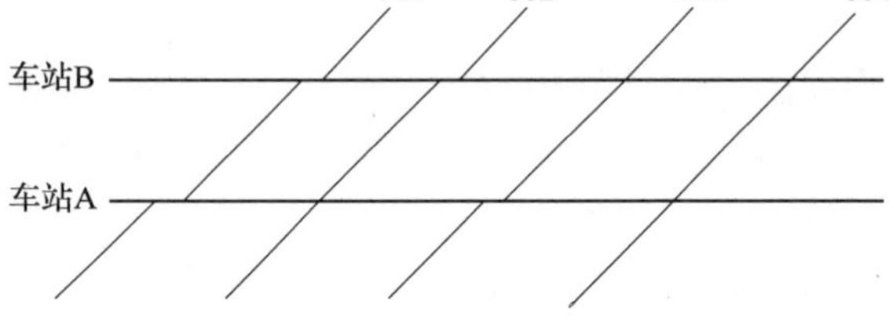

图 2—15　区间运行图

四列车 801 次、802 次、803 次及 804 次在车站 A、B 的停站方式均不同，见表 2—2。

2）停站时分。停站时分是指列车停站作业（包括减、加速，开、关车门等），乘客上、下车所需时间总和。

表 2—2　　　　四列车停站方式

车次	A 站	B 站	区间运行时分
801 次	停站	停站	$t_{运}+t_{起}+t_{停}$
802 次	通过	停站	$t_{运}+t_{停}$
803 次	停站	通过	$t_{运}+t_{起}$
804 次	通过	通过	$t_{运}$

注：$t_{运}$——纯运行时分；$t_{起}$——牵引附加时分；$t_{停}$——停车附加时分。

$$t_{站}=\frac{(p_{上}+p_{下})t_{上(下)}}{nmd}+t_{开关}+t_{不同}+t_{确认}$$

式中　$p_{上}$、$p_{下}$——高峰小时车站上、下车人数，人；

$t_{上(下)}$——平均上、下一位乘客所需时间，s；

$t_{不同}$——车站屏蔽门与车门不同步时间，s；

$t_{确认}$——确认车门关闭状态良好及出站信号显示时间，s；

$t_{开关}$——开关车门时间，s；

n——高峰小时开行列车数，列；

m——列车编成辆数，辆；

d——每车每侧车门数，扇。

3）折返作业时分。折返作业时分是指列车到达终点站或在区间站进行折返作业的时间总和。

站前折返作业时分包括：下述两作业平行作业在站线上，开关车门作业，乘客下车、上车作业；站线上，列车换向作业。

站后折返作业时分包括：在站线上，开车门、乘客下车作业；列车入折返线走行；折返线上，列车换向作业；列车出折返线走行；在站线上，关车门、乘客上车作业。

折返作业时分区别于折返出发间隔时间，折返作业时分考虑的是单列车，而折返出发间隔时间考虑的是多列车。

站前折返出发间隔时间如图 2—16 所示。

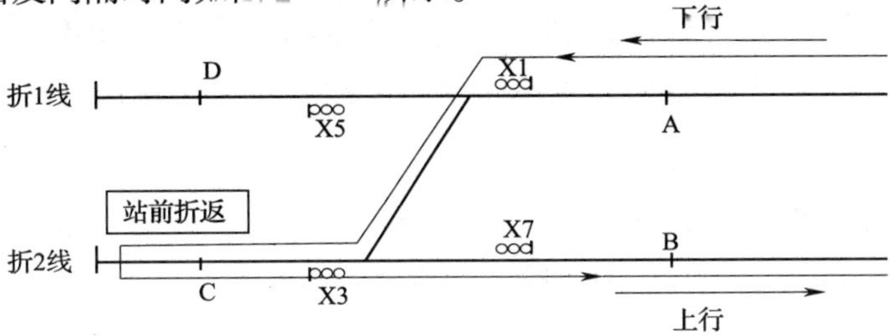

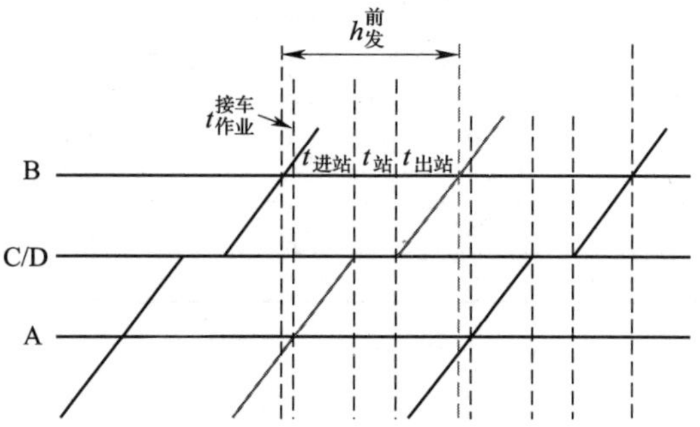

图 2—16　站前折返出发间隔时间

站后折返出发间隔时间如图 2—17 所示。

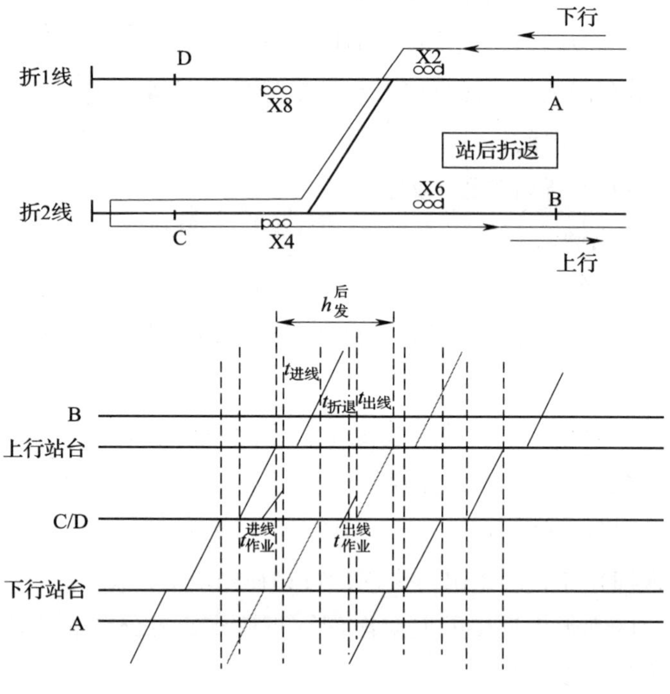

图 2—17　站后折返出发间隔时间

4）出入场作业时分。出入场作业时分包括 3 部分：进入区间正线前等待信号开放和确认信号的时间；列车始发站到正线防护信号机；正线防护信号机到车辆段。具体如图 2—18 所示。

5）运营时间。运营时间是指运营线路运送乘客的时间。一般来说，各国轨道交通均有一定的停运时间（2 ~6 h）用作设备、设施的维修和保养时间。

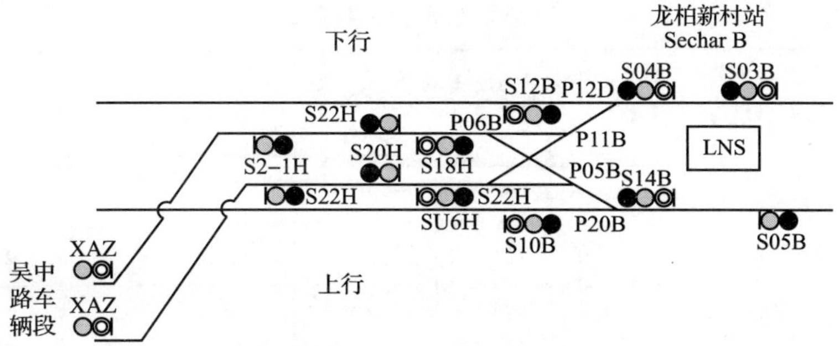

图 2—18　出入场作业时分

6）停送电时间。停送电时间是指每天运营开始送电和运营结束后停电所需操作和确认时间。

（2）数量要素

1）全日分时段客流分布。按客流的时间分布进行预测、调查分析，确定高峰、低谷时段客流量，从而对列车编组数或列车运行列数等相关因素进行合理安排，并作为开行不同形式列车的主要依据，如区间列车、连发列车等。

2）列车满载率。列车满载率是指列车实际载客量与列车定员数之比。编制列车运行图时，既要保证一定的列车满载率，又要留有一定余地，以应付某些不可测因素带来的客流量波动，同时也要考虑乘客的舒适水平。计算公式如下：

$$\beta_{列} = \frac{P_{实}}{P_{定}} \times 100\%$$

式中　$P_{实}$——实际载客量；

$P_{定}$——车辆定员数。

3）出入库能力。由于车辆基地与线路车站之间的出入库线有限，加之出入库列车插入正线通过能力的影响，因此，每单位时间通过出入库进入运营线路的最大列车数即出入库能力，是编制列车运行图的一个重要因素。

4）列车最大载客量。列车最大载客量是指一个编制列车按车厢定员计算允许装载的最大乘客数，分为定员载客量和超载客量（8 节编组 A 型车载客量见表 2—3，4 节编组 C 型车载客量见表 2—4），AW2 工况下的载客量为标准载客量。

（3）相关要素。列车运行图还包括一些相关要素，如与其他交通方式的衔接、与大型体育场所（娱乐、商业中心）的衔接、列车检修作业、列车试车作业、电动列车驾驶员作息时间、车站的存车能力、电动列车的能耗等。

表 2—3　　8 节编组 A 型车载客量

载客量	乘客人数/每节车			乘客人数/8 辆编组列车
	A	B1/B2	C	
AW1	48	48	48	384
AW2（6 人/平方米）	251	263	263	2 084
AW3（9 人/平方米）	352	365	365	2 894
总的载客量 AW2（6 人/平方米）	299	311	311	2 464
总的载客量 AW3（9 人/平方米）	400	413	413	3 278

表 2—4　　4 节编组 C 型车载客量

乘客数量	Tc	Mp	4 节编组
有座乘客数 AW1	36	40	152
站立乘客数 AW2	161	175	672
站立乘客数 AW3	241	262	1 006
乘客总人数 AW2	197	215	824
乘客总人数 AW3	277	302	1 158

2. 列车运行图的编制

在新线投入运营，既有线技术设备、客运量或行车组织方法发生较大变化时，均需要进行列车运行图的重新编制。

（1）编制要求

1）确保行车安全。列车运行图应符合《行规》等行车规章的有关规定，严格遵守行车作业程序和各项时间标准。

2）合理运用设备。列车运行图应充分利用线路通过能力。在满足客流需要的同时，注意提高车辆满载率和旅行速度。为避免牵引供电设备超负荷，对供电区段内同时起动的列车数加以限制。

3）优化运输产品。列车运行图应根据客流特点、开行列车间隔、编组辆数、列车交路和运行速度不同的列车。列车运行图应合理规定列车到达换乘站时刻，减少乘客换乘时间；合理规定非高峰时段的列车间隔，减少乘客候车时间。此外，列车运行图应注意轨道交通和其他交通方式的相互衔接。

4）配合站段工作。为使换乘站的客运作业能均衡进行，列车运行图应安排列车交错到达换乘站；在车辆段未设置专用试车线的情况下，列车运行图应预留调试列车运行线。

（2）编制步骤。列车运行图的编制由运营管理部门负责组织，大体经历研究讨论、编制方案、铺画详图和计算指标四个阶段，具体工作步骤如下：

1）按编图要求与编图目标确定编图注意事项。

2）收集编图资料，对有关问题组织调查研究和试验。

3）总结分析现行列车运行图的完成情况和存车问题，提出改进意见。

4）编制列车运行方案。

5）征求调度、车站、车辆部门对列车运行方案的意见，并进行必要的调整。

6）根据列车运行方案铺画详细的列车运行图，编制列车时刻表，见表2—5。

7）对列车运行图的编制质量进行全面的检查，并计算列车运行图指标。

8）将编制完毕的列车运行图、列车时刻表与编制说明等报有关部门审核批准。

表2—5　　上海轨道交通某站列车运行时刻表

车站名称	下行车次	始发站名	终到站名	到点	发点	停站时间
上海火车站	10196	停车场	莘庄	05:09:34	05:09:34	00:00:00
上海火车站	10396	停车场	莘庄	05:14:48	05:14:48	00:00:00
上海火车站	10496	停车场	莘庄	05:20:39	05:20:39	00:00:00
上海火车站	10604	停车场	徐家汇	05:25:23	05:25:23	00:00:00
上海火车站	10596	上海火车站	莘庄	05:29:00	05:30:00	00:01:00
上海火车站	10796	停车场	莘庄	05:35:53	05:36:33	00:00:40
上海火车站	11096	停车场	莘庄	05:41:31	05:42:11	00:00:40
上海火车站	11296	停车场	莘庄	05:47:10	05:47:50	00:00:40
上海火车站	11496	停车场	莘庄	05:52:19	05:52:59	00:00:40

续表

车站名称	下行车次	始发站名	终到站名	到点	发点	停站时间
上海火车站	11596	上海火车站	莘庄	05:55:29	05:56:29	00:01:00
上海火车站	11896	停车场	莘庄	05:59:20	06:00:00	00:00:40
上海火车站	10996	上海火车站	莘庄	06:04:09	06:05:09	00:01:00
上海火车站	12096	停车场	莘庄	06:09:38	06:10:18	00:00:40

（3）编图资料。编制列车运行图前应收集的编图资料包括：

1）运营时间。

2）分时最大断面客流量。

3）全日行车计划、列车编组方案、列车交路方案与列车停站方案。

4）运用车数。

5）线路通过能力、列车折返能力、列车出入段能力、换乘站设备能力与车站存车线能力。

6）列车区间运行时分、列车停站时间、列车在折返站停留时间、列车折返出发间隔时间、列车出入车辆段作业时间、追踪列车间隔时间与连发间隔时间。

7）列检、列车上线调试与乘务员作息安排。

8）与其他交通方式的衔接。

9）对现行列车运行图完成情况的分析。

（4）列车运行图的铺画。列车运行图铺画分两步：

第一步编制列车运行图方案，解决列车运行图的全面布局问题。

第二步铺画列车运行详图，即详细规定每一列车在各个车站的到达、出发或通过时刻。在铺画列车运行图前，首先须确定车站中心线的位置。

1）车站中心线的确定（按区间实际里程比率、区间运行时分比例确定）。车站中心线的确定有两种方式，具体为按照区间实际里程比率和按照运行时分比率两种。考虑到美观和结合实际，一般采用按照区间运行时分比例的方式确定车站中心线，如图2—19所示。

2）编制列车运行方案。方便乘客，如早、末班车，列车的间隔，列车的停站时分，换乘站的衔接等；列车运行与折返站作业协调；列车运行与换乘站作业协调，如人民广场车站应尽量避免多列车同时到达；列车运行与车辆段作业协调，如列车的检修安排，列车的非高峰时段调试。

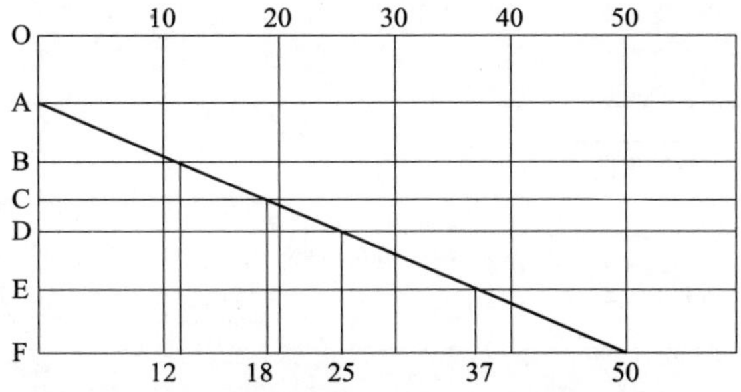

图 2—19　车站中心线确定图

3）铺画列车运行图详图。铺画的顺序：专用列车、客运列车、调试列车、空车；列车自车辆段起、始发站、折返站、折返作业停留后，进入区间。

铺画时，为确保行车安全和乘客安全，必须做到：遵守列车区间运行时分和列车停站时间标准；遵守列车在折返站停留时间和列车折返出发间隔时间标准；遵守追踪列车间隔时间和连发间隔时间标准；遵守乘务员作息时间标准；列车在车站折返时，停在折返站上的列车数应与该站的站线数相适应；列车在车站越行时，停站越行站上的列车数应与该站的侧线数相适应。

4）铺画基本能力。在列车运行图铺画过程中，主要由列车始发（见图 2—20）、列车终到（见图 2—21）、列车临时退出运行（见图 2—22）、列车停站（见图 2—23 和图 2—24）、列车折返（见图 2—25 和图 2—26）及列车载客通过车站（见图 2—27）等铺画要素组成。

图 2—20　列车始发

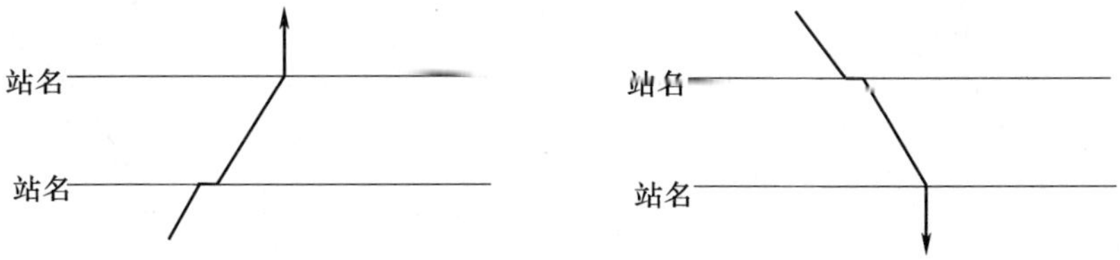

图 2—21　列车终到

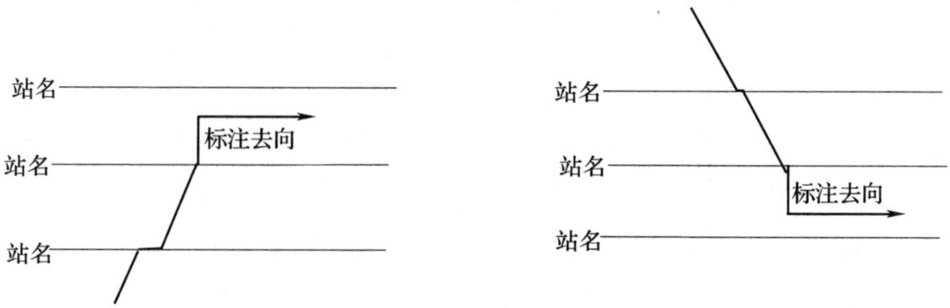

图 2—22　列车临时退出运行

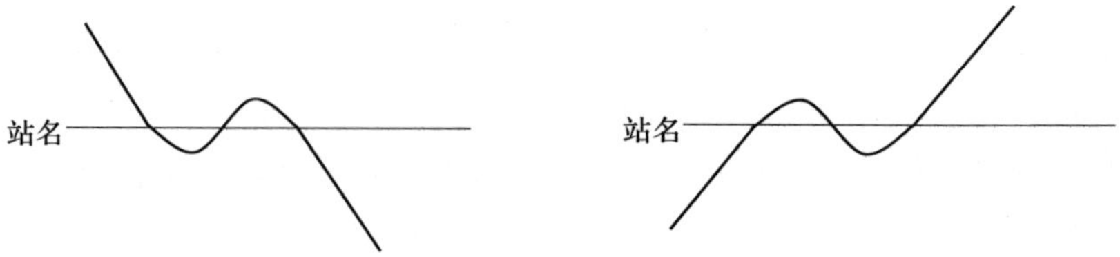

图 2—23　长时间停站

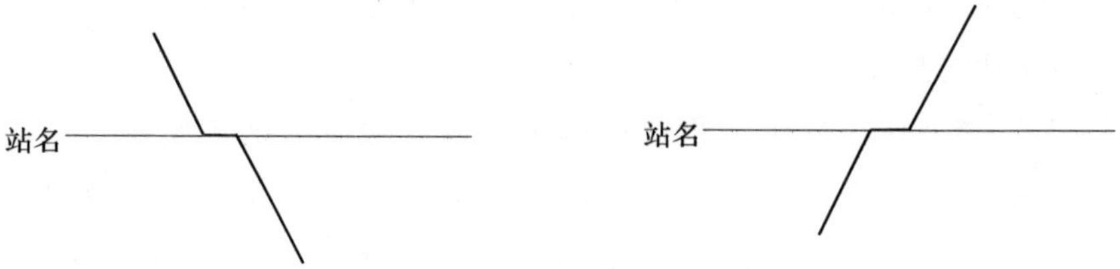

图 2—24　短时间停站

图 2—25　终点站折返

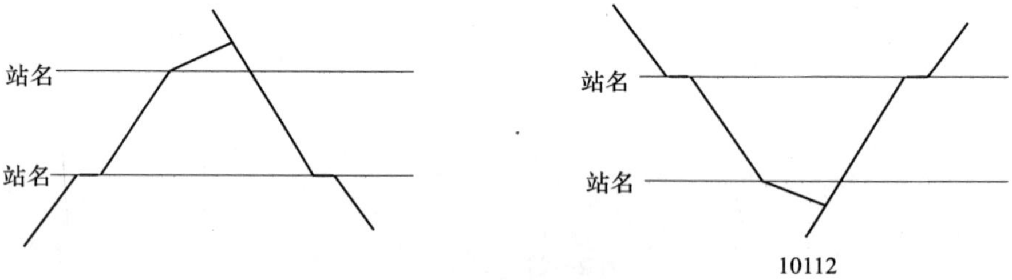

图 2—26　中间站折返

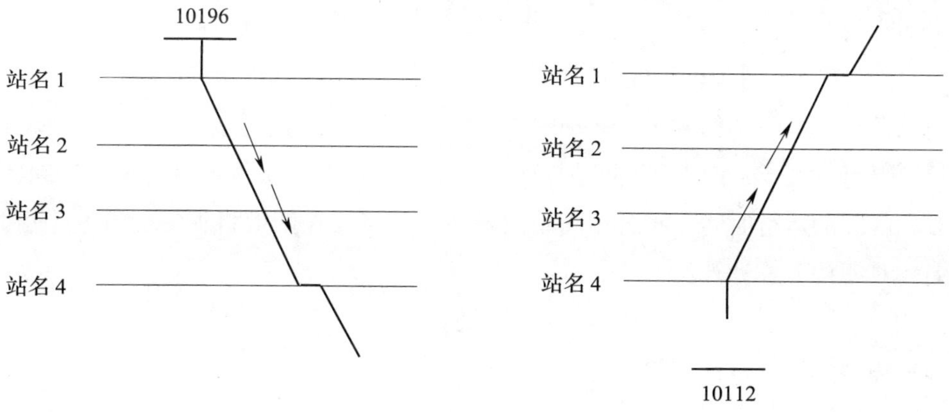

图 2—27　列车载客通过

3. 列车运行图的指标计算

列车运行图铺画完毕后，要对列车运行图的相关指标进行计算，主要有开行列车数、折返列车数、行车间隔、首末班车发车时刻、列车旅行速度、技术速度等。

（1）开行列车数。凡列车在运营线路上行驶一个单程，不论列车交路长短，均按一列计算。开行列车数按开行种类即载客、空车计算。

（2）折返列车数。按各个折返站计算。

（3）行车间隔。行车间隔包括高峰小时与非高峰时段，某些轨道交通线路高峰小时间隔具体分早高峰小时间隔和晚高峰小时间隔。

（4）首、末班车始发站发车时刻。目前，城市轨道交通发展较快，线路均比较长，有的城市形成轨道交通网络，每个车站均有本站的首、末班车发车时刻，每条线路也具有本线路的首、末班车发车时刻，整个网络也具有首、末班车发车时刻，在单条线路列车运行图形成后，必须注明本线路的首、末班车发车时刻，即本线路的始发站的发车时刻。

（5）技术速度/旅行速度的计算

1）技术速度

技术速度 = Σ列车单程运行距离/Σ（列车单程旅行时间 − Σ列车停站时间）

2）旅行速度

旅行速度 = Σ列车单程运行距离/Σ列车单程旅行时间

（6）技术时间/旅行时间/周转时间的计算

1）技术时间。列车在单程运行过程中在区间的运行时间以及在各中间站的停车、起动附加时间。

2）旅行时间。列车单程旅行时间包括列车在各区间的运行时间、在各中间站的停站时间以及在各中间站的停车、起动附加时间。

3）周转时间。列车周转时间是指列车在线路上往返一次所消耗的全部时间，包括列车在各区间的运行时间、在各中间站的停站时间以及在两端折返站的折返停留时间。列车周转时间按下式计算：

$$\theta_{列} = \sum t_{运} + \sum t_{站} + \sum t_{折停}$$

列车周转时间也可按下式计算：

$$\theta_{列} = T_{上旅} + T_{下旅} + \sum t_{折停}$$

（7）全日车辆总走行公里的计算/车辆日均走行公里的计算

1）全日车辆总走行公里。车辆总走行公里包括载客列车和空驶列车，车辆总走行公里按下式计算：

车辆总走行公里 = Σ（客运列车数 × 列车编组辆数 × 列车运行距离）

式中　客运列车数——上线运用车数（包括载客和空驶）；

列车编组辆数——列车的编组数；

列车运行距离——每辆车运行的距离。

2）车辆日均走行公里

车辆日均走行公里 = 车辆总走行公里/Σ分时运用车数

（8）输送能力计算公式的应用。轨道交通线路的输送能力是指在一定的车辆类型、固定设备和行车组织方法的条件下，按照现有活动设备的数量、容量和乘务人员的数量，轨道交通线路在单位时间内（通常是高峰小时、一昼夜或一年）所能运送的乘客人数。输送能力是衡量轨道交通技术水平与服务水平的重要指标。

在最终通过能力一定的条件下，输送能力可按下式计算：

$$p = n_{最终} m p_{车}$$

式中　p——小时内单向最大输送能力，人；

$n_{最终}$——小时开行列车数，列；

m——列车编组辆数，辆；

$p_{车}$——车辆定员数，人。

由公式可以分析出，要提高线路的输送能力 P，只要提高线路通过能力 $n_{最终}$、列车编组数 m、车辆定员数 $p_{车}$三者中一个因素或者多个因素，而在线路既定的条件情况下，即站台或者车型已经确定的情况下，最可能实现的是提高线路通过能力 $n_{最终}$。

而 $n_{最终}$的计算公式如下：

$$n_{最终} = \min\{n_{线路}, n_{折返}, n_{车辆}, n_{供电}\}$$

式中 $n_{最终}$——最终通过能力，列；

$n_{线路}$——线路通过能力，列；

$n_{折返}$——列车折返设备通过能力，列；

$n_{车辆}$——车辆段设备通过能力，列；

$n_{供电}$——牵引供电设备通过能力，列。

在轨道交通技术快速发展的今天，主要制约通过能力 $n_{最终}$的是 $n_{线路}$和 $n_{折返}$，从下式可以看出主要因素还是列车行车间隔时间 $t_{间隔}$和折返出发间隔时间 $t_{出发}$。

$$n = 3\,600/t$$

而与计算小时开行列车比较类似的一个计算线路运用车数的公式如下：

$$N_{最终} = \theta_{列} / t_{间隔}$$

在计算小时开行列车数的公式和技术运用车数的公式中具有一个共同的要素。

技能要求

列车运行图的铺画与计算

操作准备

1. 准备列车运行图的铺画场景，具体为某条线路的线路图，要求铺画的列车车次，铺画的时间段，某些时间要素等，实例如下：

（1）假设一条线路有 A、B、C、D、E、F、G 共 7 座车站，有 101、102、103 及 104 共四列车投入运营，线路图见附件。

（2）上行首班车 101 次 6:00 由 A 站上行发车，下行 102 次 6:10 由 G 站下行发车。

（3）上行 103 次与 101 次列车间隔为 6 min，下行 104 次与 102 次列车间隔为 6 min。

（4）A 站折返作业时间为 5 min，G 站折返作业时间为 8 min。

（5）列车在各区间的运行时分均为 3 min。

（6）在各站停站时间均为 30 s。

（7）线路图如图 2—28 所示。

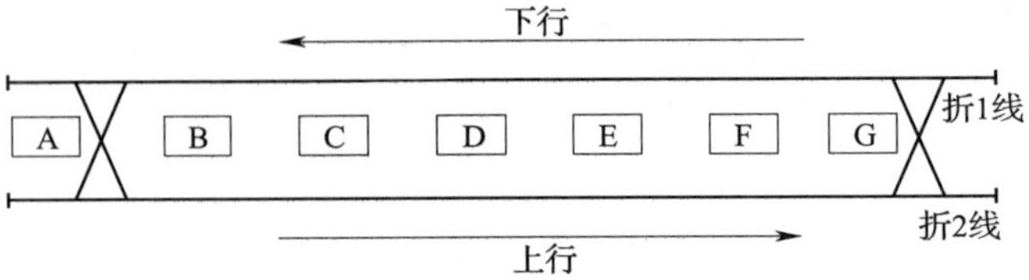

图 2—28　某轨道交通线路简图

2．准备列车运行图的底图，如图 2—29 所示。

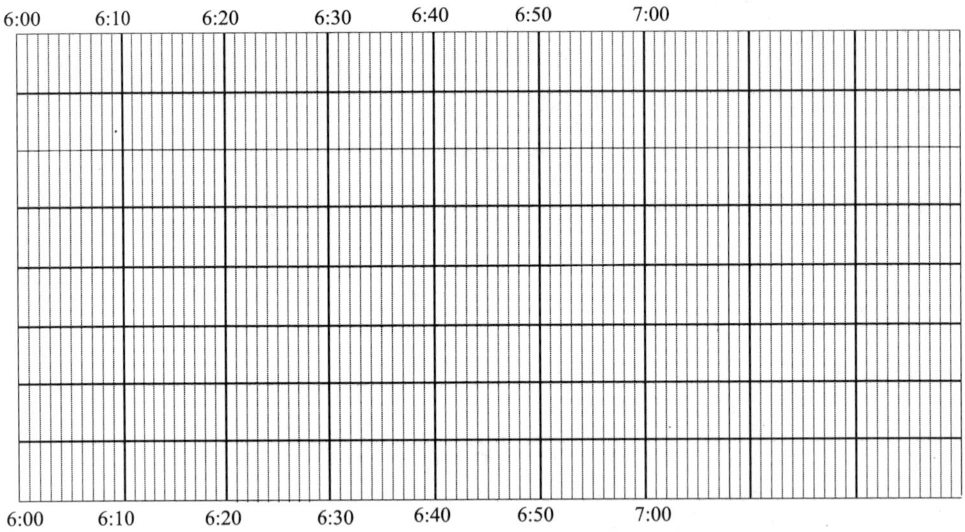

图 2—29　某轨道交通线路列车运行图底图

操作步骤

1．铺画列车运行图

列车运行线铺画顺序按照列车等级依次为专用列车、客运列车、调试列车和空驶列车。

自列车出车辆段起，从始发站铺画到折返站，经过折返作业停留后，由折返站出发向区间铺画。在铺画列车运行图时，应注意确保行车安全和乘客安全。

步骤1　确认车站中心线，根据所给线路图在列车运行图底图上确认好车站中心线，如图2—30所示。

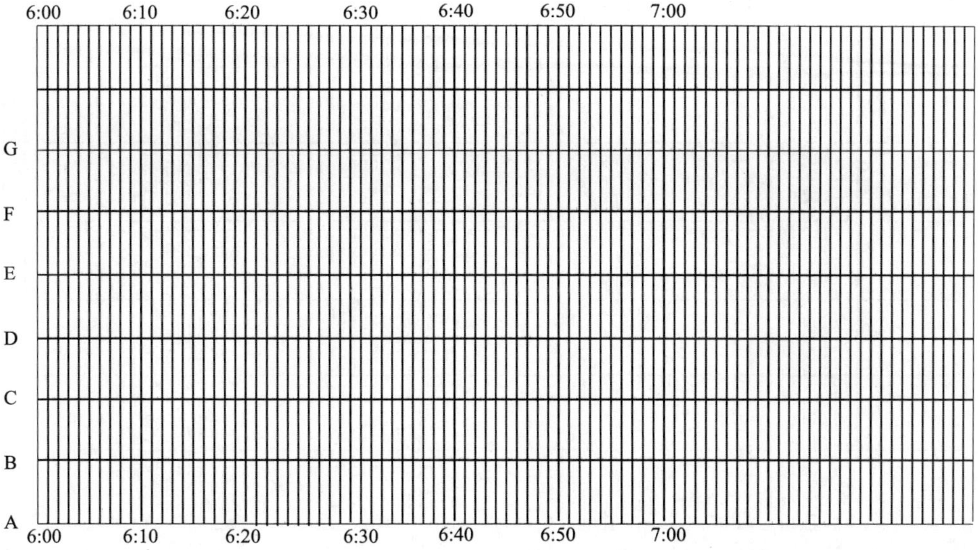

图2—30　确认车站中心线

步骤2　确认好车站中心线后，按照要求铺画列车运行图，首先是对101次进行铺画，从始发站A站开始，并且是从6:00开始，铺画A站上行至B站上行的区间运行轨迹，A站至B站的区间运行时间为3 min，具体如图2—31所示。斜线为列车的运行轨迹。

步骤3　铺画列车停站时间，101次到达B站上行后，铺画101次在B站的停站作业时分，停站时间为30 s，并依次重复铺画B→C的区间运行时分，C停站作业时分，C→D的区间运行时分，D停站作业时分，D→E的区间运行时分，E停站作业时分，E→F的区间运行时分，F停站作业时分，F→G的区间运行时分，如图2—32所示。

步骤4　铺画101次到达G站后的折返作业时分，G站的折返作业时间为8 min，折返作业时间包括该车在折返站的停站时间，折返完成后，对101次列车下行运行轨迹进行铺画，具体铺画如图2—33所示。

步骤5　101次到达A站下行后，因时间尚未到7:00，故继续铺画，A站折返作业时间为5 min，A站折返完成后，上行方向继续运行，具体铺画如图2—34。

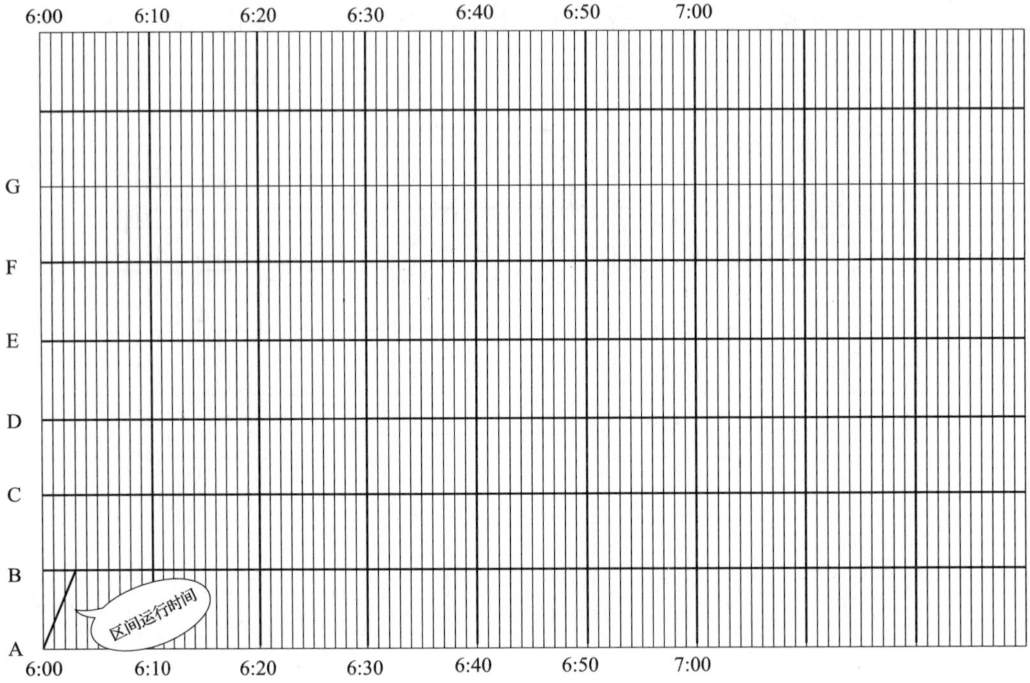

图 2—31　步骤 2

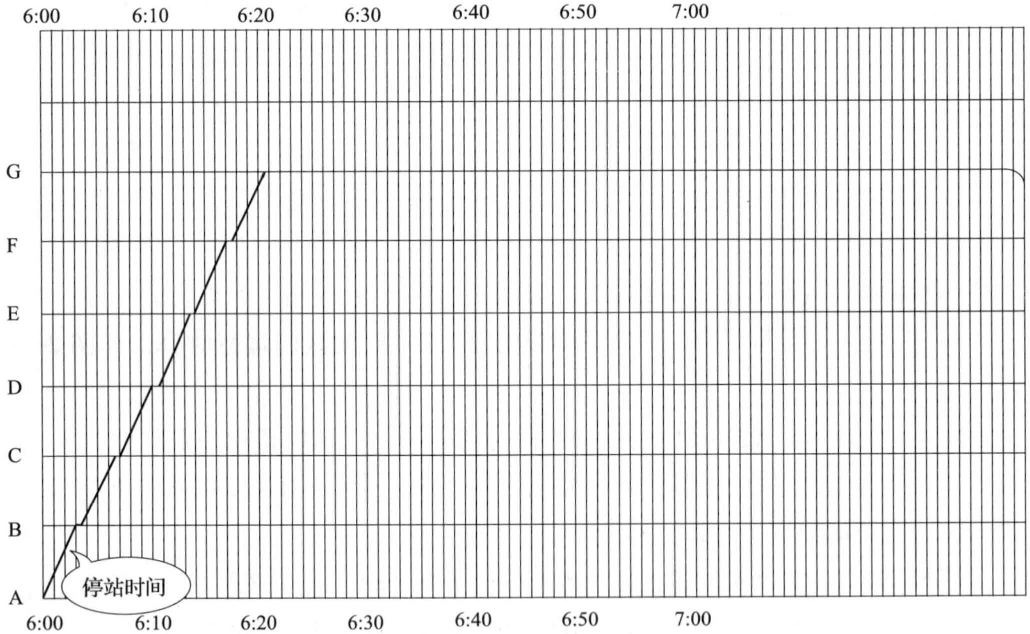

图 2—32　铺画列车停车时间

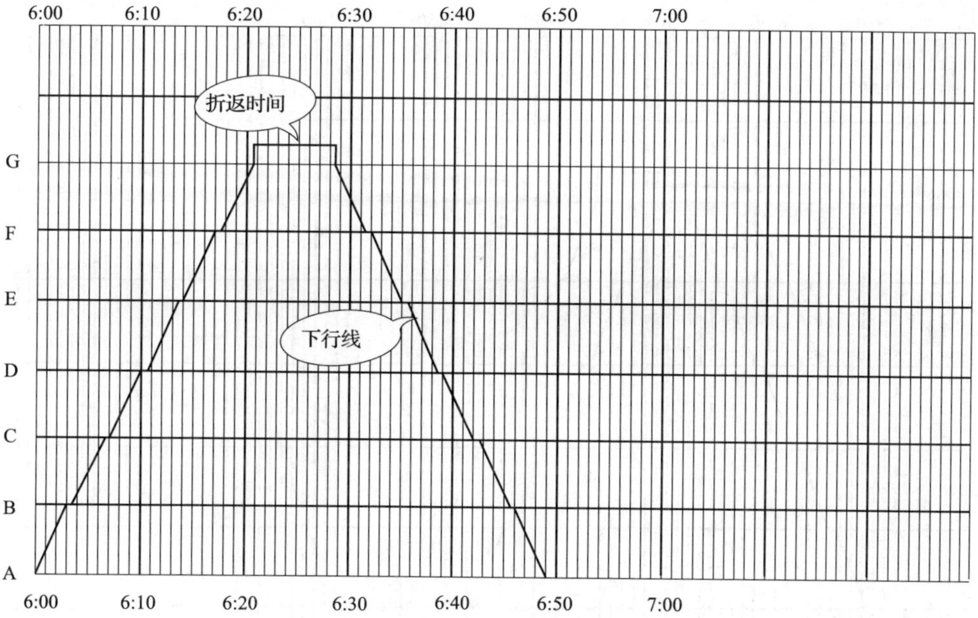

图 2—33　步骤 4

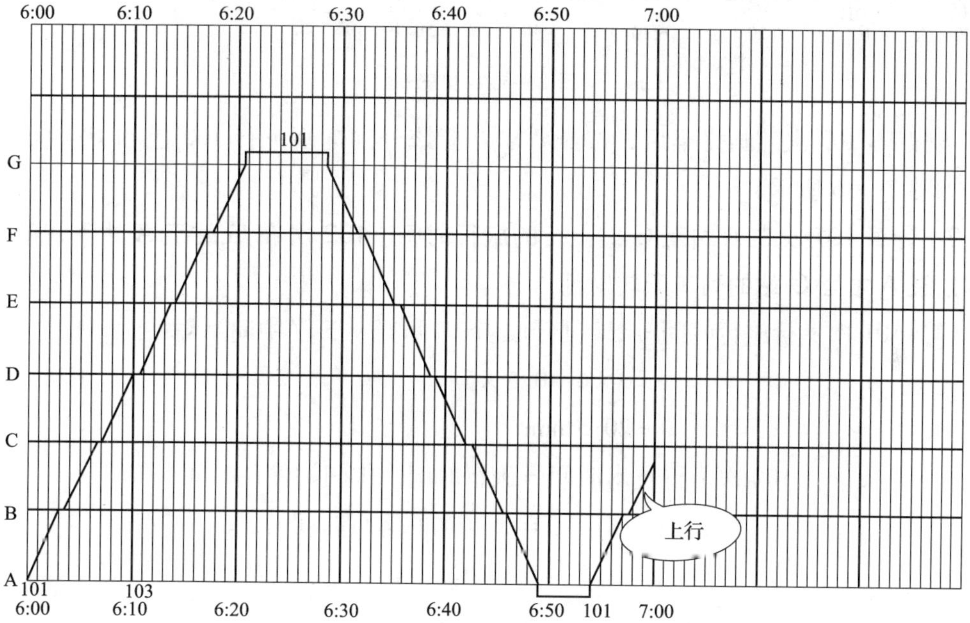

图 2—34　步骤 5

步骤 6　101 次铺画完毕，按照列车运行间隔 6 min 的要求，铺画 103 次，具体如图 2—35 所示。

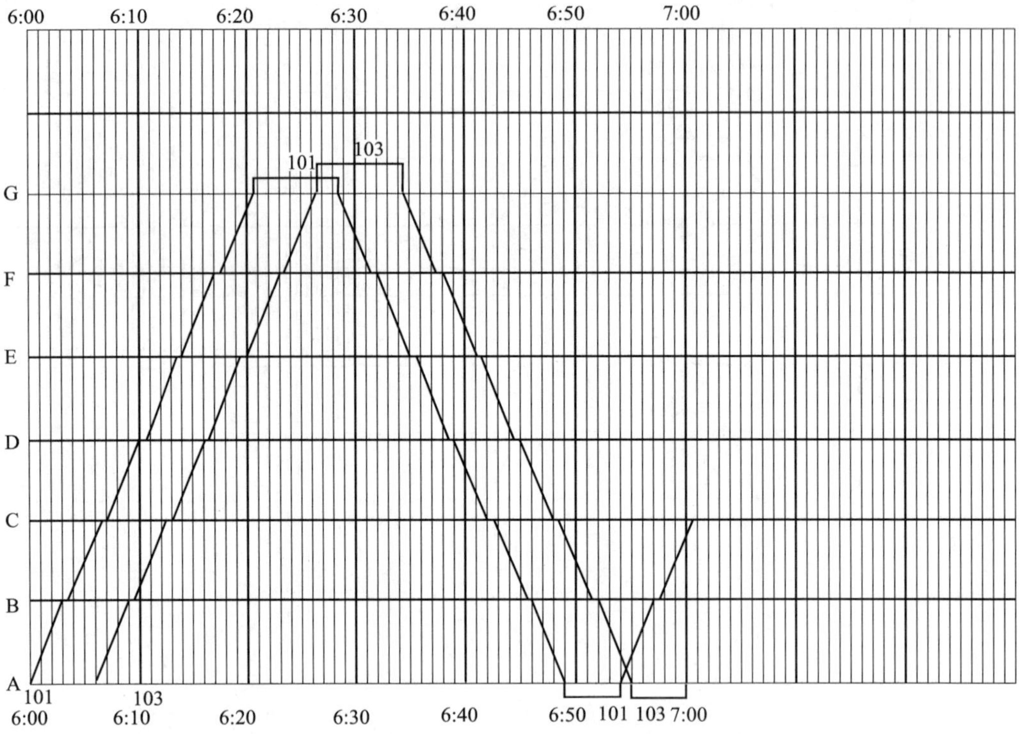

图 2—35　步骤 6

步骤 7　103 次铺画完毕后，按照要求，应该分别铺画下行 102 次和 104 次列车，具体如图 2—36 所示。

2．计算 101 次在 A 站至 G 站上行的旅行时间、102 次在 G 站至 A 站下行的技术时间以及 A 站至 G 站的列车周转时间

101 次上行旅行时间 = Σ（区间运行时间）+ Σ（中间站停站时间）

$=3\times6+0.5\times5$

$=20.5$ min

102 次下行技术时间 = 旅行时间 − 中间站停站时间

= Σ（区间运行时间）

$=3\times6$

$=18$ min

A 站至 G 站的列车周转时间 = 上行旅行时间 + 下行旅行时间 + Σ 折返作业时间

$=20.5+20.5+5+8$

$=54$ min

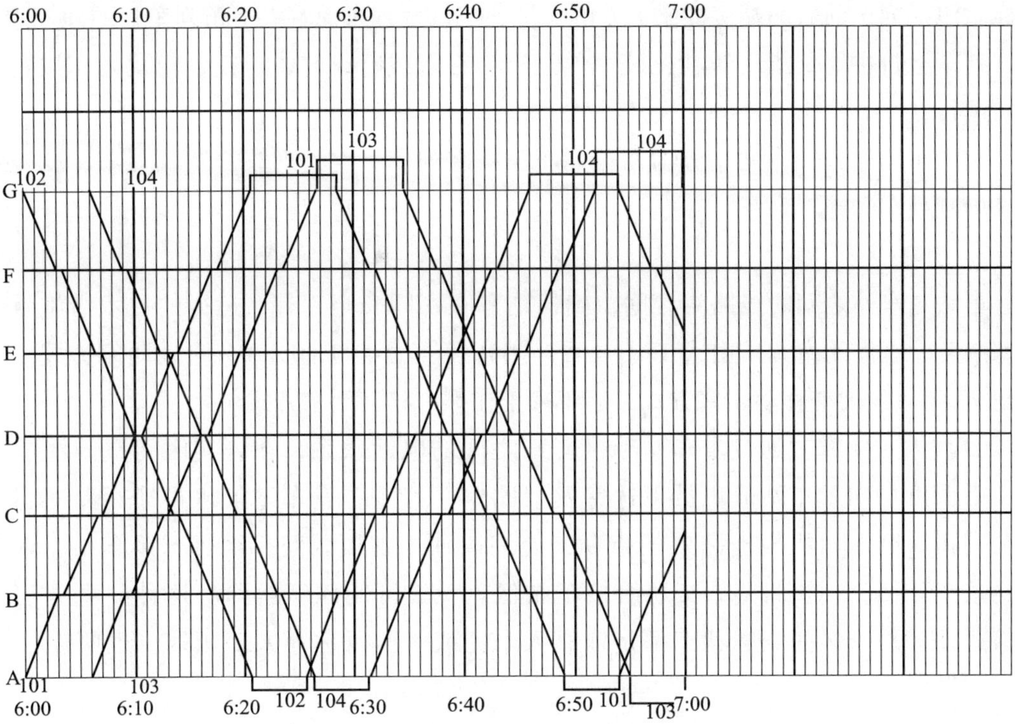

图 2—36　步骤 7

注意事项

1. 步骤 1 中每根水平线对应一个车站，不得跳站；要注意上下行方向，从下到上为上行方向，从上到下为下行方向。

2. 折停时间包括了终点折返站的停站时间，无须额外铺画。

3. 仔细计算，认真复核。

2.3　列车运行组织

知识要求

2.3.1　列车运行概述

1. 列车

列车是指以正线运行为目的、按规定车辆数编成并具有列车标志的车组。电动列车标志包括列车前后两端缓冲梁上方的头灯、尾灯及列车前端右上角列车目的地标志。

列车运行主要是指列车在正线上的运行。在双线行车时，地铁、轻轨列车按右侧单向运行。

按列车用途分类，列车分为专运列车、载客列车、空驶列车、调试列车、救援列车、检测列车和施工列车。

2. 闭塞

车站与车站之间的线路为区间，确保列车在区间安全、有序运行的技术措施就是闭塞制度。区间闭塞方式由人工（电话）闭塞发展为半自动闭塞、自动闭塞方式。20世纪90年代发展准移动闭塞方式，近年来正在推广移动闭塞方式。

（1）人工闭塞。通过发车站和接车站之间的电话联系，在证实区间空闲的前提下，由调度员向发车站值班员下达签发“路票”指令，发车站值班员填写路票，并交与司机，列车司机根据路票的指令，允许该列车占用区间，运行至接车站；列车到达接车站后，司机将路票交还给接车站值班员，区间闭塞解除。这种闭塞方法在交接凭证和检查区间空闲状态都是依靠人来完成，所以称为人工闭塞，也叫作“电话闭塞”。

（2）半自动闭塞。使用闭塞设备，人工办理两个车站之间的闭塞手续，列车以出站信号机的允许信号显示作为发车凭证，列车进入出站信号机内后，出站信号机会自动关闭，这种闭塞制度称为半自动闭塞。在半自动闭塞的情况下，如果发车站要发车，发车站必须与接车站相配合，办理好闭塞手续，才能开放出站信号机；列车进入出站信号机内方的轨道区段，出站信号机因该轨道电路分路而自动关闭出站信号，使区间实现闭塞。列车在区间运行过程中，两站处于“闭塞状态”，不允许其他列车再进入该区间，而当列车到达接车站后，由接车站值班员确认列车整列到达，才能向发车站发送闭塞复原信息，使区间闭塞解除。这种方法既要值班员办理手续、开放出站信号，又依靠列车占用轨道电路，自动关闭信号，而解除闭塞又要值班员参与，所以将这种闭塞制度称为半自动闭塞。半自动闭塞如图2—37所示。

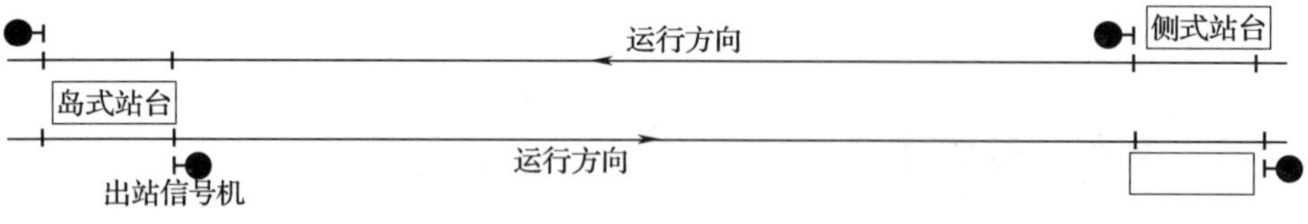

图2—37　半自动闭塞

（3）自动闭塞。将站间区间划分成若干个闭塞分区，在每个闭塞分区的入口处设置相应的通过信号机予以防护，而通过信号机的显示是根据列车的运行而自动变换，这种闭塞制度就是自动闭塞。在自动闭塞制度下，根据前方列车的位置，通过轨道电路自动地控制通过信号机的显示，并向列车发送运行“指令”，而且可以允许多列列车在区间运行。如图2—38所示为自动闭塞原理。这种闭塞方式不仅可以确保行车安全，也可以提高行车效率。

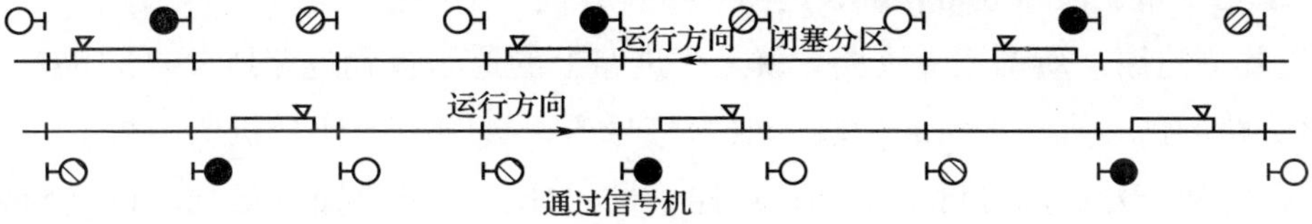

图2—38　自动闭塞原理

站间区间的各个闭塞分区的轨道电路发送端所发送的信息需通过钢轨传送至轨道电路的接收端，从而控制通过信号机的显示。当列车进入该闭塞分区后，轨道电路发送端的信息也通过钢轨的感应传送至车上，控制车载信号的显示。

在自动闭塞制度下，站间区间允许有多次列车运行，而且整个区间都设有轨道电路，从而可以检测列车的完整性。城市轨道交通的列车运行自动控制（ATC）系统也是基于自动闭塞控制原理，城市轨道交通区间也划分成不同长度的闭塞分区，但区间内不设地面通过信号机，地面信息直接传送至车上，而且向列车传送的信息量要比自动闭塞的信息量多，这就是列车运行自动防护子系统（ATP）。

（4）移动闭塞。自动调整列车运行间隔的闭塞系统就是移动闭塞。在移动闭塞情况下，不再需要将区间划分成固定的若干闭塞分区，两列列车之间自动地调整安全的运行间隔距离，也就是说先行列车和后续列车之间的安全间隔距离不是固定的，间隔距离是根据列车运行条件而自动调整，从闭塞概念而言，闭塞分区划分是虚拟的。移动闭塞在城市轨道交通中得到越来越广泛的应用，具体内容在基于通信的列车控制（CBTC）系统中介绍。

3. 联锁

联锁是信号、进路及道岔间相互依存、相互制约的关系，同时是保证列车在车站范围内行车安全及提高通过能力的方式。进路是指列车或者车列运行的路径，进路的排列涉及道岔位置的转换，道岔开通的位置决定了列车运行的进路，信号机起防护列车运行进路的作用。

城市轨道交通联锁主要采用集中联锁方式，采用集中联锁时所有道岔和信号机都由车站值班员集中操纵。集中联锁包括电气集中联锁和计算机联锁两种。电气集中联锁是由继电器组成的逻辑电路来实现各种联锁关系，铁路系统采用较多。计算机联锁是用计算机完成联锁逻辑关系的联锁装置，除了输出接口部分是继电器以外，其他都由计算机完成。目前，城市轨道交通较多采用计算机联锁方式。

（1）进路的联锁要求。列车或者车列运行的路径称为进路，在列车运行过程中，一般有建立进路、锁闭进路与解锁进路三个步骤。

1）建立进路。所谓建立进路，就是把进路上的道岔扳到进路所要求的位置，开放防护该进路的信号机。进路的始端一般为信号机，进路包括信号机所防护的轨道区段和道岔，一架信号机同时可防护几条进路，即可作为几条进路的始端。进路的终端可以是信号机、站界标以及警冲标、股道终端。调车进路和列车进路一样，始端是由防护该调车进路的调车信号机和出站兼调车信号机开始，终端则视具体情况而定。进路分接车进路、发车进路、调车进路、通过进路。

建立进路：按压进路始、终端按钮，使相应的选路电路工作（进路上的道岔由进路的终端至始端顺序动作）；检查所选进路上道岔位置正确、进路空闲、敌对进路没有建立；锁闭所选进路上的所有道岔；取消敌对进路建立的可能性；开放相应的信号。

2）锁闭进路。进路的锁闭是指进路中的道岔区段的锁闭。为了保证行车安全，信号开放时，必须把进路上所有的道岔锁闭在规定的位置，并且把敌对信号机锁闭在未建立的状态，这种锁闭叫进路锁闭。进路锁闭有两种：预先锁闭和完全锁闭。

预先锁闭：当进路锁闭，且信号机开放后，但列车尚未驶入接近区段，进路处于预先锁闭状态。

完全锁闭：当进路锁闭，且信号机开放后，列车已驶入接近区段，进路已处于完全锁闭状态（接近锁闭）。

3）解锁进路。进路的解锁是指进路中的道岔区段的解锁。解锁是指列车通过所排列的进路，联锁设备自动解除道岔的电气锁闭，允许道岔动作。进路的解锁方式有三种：取消进路的解锁、正常解锁和人工解锁。

取消进路：指列车没有进入接近区段，需要临时取消进路，此时可以采用直接取消进路的方式。

正常解锁：指列车由进路始端进入，驶离进路终端后，进路自动解锁，可分为1次解锁和逐段解锁两种方式。1次解锁是指列车通过全部道岔区段以后，进路1次性解除锁闭。逐段解锁是指列车每通过一段轨道区段就立即解锁一段，但逐段解锁必须进行3点检查：检查待解锁区段及其后方区段的占用和出清，以及待解锁区段前方区段的占用状态。

人工解锁：当列车驶入接近区段后，列车没有通过进路，而需要临时变更进路时，或者当列车通过进路而进路不能用正常解锁时，或者由于停电等非正常情况，引起区段锁闭时，为了使原有的进路解锁，而采用的进路非正常解锁方式。一般是车站值班员按压控制台或者计算机的总人工解锁按钮，并按压相应的道岔区段故障解锁按钮，一般有30 s或1 min的延时。人工解锁必须确认无车占用，保证安全情况下慎重使用。

（2）信号的联锁要求。根据联锁要求，信号机开放必须满足一定的条件：

1）进路上的道岔都已经处于进路所要求的位置并已经被锁闭。

2）进路上所有的轨道区段都处于空闲状态。

3）与所建立进路的敌对进路没有建立。

4）除了自动信号与连续通过信号，不允许信号自动重复开放。

5）进站信号机的红灯灯丝必须完好。

当进路上有关道岔开通位置不对或敌对信号机未关闭时，该信号机不能开放；列车进路向占用线路上开通时，有关信号机不能开放（引导信号除外）；被挤道岔未恢复前，有关信号机不能开放。

列车进入信号机内方后，信号机自动关闭；进路取消或人工解锁时信号机关闭；道岔发生挤岔，防护该进路的信号机自动关闭。

（3）道岔的联锁要求。根据联锁要求，道岔根据建立进路的要求而自动转动，道岔转动必须满足：

1）道岔区段空闲或者区段没有锁闭。

2）进路在解锁状态，即进路没有锁闭。

3）通过办理进路操纵（按压进路的始端和终端按钮）或单独操纵道岔（按压定位和反位操纵按钮）。

4）道岔没有被单锁。道岔转动一经启动，必须转到底，并锁在所处位置。

5）道岔转不到底（有异物等）可以反转回原来位置，以防电动机过载，不允许道岔处在四开状态。

6）道岔转换结束，自动切断电动机电路。如果道岔被挤，应有挤岔表示。

7）列车或者车辆通过道岔时，道岔不能转换。

8）信号机开放后，该进路上的有关道岔不能扳动，其敌对信号机不能开放。

2.3.2 正常情况下的列车运行组织

1. 运营开始前

（1）控制中心。控制中心负责确认线路上所有施工检修作业已经完成、注销，线路空闲，无侵限，触网供电，设备运行正常；根据运营计划与场内行车人员核对运行图，并听取当日运行车使用情况汇报，建立或核对当日运行的时刻表（计划运行图），并检查时刻表内容无误；检查无线对讲系统，确认无干扰，通话质量良好；确认CCTV、广播、电话等设备正常；确认CATS主机、通信机工作正常，工作站以行车调度口令登录，并处于在线联机状态，清除告警窗内所有无效的告警；确认中央工作站、表示屏表示正确、一致，所有集中站控制权按调度指令处于正常状态，线路无异常占用。运营前30 min，对全线信号设备（道岔、信号机）进行测试，确认运行方向、道岔位置及信号机状态、进路显示正确；各终端站折返模式在主用状态或处于正常循环模式，系统的调整方式处于自动调整；以CATS系统时间为标准，与车站值班员、运转值班员校对时间。

（2）车站。车站负责确认车站管辖范围内所有施工检修作业已经完成、注销，线路空闲，无侵限，运营设备运行正常；并对本站信号设备（道岔、信号机）进行测试，道岔位置及信号机状态、进路显示正确；开启相关运营设备，打开车站出入口卷帘门。

（3）信号楼/运转值班室。信号楼/运转值班室确认场内所有影响列车出库的检修施工已注销，出库进路空闲，无侵限，触网供电设备运行正常；确认场内信号设备（道岔、信号机）状态正常；确认电动列车投运列数符合当日运行计划要求，并对当日运行车使用情况向调度进行汇报。严格按列车时刻表做好列车发车工作，与行车调度校对以控制中心ATS钟点为准的钟表时间，负责列车司机在出乘前的钟表时间对校。

（4）司机。司机按规定对列车进行技术作业检查，确认列车无线电话和车厢广播使用功能良好，确认车载（ATC）设备正常、铅封良好，确认车辆设备良好，并在出乘前向运转值班室校对钟表时间。

2. 日常运营

控制中心以调令方式通知各行车岗位人员运营开始及当日运营计划，并监控列车的运行；信号楼/运转值班室根据运营计划进行发车作业；车站监视列车的运行，做好车站的客运组织作业；司机负责日常的列车驾驶。

（1）出场作业。列车在转换轨一度停车，接收ATP信息，转换至规定的驾驶模式并确认允许的出场信号后方可动车进入正线，如超过图定出场时间1 min，信号机还未正常开放，及时与行车调度联系。

（2）区间运行。司机根据接收到的允许速度码及轨旁信号机的允许信号行车，行车期间必须做好瞭望工作，并按规定进行列车广播；遇紧急情况立即采取停车措施，汇报行车调度，按行车调度命令执行；行车调度对运营异常列车应及时询问，如有设备故障及时通知相关部门，并根据现场情况及时发布相应调度命令。

（3）车站到达。司机进站前加强瞭望，并按规定进行广播；遇紧急情况必须立即采取停车措施，汇报行车调度。车站做好列车到达广播工作，维持站台秩序。

（4）乘客乘降。列车到站停准后司机进行车门、屏蔽门的开启，监护乘客上下列车，确认发车表示器指令，待乘客乘降作业基本完毕，关闭车门、屏蔽门，确认无夹人、夹物后，进行出发作业。车站做好广播和站台秩序维护工作。

（5）车站出发。司机确认收到允许速度码，防护信号机显示允许信号后动车。此时司机必须加强瞭望，并按规定进行广播。车站做好广播和站台秩序维护工作。

（6）列车折返。列车在折返车站须进行清客作业，列车进出折返线按照“正线调车”规定执行。列车在折返线按规定位置停车后，司机进行操纵端转换作业。车站做好广播和站台秩序维护工作。

（7）入场作业。入场列车不得携带乘客，车场行车人员负责根据运行图或调度命令办理入场信号的开放，列车在转换轨处转换驾驶模式，退出正线系统。

3. 运营结束后

控制中心负责安排列车回库，待所有运营列车回库后，以调令方式通知各行车岗位运营结束。打印当日运行图，完成运营质量统计及各类记录的填记、汇总。根据施工计划安排施工作业。

车站关闭客运服务设备，清场完毕，关闭出入口和设备电源，车站工作人员对车站进行安全巡视。根据施工计划办理要点、登记和注销手续。

信号楼/运转值班室填记工作日报表，安排列车回库配合检修、洗车作业。根据施工、调试计划安排调车计划。

司机驾驶列车入场后，退出无线注册，完成运营情况记录单并交运转值班员。

2.3.3 非正常情况下的列车运行组织

非正常情况主要是指列车运行控制等设备出现故障，本线或其他线路发生突发事件，列车需降级运行或无法继续执行正常的计划。非正常情况主要分两种：

第一种是行车相关设备故障导致列车无法进行正常运行，一般有屏蔽门故障、信号故障、接触网故障、列车故障等。

第二种是非设备原因，主要是一些不可测因素或者是人为因素导致列车无法进行正常运行，一般有人员侵限、区间积水、大客流、恶劣天气以及运营调度人为的运营调整，如列车退行、列车反向运行等。

在非正常情况下，要根据事故及设备故障的具体情况，采取适当的临时行车组织调整方案，并做好行车安全监护工作；组织事发线路车站和全网络及时采取相应的客运组织调整措施，并做好现场疏导工作，组织工作人员设置必要的警戒区，隔离事故现场，做好对乘客的安抚、救助、隔离、引导、疏散工作；采取适当的设备运行方式，维持或退出运营。

理论知识复习题

一、判断题（将判断结果填入括号中。正确的填“√”，错误的填“×”）

1. 行车组织指挥架构包括路网管理层、线路控制层。（　）

2. 路网管理层主要由路网运营监督和管理中心及应急指挥中心组成。（　）

3. 线路控制层主要指线路控制中心。（　）

4. 线路执行层主要分车站值班员、电动列车驾驶员及停车场运转值班员。（　）

5. 行车组织类规章制度是城市轨道交通企业技术管理的核心，规范行车组织运行秩序，约束行车工作人员生产活动行为准则。（　）

6. 技术速度和旅行速度没有区别。（　）

7. 确保列车运行安全是编制列车运行图的要求之一。（　）

8. 在编制列车运行图前，编图人员无须收集列车运行交路的资料。（　）

9. 编制完列车运行图后，要检查列车运行线的铺画是否符合规定的各项时间标准。（　）

10. 列车运行图组成要素在内容上包含有时间要素、数量要素和其他相关因素。（　）

11. 列车是指以正线运行为目的、按规定车辆数编成并具有列车标志的车组。（　）

12. 闭塞的作用主要是提高列车在区间的通过能力。（　）

13. 自动闭塞就是列车根据列车运行及有关闭塞分区状态自动变换信号显示，而司机凭信号行车的闭塞方法。（　）

14. 联锁是信号、进路及道岔间相互依存、相互制约的关系，同时是保证列车在区间范围内行车安全及提高通过能力的方式。（　　）

15. 列车或者车辆通过道岔时，道岔可以转换。（　　）

二、单项选择题（选择一个正确的答案，将相应的字母填入题内的括号中）

1. 路网管理层主要由路网运营监督和管理中心及（　　）组成。

A. 车站　B. 列车　C. OCC　D. 应急指挥中心

2. 以下（　　）不属于线路控制中心岗位设置。

A. 行车调度　B. 电力调度　C. 环控调度　D. 车站值班员

3. 在发生突发事件时，（　　）执行路网管理层指令。

A. 线路控制层　B. 应急指挥中心　C. 线路执行层　D. 车站

4. （　　）负责正线、停车场内的列车驾驶及列车试车工作。

A. 列车驾驶员　B. 车站值班员

C. 停车场运转值班员　D. 行车调度

5. （　　）属于行车组织方法类制度。

A. 行车调度工作细则　B. 车站工作细则

C. 停车场行车工作细则　D. 以上均是

6. 编制完列车运行图后，还要铺画（　　）。

A. 列车运行时刻表　B. 交路图

C. 草图　D. 全日行车计划

7. 总开行列车数等于（　　）之和。

A. 载客列车数　B. 空驶列车数

C. 载客列车数加空驶列车数　D. 折返列车数

8. 旅行速度等于运营线路长度除以（　　）运行时间。

A. 单程旅行　B. 单程总的　C. 全程旅行　D. 全程总的

9. 全日列车总走行公里等于（　　）之和。

A. 载客列车走行公里

B. 空驶列车走行公里

C. 载客列车走行公里加空驶列车走行公里

D. 折返列车走行公里

10. 凡列车在运营线路上行驶（　　）个单程，均按一列计算。

A. 4　B. 3　C. 2　D. 1

11．电动列车标志包括（　　）。

A．列车前、后端缓冲梁上方的头灯　B．列车前、后端缓冲梁上方的尾灯

C．列车前端右上角列车目的地标志　D．以上均是

12．在安全可靠性方面，时间间隔法（　　）空间间隔法。

A．小于　B．等于　C．大于　D．均不是

13．固定闭塞在列车运行速度控制方式上有（　　）。

A．速度码控制方式　B．目标速度控制方式

C．目标距离速度控制方式　D．均包括

14．（　　）指列车或者车列运行的路径。

A．进路　B．道岔　C．信号机　D．均是

15．道岔转动必须满足的条件不包括（　　）。

A．道岔区段空闲　B．道岔未被单锁

C．道岔在定位　D．道岔区段未被锁闭

理论知识复习题答案

一、判断题

1．×　2．√　3．√　4．√　5．√　6．×　7．√　8．×

9．√　10．√　11．√　12．×　13．√　14．×　15．×

二、单项选择题

1．D　2．D　3．A　4．A　5．D　6．A　7．C　8．A

9．C　10．D　11．D　12．A　13．D　14．A　15．C

操作技能复习题

【列车运行图铺画及计算】

铺画列车运行图（试题代码：1.1.1；考核时间：15 min）

1．试题单

（1）操作条件

1）假设一条线路有A、B、C、D、E、F、G共7座车站，有101、102、103、104四列车投入运营，线路图见附件。

2）上行首班车101次6:00由A站上行发车，下行102次6:10由G站下行发车。

3）每列车间隔6 min。

4）A站折返作业时间为5 min，G站折返作业时间为8 min。

5）列车在各区间的运行时分均为3 min。

6）在各站停站时间均为30 s。

（2）操作内容

1）请根据上述条件，画出6:00至7:00时间段内，101次、102次、103次、104次列车的列车运行图。其中，101次、103次列车由A站上行发车，102次、104次列车由G站下行发车。

2）计算101次列车在A站至G站的上行旅行时间。

3）计算102次列车在G站至A站的下行技术时间。

（3）操作要求

1）所铺画的运行图草图与条件相符。

2）计算旅行时间及技术时间所用公式及要素正确。

附件：线路图

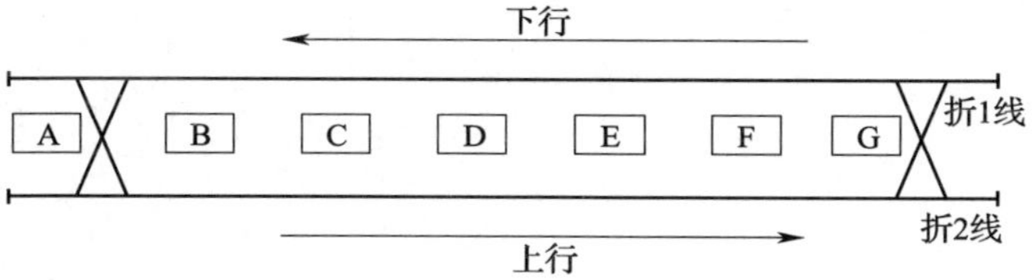

2. 评分表

见操作技能考核模拟试卷。

第3章

车站行车组织

学习目标

- ✔ 能够进行道岔操作及保养
- ✔ 能够在 ATC 面板上进行非常情况下的接发车和调车的操作
- ✔ 能够进行全线施工的安排与协调
- ✔ 掌握调度命令的行车方式
- ✔ 能够显示手信号

3.1 道岔操作

知识要求

3.1.1 道岔的定义及结构

1. 道岔的定义

道岔是线路上供列车安全转线的设备，是引导车辆由一条线路转向另一条线路的过渡设备。道岔是轨道线路的重要组成部分，道岔构造复杂，也是线路的薄弱环节之一。

2. 道岔的构件及功能

（1）道岔的构件。道岔结构如图3—1所示，道岔有两根可以移动的尖轨，一根尖轨与基本轨密贴，另一根尖轨与基本轨分离，必须同时改变两根尖轨的位置，使原来密贴的分离，而原来分离的密贴，可见道岔有两个可以改变的位置。为改变道岔的两个位置，在道岔尖轨处安装道岔转辙设备，这就是转辙机。

尖轨与基本轨密贴的程度对行车安全影响很大，比如列车迎着尖轨运行时，如果尖轨与基本轨不密贴，间隙超过一定限度（大于4 mm），则车辆的轮缘有可能撞着或从间隙中挤进尖轨尖端，从而造成颠覆或脱轨的严重行车事故。因此，对尖轨和基本轨的密贴程度有严格的标准，一般距离尖轨头部4 cm处，尖轨与基本轨的间隙要小于2 mm，视为密贴，为了保证行车安全，当道岔尖轨与基本轨不密贴时，不能锁闭道岔，也不允许开放信号。

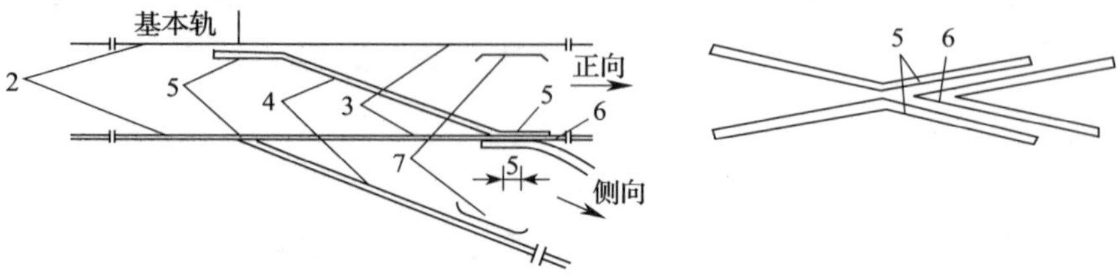

图 3—1　道岔结构

1—尖轨　2—基本轨　3—直合拢轨　4—弯合拢轨　5—翼轨　6—辙岔心　7—护轮轨

道岔的薄弱环节主要有尖轨和叉心。

尖轨：尖轨断面变化大，又常扳动。

叉心：在叉心尖端轨线中断，存在有害空间，车轮要从一股钢轨越到另一股钢轨，就必须要在辙叉范围的两侧钢轨处设置护轮轨，以引导车轮进入应走的轨道，防止车轮与叉心的剧烈碰撞。

（2）道岔构件的功能

1）基本轨。基本轨是用一根 12. 5 m 或 25 m 标准断面的普通钢轨制成，主股为直线，侧股按转辙器各部分的轨距在工厂事先弯折成规定的折线或采用曲线型。基本轨除承受车轮的垂直压力外，还与尖轨共同承受车轮的横向水平力。为防止基本轨的横向移动，可在其外侧设置轨撑。

2）尖轨。尖轨是转辙器中的重要部件，依靠尖轨的扳动，将列车引入正线或侧线方向。尖轨在平面上可分为直线型和曲线型。我国铁路的大部分 12 号及 12 号以下的道岔均采用直线型尖轨。我国新设计的 12 号、18 号道岔直向尖轨为直线型，侧向尖轨为曲线型。这种尖轨冲击角较小，导曲线半径大，列车进出侧线比较平稳，有利于机车车辆的高速通过。

3）转辙机。最常用的道岔转换设备的种类有机械式和电动式。若按操纵方式分类，则有集中式和非集中式两类。机械式转换设备可为集中式或非集中式，电动式转换设备则为集中式。道岔转换设备必须具备转换（改变道岔开向）、锁闭（锁闭道岔，在距离尖轨头部 4 cm 处，尖轨与基本轨之间不允许有 2 mm 以上的间隙）、显示（显示道岔的正位或反位）和报警（道岔转不到位或被挤成“四开”）四种功能。

4）护轮轨。护轮轨是控制车轮运行方向，防止其在辙叉有害空间冲击或爬上辙叉心轨尖端，保证行车安全的重要设备。

5）翼轨。翼轨与辙叉间形成必要的轮缘槽，引导车轮行驶。

3. 道岔锁闭方式

道岔的锁闭是指把尖轨或可动心轨等可动部分固定在某个开通位置，当列车通过时不受外力作用而改变。

道岔锁闭分为道岔自身锁闭、信号锁闭和人工锁闭三大类。

（1）道岔自身锁闭按锁闭装置可分为内锁闭和外锁闭两种。

1）内锁闭。内锁闭是当道岔由转辙机带动转换至某个特定位置后，在转辙机内部进行锁闭，由转辙机动作杆经外部杆件对道岔实现位置固定。例如，ZD6 型转辙机就是由其内部的锁闭齿轮的圆弧面和齿条块的削尖齿实现锁闭。实质上，内锁闭方式锁闭道岔是对道岔可动部分进行间接锁闭。

内锁闭转换设备的特点：

①结构简单，便于日常维护保养，且转换比较平稳，属定力锁闭。

②道岔的两根尖轨由若干根连接杆组成框架结构，使尖轨部分的整体刚性较高，而且框式结构造成的反弹力和抗劲较大。

③由于两尖轨由杆件连接，当杆件受到外力冲击时，如发生弯曲变形，会使密贴尖轨与基本轨分离，严重威胁行车安全。

④当列车通过道岔产生冲击时，其冲击力经过杆件将直接作用于转辙机内部，使转辙机部件易于受损、挤切销折断、移位接触器跳开等。

因此，高速线路中，内锁闭式转换设备已经不适用，必须采用分动外锁闭道岔转换设备。

2）外锁闭。当道岔由转辙机带动转换至某个特定位置后，通过本身所依附的锁闭装置，直接把尖轨与基本轨或心轨与翼轨密贴夹紧并固定，称为道岔的外锁闭。道岔的锁闭主要不是依靠转辙机内部的锁闭装置，而是依靠转辙机外部的锁闭装置实现。

外锁闭道岔的两根尖轨之间没有连接杆，在道岔转换过程中，两根尖轨是分别动作的，故称分动外锁闭道岔。

分动外锁闭道岔转换设备的特点：

①改变了传统的框架式结构，使尖轨的整体刚性大幅度下降。

②尖轨分动后，转换启动力小，而且一根尖轨的变形不影响另一根尖轨，由此造成的反弹、抗劲等转换阻力均减小很多。

③两根分动尖轨在外锁闭装置作用下，无论是在启动解锁，还是密贴锁闭过程中，所需的转换力均较小，避开了两根尖轨最大反弹力的叠加时刻。

④同时承担两根尖轨弹性力的过程是在密贴尖轨解锁以后到斥离尖轨锁闭以前这

一较短的时间内，而此时正是电动机功率输出的最佳时刻，使电气特性和机械特性得到良好的匹配。

⑤外锁闭装置一旦进入锁闭状态，车辆过岔时，轮对对尖轨和心轨产生的侧向冲击力基本上不传到转辙机上，即具有隔力作用，有利于延长转辙机及各类转换部件的使用寿命。

⑥由于两尖轨间无连接杆，所以密贴尖轨很难在外力作用下与基本轨分离，可靠地保证了行车安全。

⑦由于密贴尖轨与基本轨之间由外锁闭装置固定，克服了内锁闭道岔靠杆件推力或拉力使尖轨与基本轨密贴易造成4 mm失效的较大缺陷。

（2）信号锁闭。为了确保道岔到位后不随意转换，车站值班员可以通过人机界面对道岔进行远程锁闭，主要有进路锁闭、单独锁闭（预留），有的信号系统存在引导总锁闭的锁闭方式。信号系统的锁闭不是对道岔本身有锁闭功能，主要是预防人为误操作或者自动触发进路从而使道岔转换。

（3）人工锁闭。特殊情况下，对道岔进行人工操作后，必须采用机械装置（一般称钩锁器）将道岔锁闭在固定位置。

4．道岔开通方向

（1）定位与反位。道岔通过改变尖轨的位置来改变线路开通的方向。道岔开通直股或经常开通的方向称为定位，反之则为反位，道岔既不在定位又不在反位称为四开。如图3—2所示为道岔处在定位。

图3—2　道岔定位实例图

（2）对向通过道岔和顺向通过道岔。列车迎着道岔尖轨运行称为对向通过道岔，如果道岔位置错误，列车将走错股道；列车顺着尖轨运行称为顺向通过道岔，如果道岔位置错误，列车将强行挤开尖轨，发生挤岔事故。当道岔处在四开状态，列车通过道岔将脱轨掉道。道岔的顺向与对向如图3—3所示。

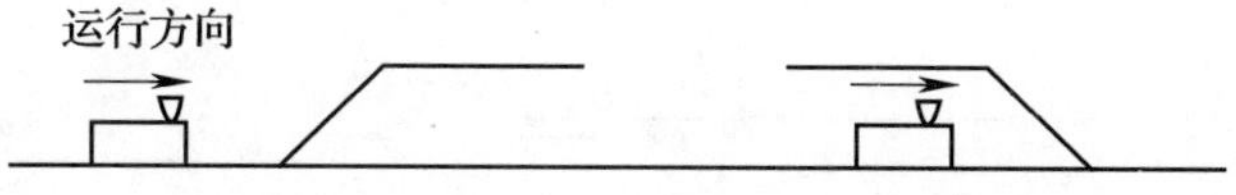

图3—3　道岔的顺向与对向

（3）左向位和右向位。一组三开道岔可开通左向、直向、右向三个方向的进路。按面向三开道岔尖轨方向为基准，道岔开向左向、直向、右向线路分别称为道岔的左向、直向、右向位置，三个方向分别如图3—4至图3—6所示。

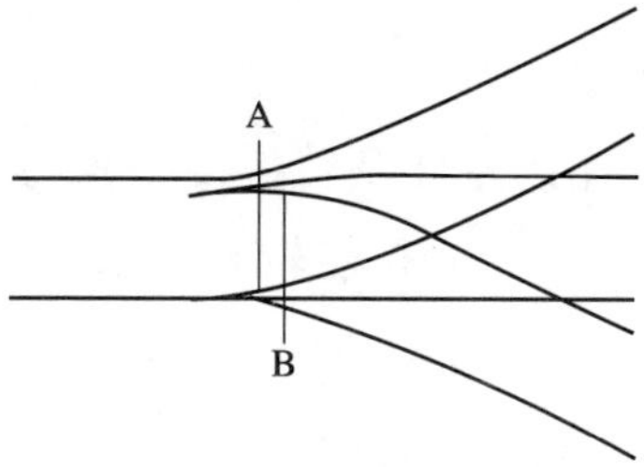

图3—4　三开道岔开通左向

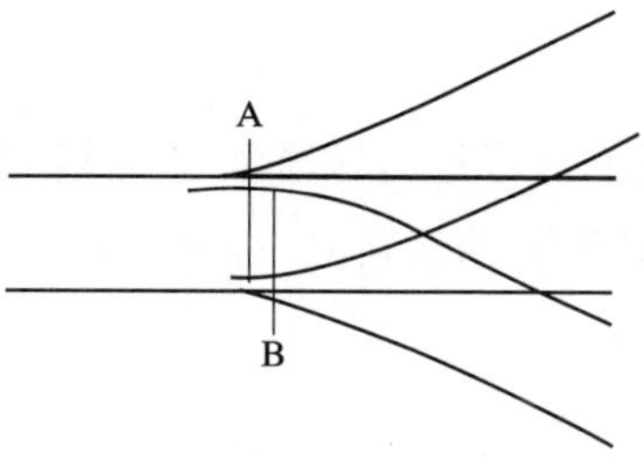

图3—5　三开道岔开通直向

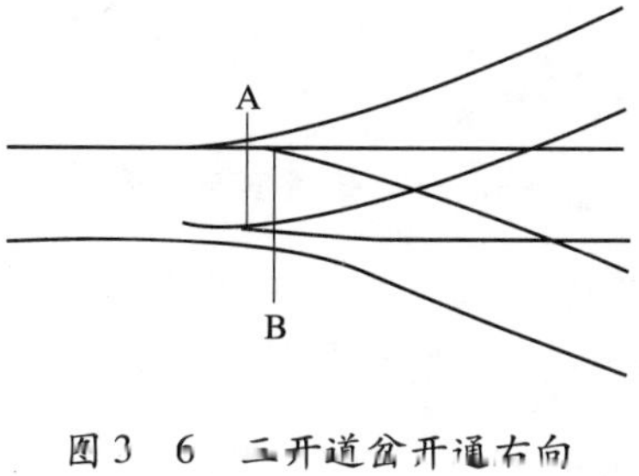

图3—6　三开道岔开通右向

3.1.2　道岔的分类

1. 按照道岔构造形式分

城市轨道交通常用的道岔有普通单开道岔、交叉渡线道岔、三开道岔及复式交分道岔等，其中普通单开道岔为最常用的道岔。

（1）普通单开道岔。单开道岔的主线为直线（直股），侧线（侧股）由主线向左侧或右侧岔出，分为左开及右开两种形式，如图3—7所示。为了满足设计施工及运营生产的需要，一般用道岔中心线表示法表示道岔，即用道岔处的两线路中心线及其交点表示道岔。

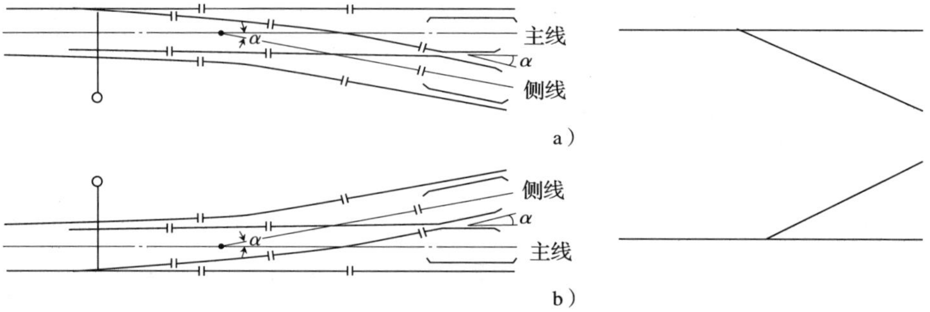

图3—7　单开道岔

普通单开道岔由转辙器（包括尖轨、基本轨、连接零件及转换设备）、连接部分（包括直轨和导曲线轨）、辙叉及护轨（包括辙叉心、翼轨和护轮轨）三部分组成，如图3—8所示。

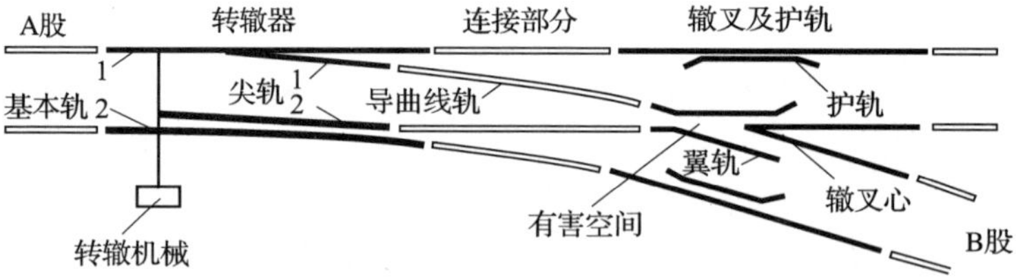

图3—8　普通单开道岔

（2）交叉渡线道岔。交叉渡线道岔由四副单开道岔和一副菱形交叉组成，如图3—9所示。一般来说，渡线上的道岔都设置为联动道岔。

（3）三开道岔。三开道岔是指一个方向通向三个方向的道岔，它由一股直线钢轨、两股曲线钢轨、两对尖轨、三副辙叉组成，中间辙叉的心轨理论尖端在中线上。当地形条件限制，不可能有足够的长度来排列两组单开道岔时，才采用三开道岔。三开道岔是将一个道岔纳入另一个道岔内构成的，通常在非频繁折返车站铺设。三开道岔如图3—10、图3—11所示。

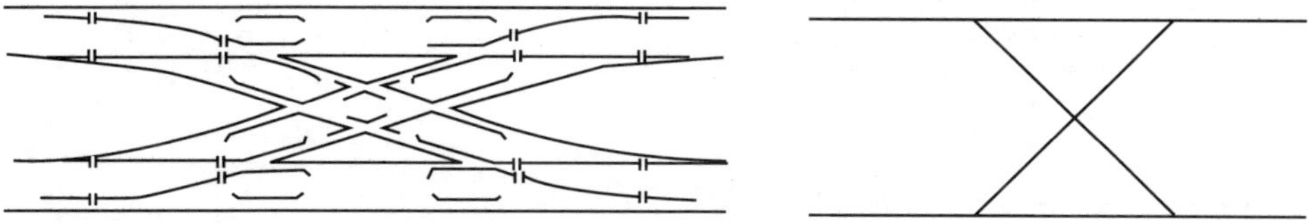

图 3—9　交叉渡线道岔及中心表示

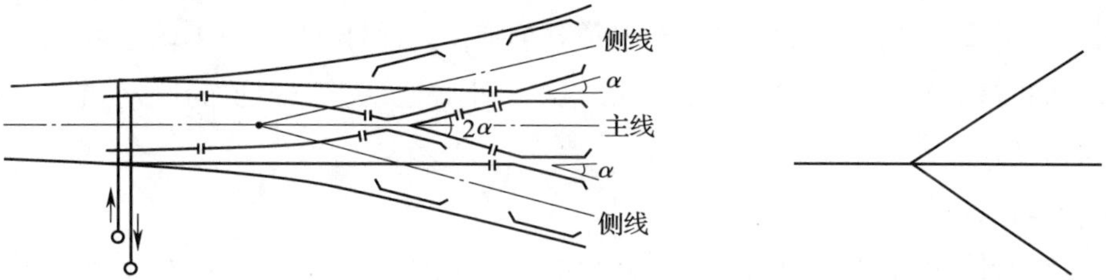

图 3—10　三开道岔及三开道岔中心表示

图 3—11　三开道岔图

（4）复式交分道岔。复式交分道岔是指在两条线路相交时，中间增添四副转辙器和两副连接曲线，列车能沿任何一侧由一条线路转入另一条线路的道岔，如图 3—12 所示。 组复式交分道岔能起到四组单开道岔的作用，不仅能节省用地面积，同时也能节省调车作业时间。但是复式交分道岔结构复杂，维修养护较困难，允许列车通过道岔的速度较低，安全性较差，一般用于停车场，正线上较少使用。

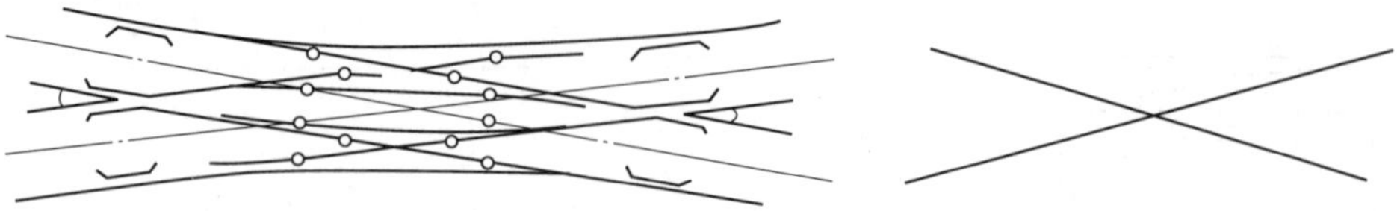

图 3—12　复式交分道岔中心线表示图

2. 按照道岔联动关系分

按照道岔联动关系，分为单动道岔和联动道岔。

按压一个道岔动作按钮仅能使一组道岔转换，则称该道岔为单动道岔。如果能使两组道岔同时或顺序转换，则称为双动道岔。双动道岔有时也称为联动道岔，也有三动和四动的情况。

3. 按照转辙机分

因为按照传动结构分，转辙机可分为电动转辙机，电动－液压转辙机和电空转辙机，对应转辙机的分类，一般将道岔分为电动道岔、液压道岔和电空道岔。其中，电动道岔和液压道岔比较普及。

电动转辙机由电动机提供动力，采用机械传动的方式。目前，多数转辙机是电动转辙机，包括我国铁路大量使用的 ZD6 系列转辙机和 S700K 电动转辙机。

电动－液压转辙机，简称电液转辙机，由电动机提供动力，采用液力传动的方式。

电空转辙机由压缩空气作为动力，由电磁换向阀控制。ZK 系列转辙机即为电空转辙机。

4. 按照道岔号数分

道岔号数（也称辙叉号码）N 可用道岔辙叉角的余切表示，如图 3—13 所示，即

$$N = \frac{FE}{AE} = \cot \alpha \qquad (式 3—1)$$

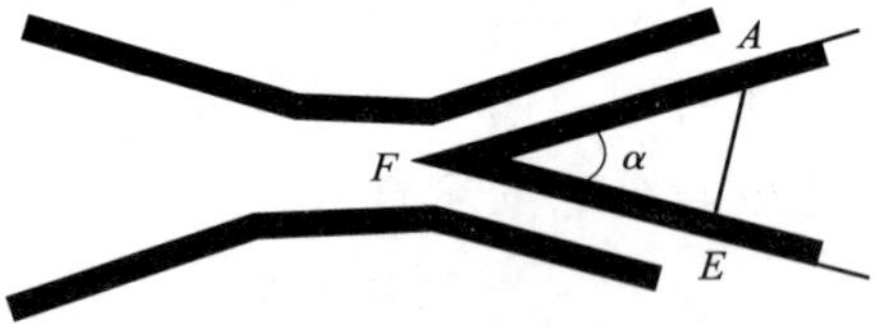

图 3—13　道岔号数计算

辙叉角 α 越小，辙叉号 N 值就越大，导曲线半径也越大，允许列车侧向过岔速度也就越高。所以采用大号数道岔有利于提高列车运行速度，但道岔号数越大，道岔越长，占地越多，造价自然也就越高。常用道岔技术标准见表3—1。

表3—1　　常用道岔技术标准

道岔号数（N）	辙叉角（α）	导曲线半径（m）	道岔全长（m）	侧向允许通过速度（km/h）
7	8°07′48″	150	23.627	25
9	6°20′25″	180	28.848	30
12	4°45′49″	330	36.815	45
18	3°10′12.5″	800	54.000	80

正线及折返线一般采用9号道岔，车辆厂段除试车线、存车线与材料线连接部分使用9号道岔外，其余一般均为7号道岔。

5. 按照牵引转辙机数

根据一副道岔转换牵引时采用的转辙机数，道岔可以分单机牵引、双机牵引，铁路上的高速道岔甚至出现了三机牵引、四机牵引等。

轨道交通道岔一般是单机牵引道岔和双机牵引道岔。

3.1.3　道岔的操作

1. 正常情况下的操作

正常情况下的道岔操作为遥控操纵、电气锁闭。正常情况下，道岔的转换操作可以通过排列进路和单独操作的方式。

道岔通过转辙机进行转换，位置变化时，转辙机的动作过程如下：

（1）解锁过程及断开表示接点过程，此时转辙机断开表示电路，接通动作电路，道岔正常失去表示。

（2）转换过程，道岔的尖轨进行移位。

（3）锁闭及接通新表示接点过程，此时尖轨到位后，转辙机进行电气锁闭，并接通表示电路，此时道岔恢复表示。

2. 故障情况下的操作

故障情况下的道岔操作为就地手摇、人工锁闭。操作人员必须为扳道员或站长指定的胜任人员。

（1）手摇道岔作业过程。手摇道岔作业应遵循“一检查、二手摇、三确认”的作业流程。

1）检查作业流程。手摇道岔作业人员至岔区后应对异物情况、道岔情况、道岔位置进行检查确认。

2）手摇作业流程。当道岔当前位置与所需位置不一致时，车站值班员应安排手摇道岔作业人员进行手摇道岔作业，标准用语为“将 × 号道岔手摇至 × 位，并加钩锁器”。操作步骤如下：

①用套筒锁钥匙打开套筒锁。

②打开遮断器。

③将手摇柄插入转辙机/液压站中，根据现场情况需求，采取顺时针或逆时针转动手摇柄。转动手摇柄至听到转辙机内发出的“咔嚓”声为止。

3）确认作业流程。道岔手摇到位后，必须进行确认，确认步骤如下：

①确认道岔开通位置正确且已到位，尖轨与基本轨密贴。

②用钩锁器将道岔锁闭。

③向车站值班员汇报，标准用语为“ × 号道岔已手摇至 × 位，道岔密贴并已加钩锁器”。

④车站值班员接报所有道岔均办理到位后，布置手摇道岔作业人员对进路进行确认。

⑤手摇道岔作业人员确认进路中所有道岔开通位置正确且锁闭后，向车站值班员汇报。

4）钩锁器使用规定

①道岔安装钩锁器前应将钩锁器安装于尖轨与基本轨密贴侧第一、第二块滑床板之间位置，若该位置不具备安装条件，则手摇道岔作业人员根据实际情况将安装位置往后顺延。

②钩锁器安装到位后应确保该钩锁器不松动。

5）道岔到位确认标准

①三开道岔到位标准如下：

——直向位时，两长尖轨与同侧基本轨相互密贴，且与同侧短尖轨斥离。

——左向位或右向位时，密贴侧中的长尖轨和同侧基本轨相互密贴并与同侧短尖轨相互密贴，另一侧长尖轨与基本轨斥离。

——密贴的标准为尖轨头部 4 cm 内，尖轨与基本轨之间的间隙小于等于 2 mm。

②其余类型道岔（除三开道岔）到位标准为一侧尖轨与基本轨密贴（密贴标准为：

尖轨头部4 cm内，尖轨与基本轨之间的间隙小于等于2 mm），另一侧尖轨与基本轨斥离。

③听到“咔嚓”声，“咔嚓”声数与转辙机数相同。

6）道岔无法手摇到位的规定

①机械道岔的处置步骤：

——手摇道岔作业人员应将道岔转换至原始位置，查看基本轨与尖轨是否有异物后再次手摇道岔。

——仍无法手摇到位时，将该道岔手摇至原始位置并向运营调度汇报。

——在设备管理单位抢修期间，车站值班员须根据运营调度命令利用其他进路或该道岔正常位置办理接发车作业。

——待设备管理单位修复正常后，车站值班员通过排列进路、单操道岔等操作对道岔状态进行测试，测试正常后应向运营调度汇报。

②液压道岔的处置步骤：

——手摇道岔作业人员应将道岔转换至原始位置，查看基本轨与尖轨是否有异物后再次手摇道岔。

——仍无法手摇到位时，将该道岔手摇至原始位置并汇报运营调度。

——当通号人员申请使用手扳轴扳动道岔时，车站值班员须立即汇报运营调度，经运营调度同意后使用手扳轴。

——使用手扳轴前须由通号人员松开转辙机内溢流阀。

——手摇道岔作业人员在通号人员配合下使用专用手扳轴将道岔扳动至所需位置。

——待设备修复正常后，车站值班员通过排列进路、单操道岔等操作对道岔状态进行测试，测试正常后应向运营调度汇报。

（2）显示信号。进路上的道岔经过手摇或者单独操作均到位后，如无法正常开发信号，则需显示手信号。

现场行车人员在得到车站值班员显示手信号的命令后，要面对列车，在列车运行进路的第一副道岔的道岔防护信号机前显示，如现场位置条件不具备，需要现场人员站在道岔附近的安全位置显示，但要注意显示的手信号不要干扰邻线列车的运行。

3.1.4　道岔编号

城市轨道交通车站的道岔编号原则上与铁路车站的道岔编号相同：下行列车进站一侧从外向内顺序编为单数，上行列车进站一侧，顺序编为双数，双动道岔连续编号；尽头线上，向线路终点方向顺序编号；一个车站不准有相同的编号；每个车场的道岔单独编号。

但在实际使用中，由于城市轨道交通道岔编号完全由信号系统厂商决定，各系统厂商编号方式不同，所以道岔编号也不尽相同。如图 3—14 所示为上海轨道交通 3 号线中山公园站的站场布置。

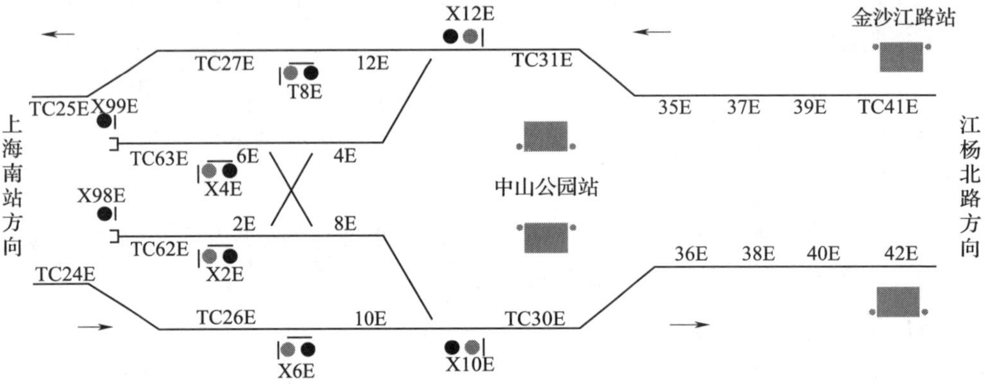

图 3—14　站场布置

技能要求

道岔故障处置及分析

操作准备

轨道交通有岔集中站 ATS 操作面板显示 2 号道岔故障，道岔故障主要有两种情况：第一种是道岔区段非正常占用，如图 3—15 所示；第二种是道岔失去表示，如图 3—16 所示。

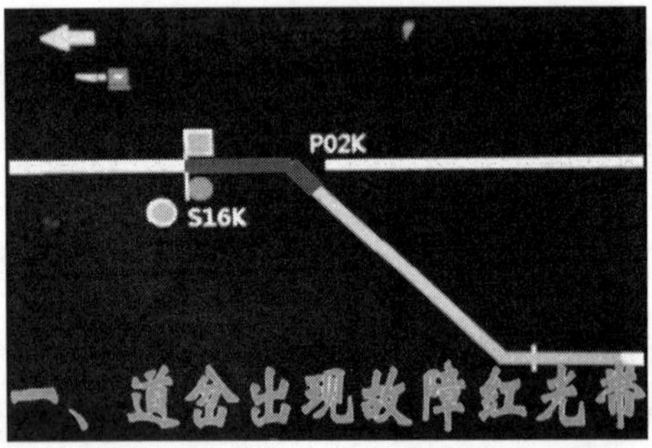

图 3—15　道岔区段非正常占用

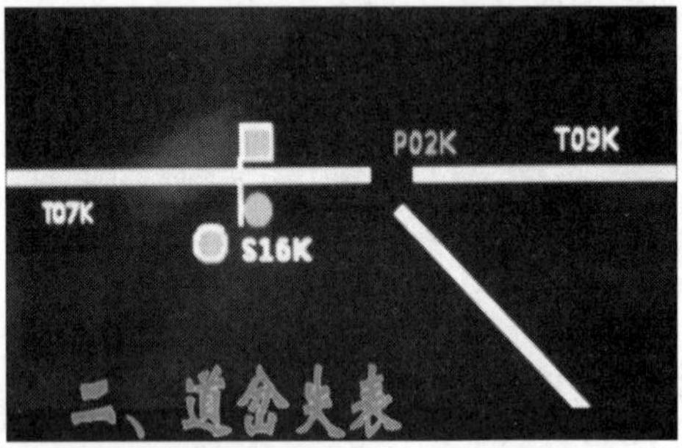

图 3—16　道岔失去表示

1. 情况一：该站为中间站，道岔区段非正常占用，车站如图 3—17 所示。

2. 情况二：该站为中间站，道岔失去表示。

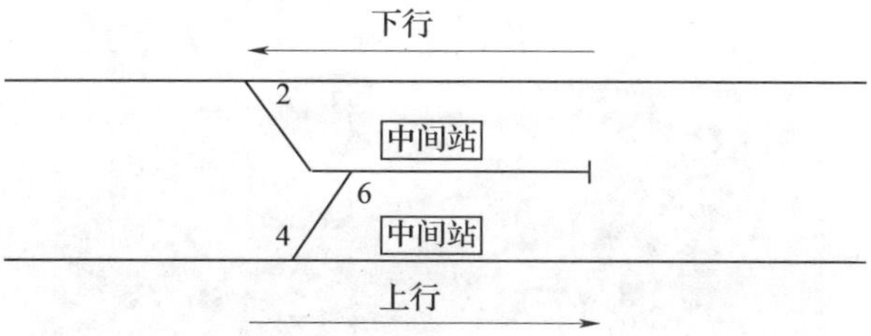

图 3—17　中间站

3. 情况三：该站为终点站，道岔区段非正常占用，车站如图 3—18 所示。

4. 情况四：该站为终点站，道岔失去表示。

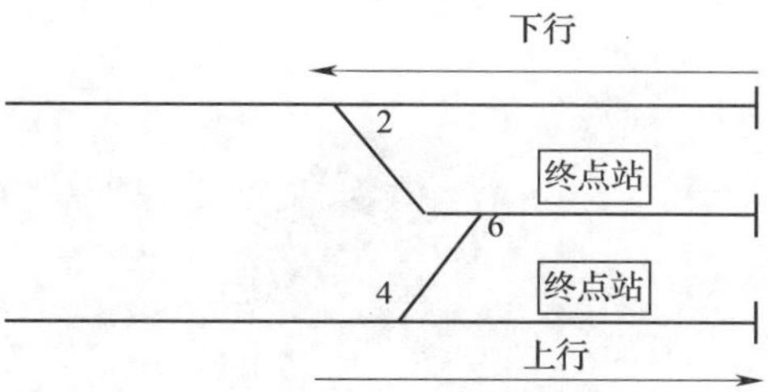

图 3—18　终点站

操作步骤

1. 在情况一、情况二时，作为中间站，道岔失去表示或者非正常占用时，车站值班员的处理步骤如下：

步骤 1　车控室车站值班员面板确认故障后，向运营调度汇报，并通知维保人员、值班站长、生产调度等。确认故障如图 3—19 所示。

图 3—19　确认故障

步骤 2　下线路确认前，做好手摇道岔准备，确认手摇道岔工具（见图 3—20），并做好道岔使用的登记。如图 3—21 所示为检查道岔工具。

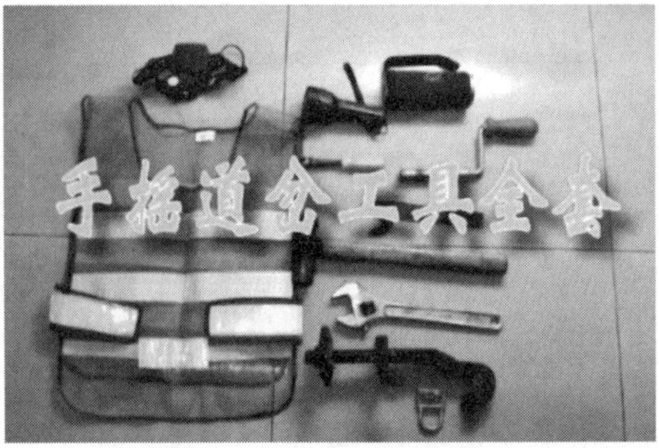

图 3—20　摇道岔工具

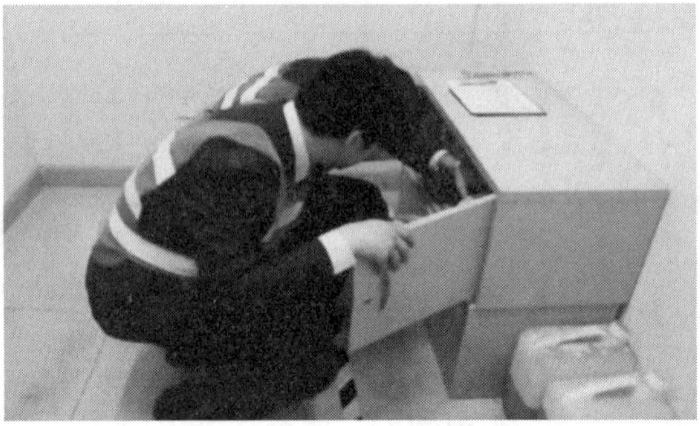

图 3—21　道岔工具检查

步骤 3　得到运营调度许可后，车站值班员通知值班站长和行车人员下线路进行确认道岔。维保抢修人员下线路同样需要进行登记，并得到运营调度同意的施工号，如图 3—22 所示。

图 3—22　下线路登记

步骤4　扳道员至现场后要确认道岔情况，主要有异物情况检查、道岔情况检查和道岔位置检查，如图3—23所示。

图3—23　道岔位置检查

步骤5　如是情况一，道岔为非正常占用，如是反位，则需进行后续步骤，如是定位，作为中间站，对道岔进行单锁，跳至步骤8开始执行；如是情况二，道岔失去表示，道岔现场确认无异常后，如是反位，则需进行后续步骤，如是定位，断开道岔遮断器，用钩锁器锁闭后，跳至步骤8开始执行。

步骤6　手摇道岔，依次打开套筒锁（见图3—24）和遮断器（见图3—25），插入手摇柄（见图3—26），根据车站值班员要求将道岔摇到所需位置。

图3—24　打开套筒锁

图3—25　打开遮断器

步骤7　扳道员听到“咔嚓”声后，确认道岔密贴，标准如图3—27所示，加钩锁器（见图3—28）后，向车站值班员汇报。

步骤8　车站值班员得到扳道员汇报后，在得到运营调度的同意下，与列车驾驶员进行车调联控，如图3—29所示。

步骤9　联控完毕后，车站值班员布置现场扳道员显示手信号发车。作为中间站，后续列车出站，仅需要执行步骤8、步骤9。

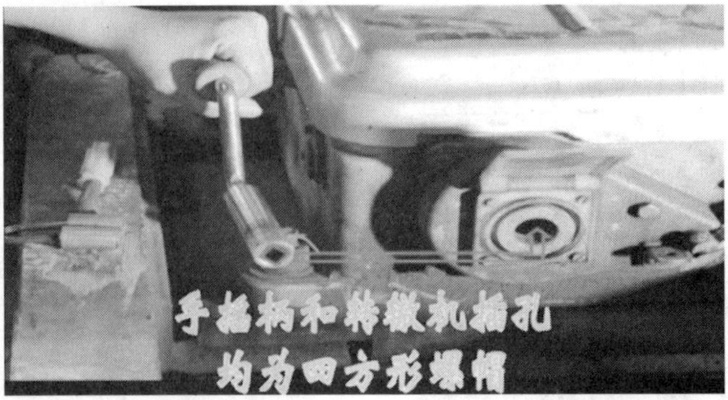

图 3—26　插入手摇柄

图 3—27　道岔密贴标准

图 3—28　加钩锁器

步骤 10　道岔修复后，解除钩锁器，由通号检修人员进行复位，如图 3—30 所示。

图 3—29　车调联控

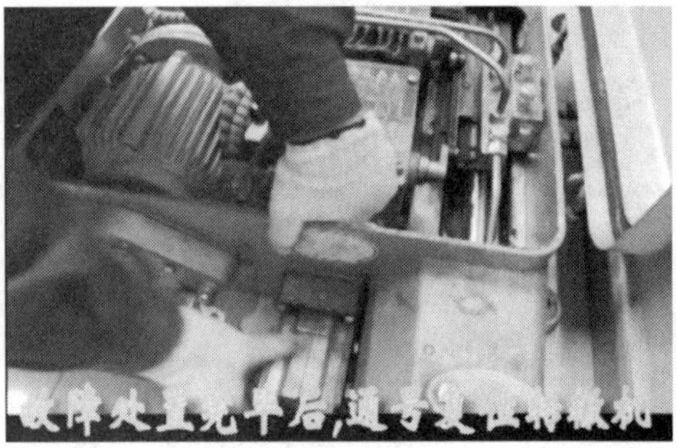

图 3—30　道岔复位

步骤 11　复位完成后，对道岔进行测试，如图 3—31 所示。然后收拾工具清场，如图 3—32 所示。

步骤 12　车控室进行销点。

2. 在情况三、情况四时，作为终点站，道岔失去表示或者非正常占用时，车站值班员的处理步骤如下：

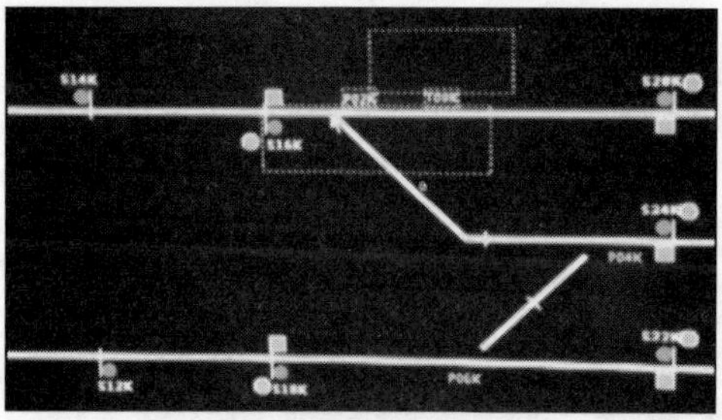

图 3—31 测试道岔

图 3—32 整理工具

步骤 1 ~ 步骤 4 同中间站处置步骤。

步骤 5 如是情况三，道岔为非正常占用，如是反位，对道岔进行单锁，跳至步骤 8 开始执行，如是定位，则需进行后续步骤；如是情况四，道岔失去表示，道岔现场确认无异常后，如是反位，断开道岔遮断器，用钩锁器锁闭后，跳至步骤 8 开始执行，如是定位，则需进行后续步骤。

步骤 6 ~ 步骤 8 同中间站处置步骤。

步骤 9 联控完毕后，车站值班员布置现场扳道员显示手信号发车，作为终点站，后续列车出站，仅需要执行步骤 8 和步骤 9。

步骤 10 道岔修复后，解除钩锁器，由通号检修人员进行复位。

步骤 11 复位完成后，对道岔进行测试，并收拾工具清场。

步骤 12 车控室进行销点。

注意事项：由于 2 号道岔位置比较特殊，即使是终点站，2 号岔故障后最多仅需手摇一次，故没有体现终点折返站与中间站道岔故障的处置区别，正常情况下，假设该站是 6 号岔故障，中间站时，6 号岔至多手摇一次后定位加钩锁器锁闭，但作为终点折返站时，6 号岔要频繁手摇操作，这就是中间站道岔故障与终点折返站道岔故障时的明显区别。

3.2 车站 ATC 面板应急操作

知识要求

电气集中控制台是车站值班员办理行车作业和监督现场状态的主要设备，包括按钮、钥匙开关及表示灯。6502 控制台如图 3—33 所示。

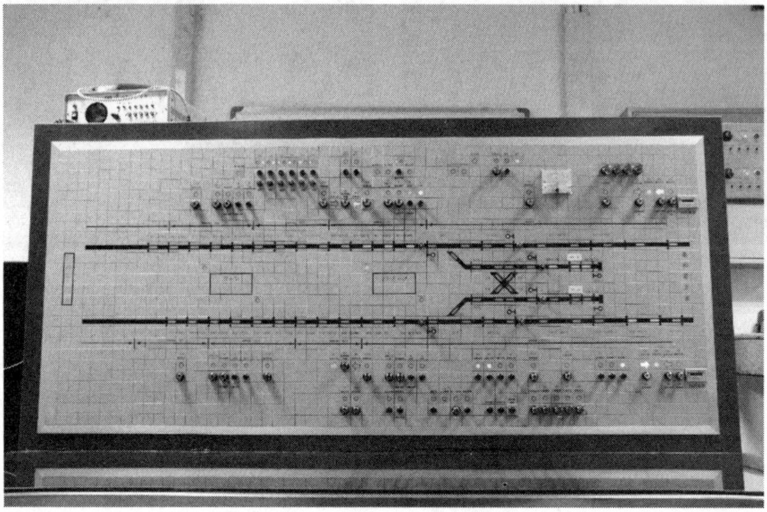

图 3—33　6502 控制台

按钮及钥匙开关主要用来记录车站值班员、操作意图，为防止误操作，导致设备错误动作，对排列进路、转换道岔、关闭信号、取消进路、人工解锁等都需按下两个按钮才能使设备动作。

表示灯用于显示设备的状态。

3.2.1　非正常情况下的车站接发车作业

1. 中心故障下的车站接发车作业

当出现中央故障报警或值班员发现有危及行车安全的情况时，可使用非常站控钥匙强行站控。

（1）中央故障时，此时当中央故障灯亮（红）、电铃鸣响，值班员操作：

1）值班员转动非常站控钥匙（非自复式）。

2）中央故障灯亮（红）、电铃停鸣、非常站控灯（红）、站（黄）稳定。

（2）中央故障修复，此时中央故障灯灭灯、电铃鸣响，值班员操作：

1）值班员将非常站控钥匙复位，电铃停鸣、非常站控灭灯、站（黄）稳、遥（白）闪。

2）根据需要，确认车站控制状态，如站控，则值班员按站控按钮，此时站（黄）稳、遥灭灯。

（3）突发情况下，值班员进行非常站控操作，具体步骤如下：

1）值班员强行站控，转动非常站控钥匙，电铃鸣响、非常站控灯（红）、站（黄）稳定（已转为站控）。

2）将非常站控钥匙复位，电铃停鸣、非常站控灭灯、站（黄）稳、遥（白）闪。

3）值班员按站控按钮，站（黄）稳、遥灭灯。

2．紧急关闭触发下的车站接发车作业

车站6502面板上有紧急关闭表示灯及紧急关闭复原钥匙开关。紧急关闭钥匙开关为自复式，在车站站台上按列车运行方向设有紧急关闭按钮（为二位自复式，每个运行方向设两个）。当因故按压了紧急关闭按钮后，控制台上的紧急关闭表示灯亮红灯，防护该站台的信号机关闭，同时切断速度码，需恢复时，可转动相应站台紧急关闭复原钥匙开关。

（1）紧急关闭功能触发。在车站站台上按列车运行方向设有紧急关闭按钮，当站台上发生危及行车及人身安全的情况时，应迅速按压相应的紧急关闭按钮，此时6502控制台上的相应紧急关闭按钮表示灯亮红灯，防护该站台的信号机关闭，同时切断接近区段、站台区段、离去区段的速度码。

（2）紧急关闭功能复原。集中站值班员应迅速了解情况，在得到事件已处理完毕的报告后，应按规定破封，将相应的紧急关闭钥匙插入相应站台紧急关闭复原钥匙开关内，转动后，紧急关闭表示灯灭灯，恢复正常。

紧急关闭复原后，防护站台的信号机需要使用重复开放信号功能再次开放，具体为值班员确认进路处于锁闭状态，在不改变原进路的情况下，按压该进路的始端按钮，则信号再度开放。

3．控制台停电后的接发车作业

信号失电后，控制台失去表示，此时如中央正常，中央进行接发车，如中央同样故障，则采用人工闭塞进行接发车，如控制台停电恢复后，车站值班员的操作程序如下：（站控状态）

（1）站控。

（2）检查接地检测表示灯是否点红灯，如点红灯，应通知信号人员处理。

（3）用紧急关闭复原钥匙进行紧急关闭复原。

（4）用区段解锁钥匙实行故障解锁。

（5）控制台上所有进路解锁后，进行道岔单操试验，确认道岔状态良好。

4．方向电路故障下的车站接发车作业

相应两站在改变方向电路过程中出现故障，发车站、接车站接车占用表示灯都亮红灯时，由原发车站使用相应的区间闭塞故障钥匙，使发车站发车占用表示灯亮绿灯，接车占用表示灯灭灯，再通知电务人员修复。

3.2.2　非正常情况下的车站调车作业

1．进路故障解锁下的车站调车作业

进路解锁分为四种情况：

（1）正常解锁。一次性解锁、逐段解锁。

一次性解锁：列车进入信号机内方，信号关闭，当列车完全出清进路之后，进路一次性解锁。（正线用）

逐段解锁：列车进入信号机内方，信号关闭，列车每出清一个区段，则根据三点检查进行解锁本区段，列车出清进路，进路也就解锁了。该种解锁方式主要应用在停车场较多的长进路上。

进路的正常解锁主要建立在进路的三点检查上：列车占用过上一区段；列车占用本区段；列车占用下一区段，出清本区段，具体如图 3—34 所示。

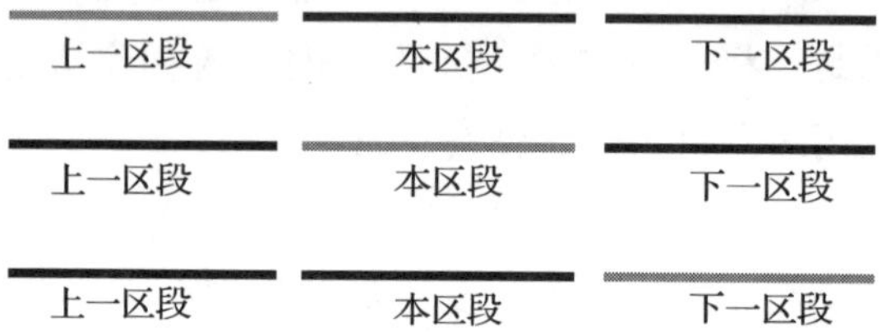

图 3—34　三点检查

（2）人工取消进路。信号开放后，列车还未占用其接近区段时，称此时进路所处的锁闭状态为预先锁闭。解除预先锁闭方法为取消进路。

进路的接近区段有车占用、引导进路或者反向进路时，如果采用人工取消进路方法解锁进路，则只关闭信号，需用人工延时解锁方法解锁进路。

（3）人工延时解锁。信号开放后，列车占用其接近区段时，为防止在人工解锁进路时，列车冲入信号机内方而造成行车事故，采用人工延时解锁的方法进行解锁进路。

正常进路的接近区段有车占用、引导进路或者反向进路时，如果想要人工解锁进路，则需用人工延时解锁取消进路。根据信号系统设计以及现场线路条件，延时时间从 60 s 至几百秒不等。

具体操作：

1）值班员确认进路处于空闲状态。

2）转动总人工解锁钥匙及按压进路始端按钮后，此时总人工解锁表示灯（红），信号关闭、一分人工解锁表示灯（红）、进路白光带点亮。

3）松手，一分钟后，一分人工解锁表示灯灭灯，进路解锁。

注意：全站同时只能有一条进路办理人工延时解锁（车站具有多个联锁区除外），反向进路及引导锁闭进路也需采用此方式解锁。一分人工解锁不可逆返。

（4）区段故障解锁。在以下三种情况下，使用区段故障解锁使道岔区段解锁：一是列车通过道岔区段后，道岔区段因故不能解锁；二是由于设备停电而引起的锁闭；三是由于更换继电器等原因造成的锁闭。

具体操作：

1）值班员进行确认，列车已经出清相邻的前方区段；列车进入本区段并出清本区段；列车驶入下一区段。

2）值班员转动总人工解锁及相应的区段解锁钥匙，使该区段解锁。

注意：正常进路，信号已经开放，用区段故障解锁方法无效。

2. 道岔故障时的车站调车作业

正常情况下，道岔的操作为遥控操纵、电气锁闭，故障情况下，道岔的操作为就地手摇、人工锁闭。

道岔故障时，如是出站信号，此时必须通知车站行车人员显示调车手信号，如是进站信号，则优先采用开放引导信号进行接车。

（1）引导信号开放步骤

1）值班员将可单操道岔操到位、派扳道员到现场将故障道岔手摇到位并人工锁闭，且确认进路上所有道岔位置开通正确。

2）转动引导总锁闭钥匙，引导总锁闭表示灯（黄）、车站联锁道岔均锁于所处位置。

3）转动相应的引导信号钥匙，引导信号表示灯（黄）、引导信号开放（信号复式器白灯）。

（2）注意事项

1）采用引导总锁闭办理引导信号时，道岔位置同信号间无联锁关系。不能对进路中的道岔位置、敌对进路进行检查，也不能实现对另一咽喉迎面敌对进路的检查和对其锁闭。即道岔位置的正确、进路及股道的空闲等条件均由值班员人为确认来保证安全。

2）列车经过信号机，信号机不会关闭。值班员在确认列车已完全驶入股道后，将引导总锁闭钥匙复位，道岔即解锁，并且引导信号关闭。

3）采用引导总锁闭开放引导信号时，正常进路的信号机会关闭。

3. 挤岔时的车站调车作业

挤岔指的是列车的进路还未准备好，道岔没有开通到正确的位置时，机车车辆就强行通过该道岔，造成道岔设备的损坏。

ATC 面板上挤岔报警时，值班员分两种情况进行处理。

(1) 控制台挤岔铃响时的处理，道岔区段无列车占用的情况，处理步骤见表 3—2。

表 3—2　　无车挤岔处理程序表

作业程序		注意事项
初步故障分析	1. 报行调、信号工区、站长、段调 2. 行调放权站控后，接受站控 3. 值班员派扳道员到现场检查、清除基本轨与尖轨间异物	在设备故障检修（施工）登记本上登记。用垫木块放于基本轨与尖轨之间
非电气集中故障时	4. 值班员单操道岔检测	如挤岔表示灯灭，说明道岔恢复正常，若灯不灭，则转入第 5 步骤
道岔需手摇时	5. 接发车改用手摇道岔 6. 道岔手摇到位后，确认进路 7. 行车值班员与扳道员互控确认进路后，指示扳道员显示进路开通手信号接发车	1. 扳道员严格执行“一看、二扳、三确认、四显示”作业程序 2. 列车对向通过道岔时要加钩锁器加锁 3. 扳道员得到行车值班员指令后再向司机显示进路开通手信号
故障恢复	8. 信号工区人员抢修后在登记本上签认正常后，行车值班员应试排进路 9. 请示行调，恢复遥控	试验设备正常后通知行调、段调设备恢复正常

(2) 控制台挤岔铃响时的处理，道岔区段有列车占用的情况，处理步骤见表 3—3。

表3—3 有车挤岔处理程序表

工作程序	注意事项
1. 汇报行调、段调	提醒行调通知司机禁止动车
2. 报告站长	指派扳道员到现场监护
3. 通知信号工区、修建段工务人员	在《设备故障检修（施工）登记本》上记录
4. 信号、工务抢修人员到场确定意见上报行调后，车站行车值班员根据行调命令办理行车作业	做好记录
5. 道岔修复后由信号、工务人员在登记本上签认正确后，行车值班员试排进路	试验设备正常签认，并报行调、段调设备恢复正常

（3）值班员在ATC控制台的操作

1）当道岔失去表示时，控制台内铃响，相应的挤岔表示灯点红灯，车站值班员应及时通知信号人员进行维修，为避免噪声，按下此按钮，电铃停止鸣响，表示灯仍点红灯。

2）当道岔故障排除后，表示灯红灯灭，挤岔电铃再度鸣响，值班员将此按钮复位，电铃停止鸣响。

3）对道岔进行单操和排列测试。

4. 红光带的处理

（1）车站值班员通过控制台发现有道岔区段有红光带时，处置步骤如下：

1）行车值班员应立即汇报行调、信号工区、站长（值班站长或中心站长）及分公司调度，并在《设备故障检修（施工）登记本》上记录。

2）行调放权站控后，行车值班员应利用其他进路，确保正常接发列车。

3）必须使用该进路时，值班员应使用单操道岔，将道岔操到相应位置并单锁，开放引导信号接发列车：若单操操不动，应立即改用手摇道岔进行接发列车或调车作业。

4）值班站长接报故障后应到车控室把关，协助行车值班员做好行车组织工作。

5）通号分公司信号工区人员抢修完毕并在登记本上签认正常后，行车值班员应经试排进路确认正常并签认方可通知行调、分公司调度设备恢复正常使用。

（2）引导进路锁闭开放引导信号步骤。道岔区段有红光带时，如不需要手摇道岔进行接发车时，可以通过引导进路锁闭开放引导信号进行接发车，具体步骤如下：

1）将引导进路上的道岔单操到规定位置。

2）把故障区段上的道岔单锁。

3）接通光带检查进路。

4）转动引导信号钥匙，进路白光带点亮、引导信号开放（月白色）、相应引导信号表示灯亮（黄）。

5）引导进路锁闭的注意事项

如果该信号机内方第一区段电路良好，那么转动引导信号钥匙后即可松手。当列车第一轮对进入信号机内方时，引导信号即自动关闭。如果第一轨道区段轨道电路故障，此时引导信号钥匙必须一直处于转动状态，直到列车进入信号机内方可松手。

列车通过进路后，引导信号关闭，进路仍处于锁闭状态，白光带继续点亮。值班员确认列车已完全到达股道后，采用一分人工解锁取消进路。

3.2.3 其他制式信号控制面板的操作

1. 中央控制面板的操作

列车运行自动监控（ATS）子系统，实现对列车运行的控制和监督，一般分为 CATS 和 LATS，前者是控制中心的 ATS 设备，后者指联锁集中站的 ATS 设备。控制中心的 ATS 设备包括系统控制服务器、传输控制服务器、调度员工作站、显示屏、运行图绘图仪、打印机、UPS 等。每条线路一般设两位行车调度员，监督和控制全线的列车运行。正常情况下列车运行进路的排列、信号控制，列车运行间隔控制和调整等操作都是根据列车运行时刻表由 ATS 系统自动完成，不需要调度人员操作。在特殊情况下，也可以由行车调度员操作。控制中心显示屏和行车调度员工作站如图 3—35 和图 3—36 所示。

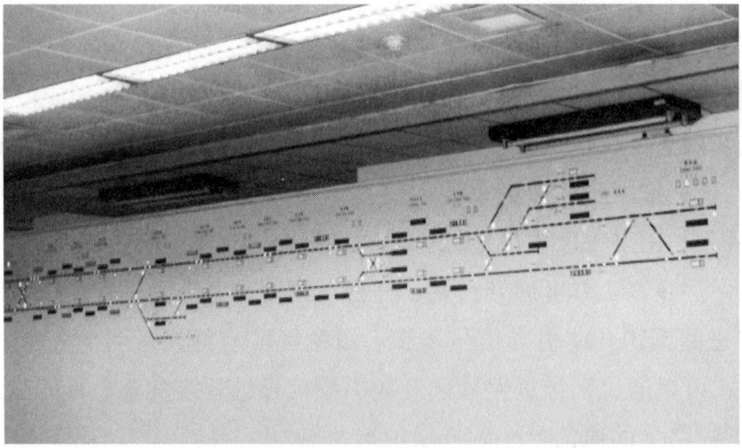

图 3—35 控制中心大显示屏

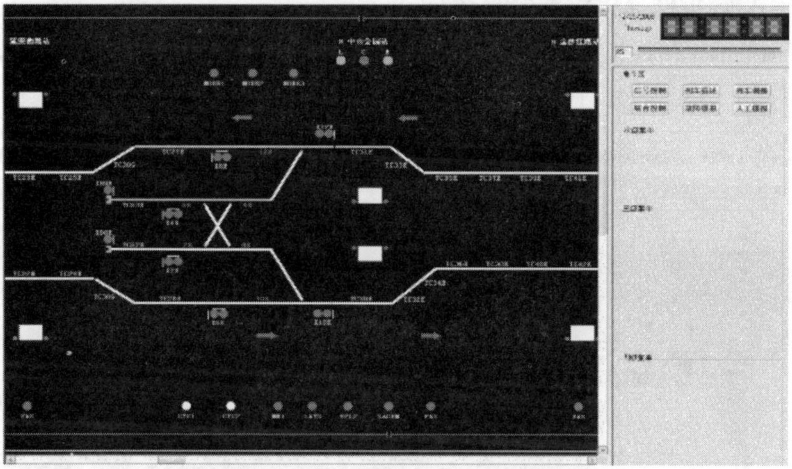

图 3—36　行车调度员工作站显示例

行车调度员可以将行车控制权“下放”给联锁集中站，所以在联锁集中站都设有ATS分机，当需要“站控”时，在征得调度员同意后，联锁集中站的行车值班员可以对所管辖的车站进行控制，平时联锁集中站的行车值班员只能监督列车运行。在“紧急”情况下，联锁集中站可以不经过行车调度员同意，实现“紧急站控”。“站控”结束以后，车站行车值班员应将该车站的信号系统复原，才能“交权”。联锁集中站车站行车值班员工作站，如图3—37所示。

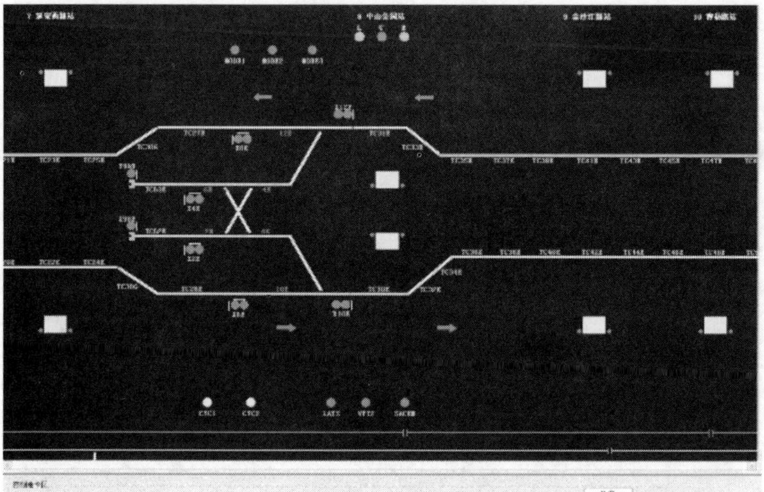

图 3—37　联锁集中站车站行车值班员工作站显示例

2. 车站 ATS 控制面板发展的趋势

随着轨道交通信号控制系统的发展，信号系统中，地面与车载设备的安全信息传输方式也大致经历了模拟轨道电路、数字轨道电路和无线通信三个阶段。同样，不同信号商的车站 ATS 操作台界面从开始的 6502 到现在的 MMI 人机界面，操作界面越来越友好。如图 3—38 至图 3—41 所示是目前比较常见的操作界面。

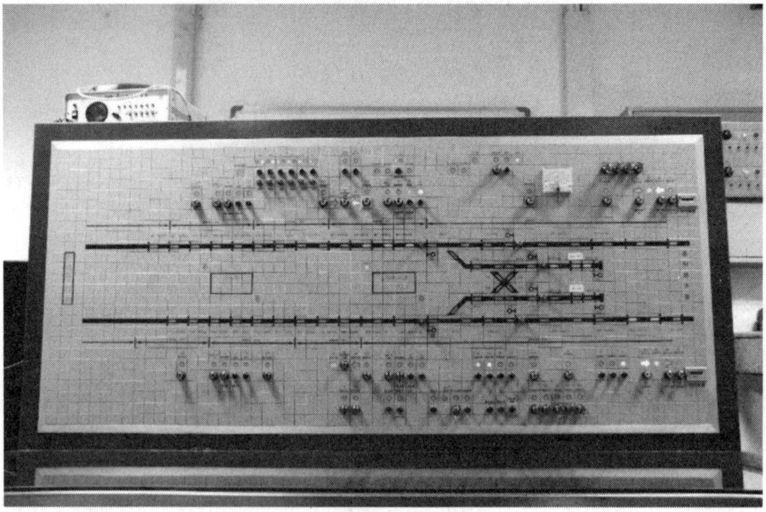

图 3—38 6502 操作台

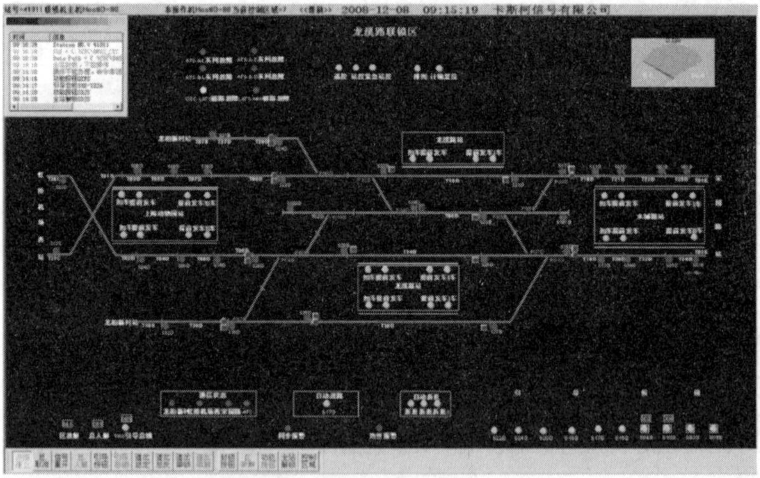

图 3—39 阿尔斯通与卡斯柯信号联合体

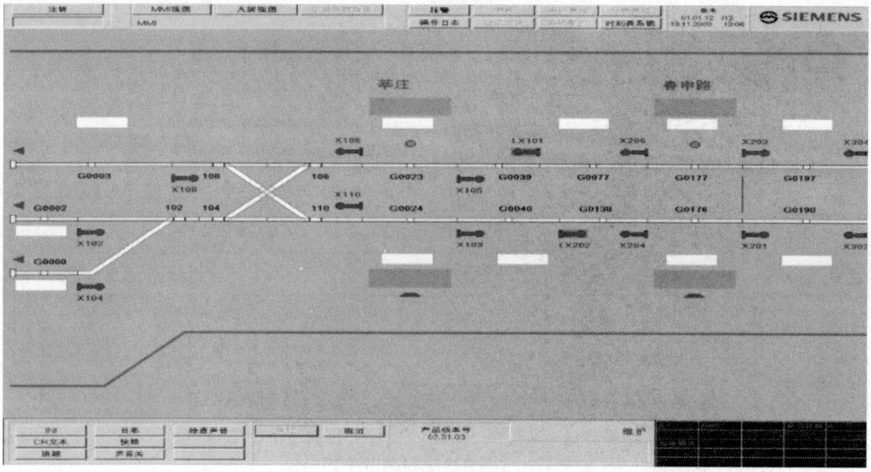

图 3—40　西门子

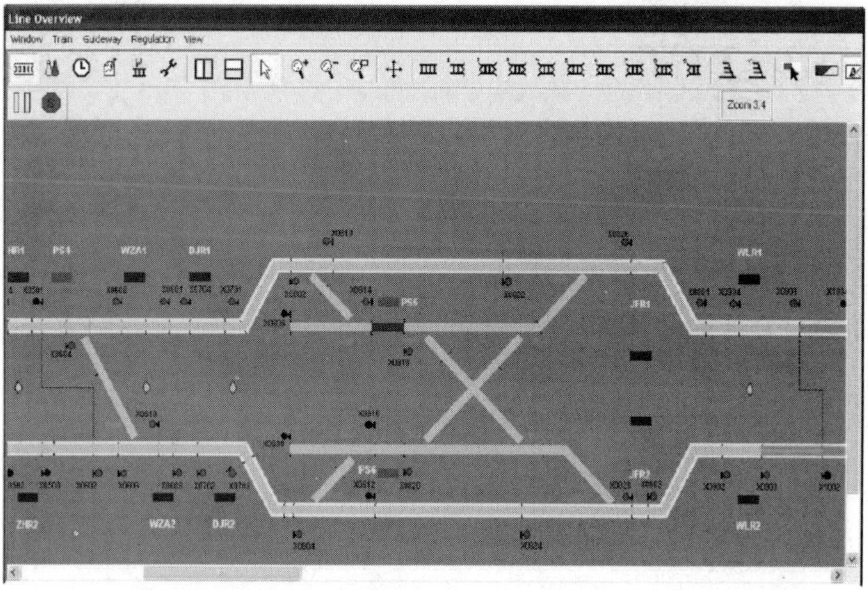

图 3—41　阿尔卡特

3. 信号控制发展的趋势

随着信号系统的发展，目前基于通信的列车运行控制系统（CBTC）成为国内轨道交通建设中采用的信号系统的主流。

目前，通信的传输方式主要有四种，见表 3—4。

表 3—4　　通信传输方式对比表

	优点	缺点
无线 AP 传输	安装简单、施工方便、成本低	无线场强分布不均匀
漏线电缆传输	场强覆盖均匀、适应性强、电磁污染小	成本较高
波导管传输	传输频带宽、传输损耗小、可靠性高、抗干扰能力强	工艺复杂、受环境湿度影响较大
感应环线方式	实现列车定位、车－地双向传输	给线路的日常养护带来不便

技能要求

ATC 面板的应急操作（道岔区段红光带的行车组织）

操作准备

1. 上海轨道交通 1 号线 6502 故障界面如图 3—42 所示。

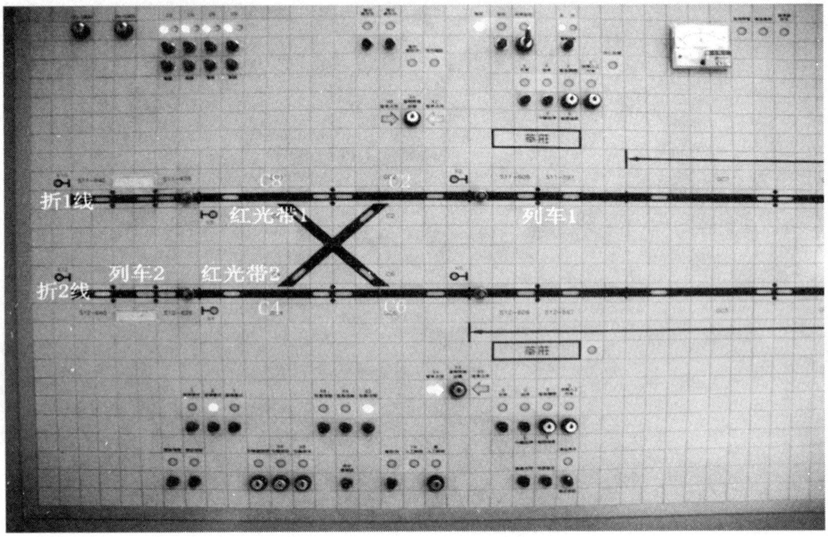

图 3—42　6502 故障界面

（1）下行有车、折二线有车。

（2）2# 4# 6# 8# 定位无进路锁闭。

（3）中控。

（4）GC4、GC8 轨道电路出现故障红光带。

（5）行调要求折一线折返。

（6）其他条件如图 3—42 所示。

2. 车站值班员在收到调度员要求安排列车在折 1 线折返的调度命令后，利用 6502 面板进行行车组织。

操作步骤

车站值班员收到调度命令，首先要确认面板，然后进行后续操作。

步骤 1　申请站控

车站值班员按下站控申请按钮，中控白灯稳定，站控黄灯闪烁；调度员同意后，中控白灯熄灭，站控黄灯稳定。遥控转站控如图 3—43 所示。

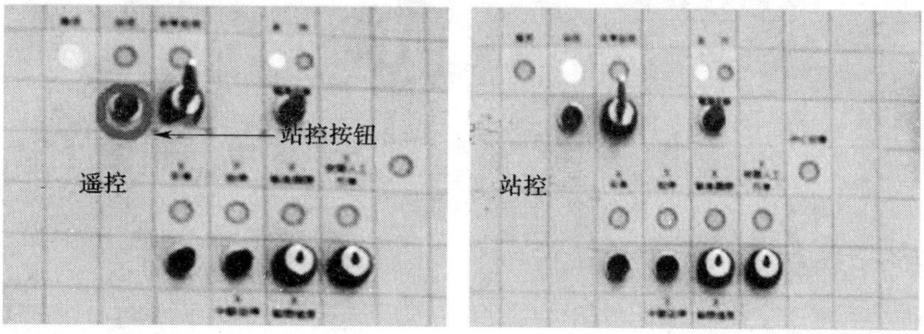

图 3—43　遥控转站控

步骤 2　取消自动信号

车站值班员同时按下总取消按钮和自动信号功能按钮，如图 3—44 所示。

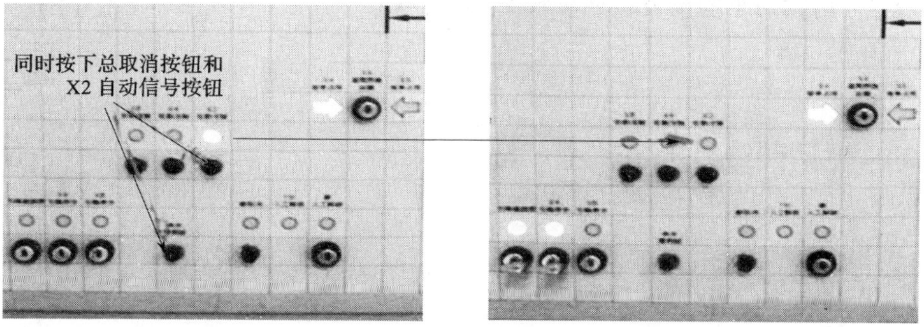

图 3—44　取消自动信号

步骤 3　转动引导总锁闭钥匙开关，安排下行列车 1 确认车站调车手信号进折 1 线停稳，折 2 线列车 2 确认引导手信号至上行站台停稳后，转回引导总锁闭钥匙开关。开放 X4 引导信号如图 3—45 所示。

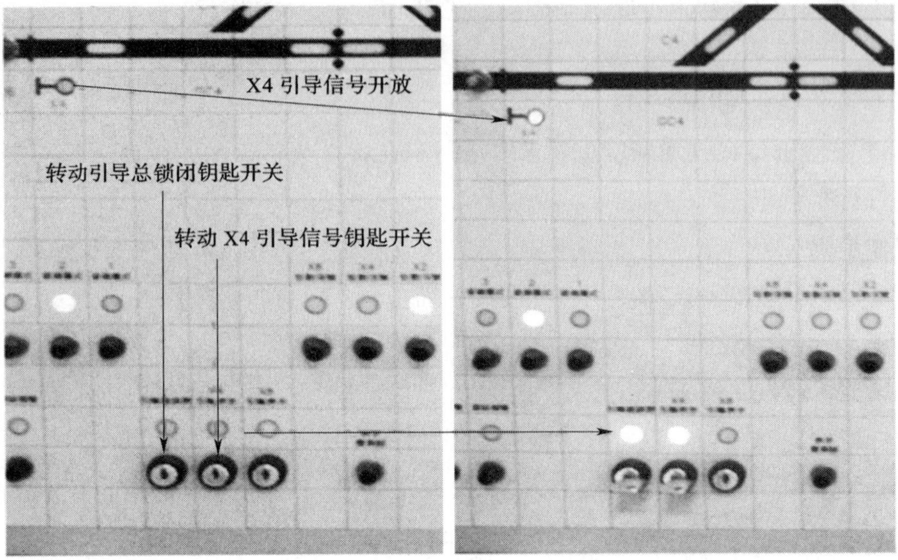

图 3—45　开放 X4 引导信号

步骤 4　将 C6/C8 手摇至反位，并加钩锁器，安排折 1 线列车 1 确认车站调车手信号至上行站台，停稳后，将 C8 手摇至定位，并加钩锁器。

步骤 5　转动引导总锁闭钥匙开关，将下行后续列车确认车站调车手信号进折 1 线停稳后，转回引导总锁闭钥匙开关。

步骤 6　将 C8 手摇至反位，并加钩锁器，安排折 1 线列车 1 确认车站调车手信号至上行站台，停稳后，将 C8 手摇至定位，并加钩锁器。

步骤 7　后续列车的接发按照步骤 5、步骤 6 重复。

3.3　电话闭塞法行车

知识要求

3.3.1　电话闭塞法行车的定义

1. 电话闭塞法行车的概述

电话闭塞法为城市轨道交通代用行车闭塞方式，是相邻两站（场、段）通过电话联系形式确认区间空闲，并以发出电话记录号码的方式办理闭塞的一种行车组织方法。

电话闭塞法的启用、取消及实施区段须根据调度命令内容执行，一般应以书面调度命令的形式下发至车站值班员及司机，在条件不允许但具有录音功能的通信设备正常的情况下，可临时以口头调度命令的形式下发至司机。

2. 电话闭塞法行车的使用条件

电话闭塞法的启用、取消及实施区段须根据调度命令内容执行。电话闭塞法必须在车站站间闭塞电话及列车无线通信设备状态正常时执行。

电话闭塞法的适用范围：

（1）运营期间信号设备故障，自动闭塞设备不能正常使用。

（2）运营结束后开行工程列车、轨道列车或其他非规定制式列车。

（3）其他特殊情况。

3. 电话闭塞法调令发布前列车定位要求

调度令实施电话闭塞的区段内列车立即停车待命，并命令故障区段内各车站准备本站接车进路，车站在进路办理妥当后，主动向调度汇报。

调度组织电话闭塞法区段内所有列车运行至车站站台停车待命。如列车停于区间，调度在确认前方站具备接车条件后，令停于区间的列车以人工限制向前方式（CLOSE－IN、RMF、RMO、授权模式）限速 20 km/h 运行至前方车站停车待命。如同一区间停有多列列车，调度需令列车逐列运行至车站停车待命。

调度待实施电话闭塞的区段内所有列车位置均停至站台待命后，与实施电话闭塞法区段内的所有列车司机、车站值班员复核确认列车所在位置。

列车定位完毕后，调度员方可下达实施电话闭塞法行车的调度命令。

3.3.2 电话闭塞法行车的一次操作程序中的注意事项

1. 请求闭塞的注意事项

发车站确认启动电话闭塞法行车的调度命令下达后，且确认本站至前方站无闭塞，线路空闲后，方可向前方站请求闭塞。

2. 承认闭塞的注意事项

（1）折返站的闭塞同意条件为本站接车进路准备好。

（2）非折返站的闭塞同意条件为该列车的前行列车已出清前方车站站台，与发车站、后方站、前方站间不存在已办理的闭塞，本站接车进路准备好。

3. 解除闭塞的注意事项

（1）折返站的闭塞解除条件为列车整列到达并进入折返线，同时后续接车进路准备妥当后。

（2）非折返站的闭塞解除条件为列车整列到达并发出后。

（3）夜间施工列车停于正线存放时，列车到达电话闭塞法终点站后，即与发车站解除闭塞。

4．取消闭塞的注意事项

（1）闭塞办妥后，因故不能接车或发车时，立即发出停车手信号进行防护并报行车调度，列车退回发车站后，以提出车站发出的电话记录号码作为闭塞取消的依据。

（2）列车出发后途中退回发车站时，由发车站发出电话记录号码作为取消闭塞依据，取消闭塞应及时向行车调度员报告。

3.3.3 特殊情况下的闭塞办理

1．预办闭塞的办理

办理 Y 形线路或环形线路非共线段往共线段方向的预办闭塞如图 3—46 所示。A 站或 E 站列车向 B 站或者 F 站申请闭塞时，B 站或者 E 站的闭塞同意条件除本站同意闭塞的条件满足外，还需向共线段交会点车站 C 站办理预办闭塞。

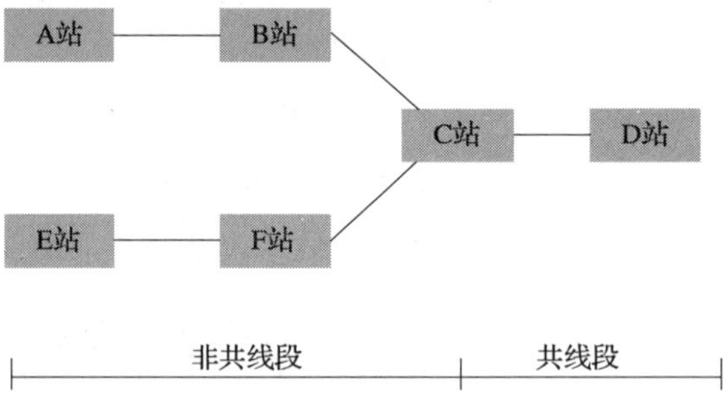

图 3—46 办理预办闭塞

共线段交会点车站 C 站预办闭塞的同意条件为本站与 B 站或者 F 站均无闭塞占用或预办闭塞占用，且已准备好接车进路。

共线段交会车站 C 站同意 B 站或者 F 站的接车闭塞时，解除预办理闭塞。

预办闭塞的办理流程及相关记录（无须填写路票）与正常闭塞的办理方式相同，但须在备注栏中注明“预办闭塞”。

共线段交会点车站在同一时间段内只能办理非共线段车站的一个预办闭塞或闭塞。

2．折返站的闭塞办理

折返站的闭塞同意条件为本站接车进路准备好。

折返站的闭塞解除条件为列车整列到达并进入折返线，同时后续接车进路准备妥当。

3.4 车站施工管理

知识要求

3.4.1 车站施工管理的审批流程

1. 施工的分类及申报原则

根据施工影响和申报流程的不同，正线轨行区施工可分为抢修施工、一级重大施工、二级重大施工和日常检修施工四类。

（1）抢修施工。危及正线行车安全或大幅降低行车效率的，须立即或在当日运营结束后进行设施设备故障抢修的施工。

（2）一级重大施工。主要包括：

1）行车设备（系统）大中修。

2）中断日常运营的施工。

（3）二级重大施工。主要包括：

1）涉及改变行车设备（系统）功能、状态发生变化或功能产生限制条件的施工。

2）新增行车设备（系统）或接入既有行车设备（系统）。

3）涉及中央及集中站倒换软件的信号调试、升级类施工。

4）涉及110 kV及以上主变电站停役超过24 h、变电设备拼柜、变压器更换的施工。

5）运营线路内进行的运营综合演练。

6）外部施工（建筑、桥梁、管道、电力通信线路）涉及影响列车运行安全的。

7）涉及通信系统线路级、中央级、网络级，维护（检修）、软硬件升级的施工。

8）涉及跨专业的行车设备（系统）专项整治。

9）新车、大修车等末班车后跟跑。

10）经施工管理工作小组认定的特定施工。

（4）除抢修施工、一级重大施工、二级重大施工外，其余施工均归为日常检修施工。

2. 施工计划的管理

所有正线轨行区施工均须实施计划管理，计划申报单位应做好施工技术方案和施工方案的内部审核，并根据不同计划类型的申报流程进行申报。

3. 施工审批的优先等级

审批优先级依次为抢修施工、一级重大施工、二级重大施工、日常检修施工。

（1）抢修施工、日常检修施工可直接向审批单位申报。

（2）一级重大施工须经集团技术管理部、集团安全监察室、集团运营设施设备管理部和运营管理部评估、认定，并呈集团分管领导报批后方可报审批单位审批。

（3）二级重大施工须经运营设施设备管理部、运营管理部评估、认定后方可报审批单位审批。

3.4.2 全线施工的安排与协调

1. 车站施工的安全间隔

在线路安全防护要求与接触网安全防护要求同时存在的情况下，应选取较大值。

（1）动车施工与人工施工的安全间隔。动车施工与人工施工在同一线路同时作业时，人工施工与动车施工的安全防护距离原则上至少为一站一区间。

高架、地面或地下线路中，若相邻线路间无永久性隔离设施，且人工施工作业面距离邻线动车线路中心线小于4 m，则动车施工区域邻线不安排人工施工。

（2）动车施工与动车施工之间的安全间隔。动车区域原则上不安排其他施工。两列或两列以上动车在同一线路同时作业时，原则上相邻动车的安全防护距离至少为两站一区间或一站两区间。

（3）电动列车施工与停电施工之间的安全间隔。需触网供电的动车施工与接触网停电施工在同一线路同时作业时，动车作业所在的供电区段与接触网停电区段的安全防护距离至少为一个供电区段。

施工过程中存在距离接触网小于1 m的或可能存在小于1 m的，必须申请接触网停电。

工程车编组顶部距离接触网小于30 cm的，必须申请接触网停电。

2. 核心施工与一般施工的安排次序

核心施工计划是指动车类施工、重大施工等需在下一施工周期中优先安排的施工计划。

（1）各计划申报单位至总调度所参加周计划会。由维保中心调度指挥室向运管中心总调度所提交全路网《一周核心施工计划汇总单》。

（2）周计划会最终讨论确定下一周核心施工计划。核心施工计划一经排定不再变更，各单位应确保核心施工计划的执行。

（3）各计划申报单位根据确定的一周核心施工计划，通过施工管理平台申报一周核心施工计划，总调度所施工计划员在规定时间前完成一周核心施工计划的批复、发布工作。

（4）核心施工计划发布完毕后，各计划申报单位进行其他计划的申报，总调度所施工计划员需在规定时间前完成施工申请的审批工作，并发布各线《一周检修施工计划通告》。

3.4.3 特殊施工的安全注意事项

1. 动车施工

（1）动车占用封区凭证为调度命令和施工令号，封锁/封闭区段内动车的运行由施工负责人负责指挥，动车施工不得越出封锁/封闭区段。

（2）封闭区间内的进路不得变更。

（3）车站办理封锁区段内进路变更注意事项

1）必须由施工负责人或作业点负责人向车控室提出进路变更作业配合要求，且列车必须处于停车状态。

2）车站值班员核对施工/作业点负责人身份无误后要求该负责人在本站“生产日志”的“备注”一栏中写明：××次列车从×行［存×线］［折×线］运行至×行［存×线］［折×线］，开通进路×× - ××，信号开放绿灯［白灯］，并由车站值班员和该负责人共同签名确认。

3）车站值班员根据负责人的要求准备运行所需的进路，确保道岔位置开通正确且锁闭。

4）车站值班员确认进路办理完毕且无误后，通过车站800M无线对讲机主动与调试列车司机进行车调联控，联控用语为：“××站×行［存×线］［折×线］××次列车运行至×行［存×线］［折×线］，信号已开放”。

（4）进路变更要求变更一次，申请一次，签认一次。

2. 动火施工

施工中，如涉及动火（含电焊、电切割），计划申报单位应在施工申请单中明确并办妥相关动火许可证明，同时根据相关动火作业规定，落实动火作业管理。

3．停电施工

（1）发布施工令号前应确认相关区段的接触网已停电完毕。

（2）同意施工前必须提醒施工负责人确认施工所需的接触网（接触轨）验电、挂设接地线等安全措施全部完成。

（3）办理施工注销手续前，必须提醒施工负责人接地线已拆除。

4．多点作业施工

（1）多点作业施工原则上最多允许存在5个作业点。

（2）多点作业施工不允许异地注销施工。

（3）主登记车站值班员必须询问施工负责人其余作业点的位置、作业点负责人姓名、作业人数等信息，并告知相关车站。

（4）主登记值班员在得到调度员发布的同意施工命令号后，应及时将该施工的所有内容和同意施工号告知作业点所在车站的值班员。

（5）所有作业点施工注销后主登记车站方可办理施工注销手续。

（6）作业点车站值班员应及时将作业点完成情况通知主登记车站值班员；主登记车站值班员确认该施工所含的所有作业点施工全部注销后，方可允许施工负责人办理施工注销。

（7）多点作业类施工若须延长施工时间，应由施工负责人在主登记车站提出，作业点车站不得办理延时注销的申请。

（8）施工负责人提出延长施工时间的申请时应明确延时注销时间及须办理延时注销的作业点，经行调同意后方可办理多点作业类施工的延时注销。

（9）主登记车站办理完延时注销登记手续后，由主登记车站值班员通知其他须延时注销的作业点值班员，作业点值班员允许作业点负责人办理延时注销的登记手续（其他无须延时注销的作业点参照多点作业类施工的正常注销流程办理）。

技能要求

施工管理与协调
（全线施工协调安排）

操作准备

1．某轨道交通线路如图3—47所示。

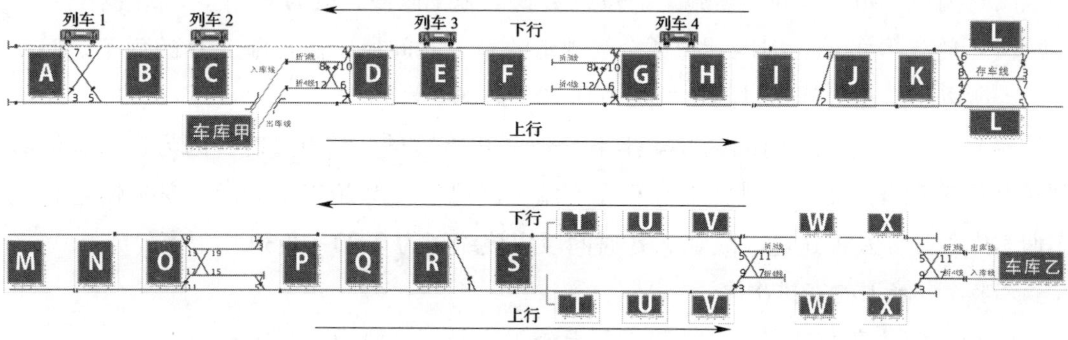

图 3—47　某轨道交通线路图

（1）施工时间 23:30—次日 4:00。

（2）施工内容及时间

A. 运营公司的委外单位在 J 站至 N 站进行上下行区间消防设备巡检，计划时间为 0:10—3:00。

B. 清洁公司在 I 站至 K 站上下行进行屏蔽门清扫作业，涉及接触网停电作业，停电范围为 I 站至 K 站上下行，计划时间为 23:30—次日 4:00。

C. 维保工务在 B 站至 H 站上行进行备轨作业，轨道车从车库甲出库，施工结束后回车库甲，计划时间为 0:10—4:00。

D. 维保通号在 O 站—X 站上下行进行电客列车调试，列车从车库甲出库，施工结束后回车库甲，计划时间为 0:10—4:20。

E. 因日间运营期间 A 站出现道岔失表现象，维保通号申请临时抢修施工，计划时间为 23:00—次日 3:00。

2. 考生从运营调度的角度，根据所给的条件，对全线施工进行合理安排，如发现施工本身有安全隐患的，要及时修改，并尽量满足所有施工。

操作步骤

步骤 1　通过对上述进行检查后，发现问题并调整：

（1）施工 B，施工范围大于停电范围，措施是停电范围延长为 G 站—N 站上下行，停电范围延长至 N 站后，与施工 D 的动车区段没有满足一个供电区段的间隔，所以考虑动车区段缩短至 Q 站—X 站上下行，或者缩短屏蔽门施工区段为 I 站—J 站上下行，目前采用缩短动车距离。

（2）抢修施工 E 与施工 C 的安全间隔没有满足一站一区间，施工 B 与 C 的安全间隔也没有满足一站一区间，措施是缩短施工 C 的施工区段，改为 C 站至 G 站上下行。

（3）施工 D 的施工时间超过了全线规定的施工时间段，而且施工 D 的列车是回车库甲，所以不得超过施工时间，可定为 0:10—4:00。

（4）施工 B 的施工时间区段安排不合理，开始过早，结束过晚，因为运营调度必须在 B 施工没有开始前安排施工 D 列车至施工区段，在 B 施工结束后，安排施工 D 列车回车库，还涉及停送电，故施工 B 时间段应该缩短为 0:20—3:30。

步骤 2　施工前安排次序

（1）运营调度安排施工 D 列车运行至施工区段，一般为 Q 站上行。

（2）运营调度安排施工 C 列车运行至施工区段，一般为 D 站上行。

（3）动车到位后，组织施工登记。

（4）停电施工 B，必须带停电完毕后，方可同意登记，并提醒施工方挂接地线及验电。

步骤 3　施工结束后安排次序

（1）施工 D 注销后，必须确认施工 B 的施工注销且送电完毕。

（2）施工 B 施工注销后，要提醒施工方拆除接地线，并及时送电。

注意事项

从运营角度，组织夜间施工时，首先要注意掌握以下几项安全原则：

1. 人工施工与动车施工的安全距离至少为一站一区间。

2. 动车施工与动车施工的安全距离至少为两站一区间或一站两区间。

3. 需触网供电的动车施工与接触网停电施工在同一线路同时作业时，动车作业所在的供电区段与接触网停电区段的安全防护距离至少为一个供电区段。

4. 所有施工不得超出施工范围，施工范围不得超出停电范围。

3.5　调度命令

知识要求

3.5.1　调度命令的分析

调度命令是运营调度在调度指挥工作中对行车人员发出的，要求其执行某项行车作业的指令。

1. 调度命令的分类

调度命令按照内容分为行车指令、施工命令和抢修命令。其中，行车指令按命令形式分为书面命令和口头命令。

书面命令包括发布日期、发布时间、命令号码、受令处所、命令内容、受令人、复诵人和发令人共八个要素。

2. 调度命令发布的注意事项

(1) 调度命令应由当班运营调度员发布。

(2) 调度命令内容应一事一令，由运营调度员先拟后发。

(3) 严禁使用无录音的行车电话下达调度命令。

(4) 调度命令应具备命令号。

(5) 调度命令的站名、人名、处所应使用全称或全名。

(6) 调度命令的发令日期、发令时间应填写实际发令时间。

(7) 调度命令发布后命令内容需变更时，应取消该调度命令并重新发布调度命令。

3.5.2 行车方式的辨别

非运营时段的涉及动车运行的作业或者施工，调度员必须发布调度命令，调令内容必须明确该车的行车方式，主要有封锁、封闭、电话闭塞法、自动闭塞法行车等。

1. 封锁

(1) 定义。封锁指的是列车在某个区段两侧线路进行行车作业，作业过程中道岔位置将进行转换。

(2) 执行要求

1) 在封锁命令发布之前，需进入封锁区段的车辆已进入该封锁区段。

2) 封锁应由当班运营调度发布书面命令。

3) 封锁命令发布之后，其他任何人员或车辆不得进入该封锁区段。

4) 封锁的解除应由当班运营调度发布书面命令。

5) 司机在运行途中应对道岔防护信号显示及道岔位置进行确认，如发现危及行车安全的情况应立即停车并与车站确认。

6) 列车运行由施工或调试方指挥，安全由施工或调试方负责。

2. 封闭

（1）定义。封闭是指列车在某个区段单侧线路进行行车作业，作业过程中道岔位置保持原有位置不变。

（2）执行要求

1）在封闭命令发布之前，运营调度和车站行车人员必须确认作业区段内道岔均已锁闭在正确位置，封闭过程中不得转换。

2）在封闭命令发布之前，需进入封闭区段的车辆已进入该封闭区段。

3）封闭必须由当班运营调度发布书面命令。

4）封闭命令发布之后，其他任何人员或车辆不得进入该封闭区段。

5）封闭的解除必须由运营调度发布书面命令。

6）列车运行由施工或调试方指挥，安全由施工或调试方负责。

3. 电话闭塞

（1）定义。电话闭塞法为城市轨道交通代用行车闭塞方式，是相邻两站（场、段）通过电话联系形式确认区间空闲，并以发出电话记录号码的方式办理闭塞的一种行车组织方法。

（2）执行要求

1）电话闭塞法应由运营调度发布书面命令后方可启用。

2）列车的行车凭证是路票，凭路票到达下一车站，凭车站行车人员的发车手信号动车，凭车站行车人员的停车手信号停车。

3）列车发车时与前车间隔应满足“两站两区间空闲”。

4. 自动闭塞

（1）定义。自动闭塞法行车指的是自动闭塞设备运行正常，列车以具有 ATP 信号保护的方式运行。

（2）执行要求

1）车载信号设备运行正常时，列车的行车凭证为列车收到的允许速度码及信号机的允许信号，列车司机根据信号机的显示及列车收到的速度码运行。

2）车载信号设备运行不正常时，列车的行车凭证为信号机的允许信号，列车司机根据信号机的显示运行。

3）列车自动防护系统（ATP）自动控制列车之间的安全运行间隔。

5. 站内调车

（1）定义。站内调车指的是在车站站界以内调车，不进入区间，不需要向邻站办理闭塞。

（2）执行要求

1）站内调车主要出现在站后折返站。

2）站内调车必须取得调度命令。

6. 越出站界调车

（1）定义。越出站界调车指的是超出站界进行调车，列车的任何一部分进入了区间，必须向邻站办理闭塞。

（2）执行要求

1）站前折返站列车由一侧站台调至另一侧站台时，必定是越出站界调车。

2）越出站界调车必须取得调度命令。

3）越出站界调车必须与邻站办理电话闭塞。

3.6 手信号

知识要求

3.6.1 手信号的定义及适用范围

1. 手信号的定义

地铁手信号是行车人员通过直接采用信号旗或信号灯的方式下达指示列车行车的各种命令。

2. 手信号的适用范围

（1）电话闭塞法行车。

（2）列车站间运行时，站控状态下，道岔防护信号机无法开放。

（3）列车调车作业时，站控状态下，道岔防护信号机无法开放或调车信号机无法开放。

（4）发生危及行车安全情况时。

3.6.2 手信号的分类

1. 发车手信号

（1）显示含义。指示列车发车，进入区间。

（2）显示时机。确认发车条件具备。

（3）显示地点。站台发车端列车驾驶室侧窗旁安全位置。

（4）显示方式，如图 3—48 所示。右手持绿色信号灯/展开的绿色信号旗面对司机做顺时针圆形转动。

图 3—48　发车手信号

（5）收回时机。列车起动。

2．停车手信号

（1）显示含义。指示列车在该停车信号前方停车。

（2）显示时机。看见列车头部灯光。

（3）显示地点。来车方向站台发车端端头。

（4）显示方式，如图 3—49 所示。面向来车方向，手（轨道侧）持红色信号灯/展开的红色信号旗平举。

图 3—49　停车手信号

(5) 收回时机。列车至规定停车位置停稳。

3. 调车手信号

(1) 显示含义。表示调车进路（含防护进路）准备妥当，道岔已至规定位置并锁闭，准许列车运行至调车作业终点停车位置。

(2) 显示时机。确认全进路办理完毕，动车条件具备。

(3) 显示地点。调车进路首架信号机处安全位置。

(4) 显示方式，如图3—50所示。面向来车方向，右手持黄（白）色信号灯/展开的黄色信号旗高举头上左右摇动。

图3—50 调车手信号

(5) 收回时机。列车头部越过显示地点。

4. 紧急停车手信号

(1) 显示含义。紧急情况下指示列车或车辆立即停车，要求司机立即采取停车措施。

(2) 显示时机。发现危及行车安全的紧急情况时。

(3) 显示地点。危及行车安全事发点处迎来车方向安全位置。

(4) 显示方式，如图3—51所示。手持红色信号灯/展开的红色信号旗高举头顶左右急剧摇动；无信号灯/旗时两臂高举头顶左右交叉急剧摇动。

(5) 收回时机。列车停稳。

3.6.3 手信号显示规定

地面车站、高架车站及停车场手信号显示原则上昼间使用信号旗，夜间使用信号灯，行车人员可根据当日天气情况选择使用信号灯或信号旗。

图 3—51　紧急停车手信号

所有地下车站一律按夜间办理，统一使用信号灯。

手信号作为指示列车运行的命令，具有严肃性，行车人员必须熟知手信号的作业标准，显示信号时必须确保动作规范、显示准确和显示时机正确及时。

凡昼间持有手信号旗的行车人员，在未显示手信号时，应将信号旗拢起，双手自然下垂，放于身体两侧，左手持红旗，右手持绿/黄旗。

行车人员需确保手信号显示时机满足后，方可显示手信号。

行车人员需确保手信号收回时机满足后，方可收回手信号。

调车手信号行车时，列车限速 20 km/h，如设备限速低于 20 km/h，按设备限速执行。

理论知识复习题

一、判断题（将判断结果填入括号中。正确的填“√”，错误的填“×”）

1. 手摇道岔作业人员至岔区后仅需对异物情况进行检查确认。（　　）
2. 手摇道岔作业应遵循“一检查、二手摇、三确认”的作业流程。（　　）
3. 车站值班员安全手摇道岔作业人员进行手摇道岔作业时，标准用语为“将 X 号道岔手摇至 X 位”。（　　）
4. 车站值班员安排手摇道岔作业人员进行手摇道岔作业时，标准用语为“将 X 号道岔手摇至 X 位，并加钩锁器”。（　　）
5. 未手摇的道岔加钩锁器时，遮断器可不打开。（　　）
6. 在遥控状态下，如果中央通信中断，此时中央故障表示灯点亮红灯。（　　）

7. 中心故障亮红灯后，只要转动非常站控钥匙，中心故障立即灭灯，故障排除。 （ ）

8. 遥控状态下，当中心故障灯点亮，电铃不会鸣响。 （ ）

9. 行车值班员需强行站控时，只要按压非常站控按钮，设备立即变为站控状态。 （ ）

10. 当行车值班员发现有乘客跳下站台时，应向行车调度员汇报后，再等待行车调度员转换控制权。 （ ）

11. 发车站请求闭塞用语：××站上［下］行××次列车请求（预办）闭塞。 （ ）

12. 接车站在确认接车线路空闲后即可同意闭塞。 （ ）

13. 折返站的闭塞解除条件为列车整列到达并进入折返线。 （ ）

14. 因故不能接车或发车时，由承认闭塞方发出的电话记录号码作为取消闭塞的依据。 （ ）

15. 任何两个车站不能使用相同的电话记录号码。 （ ）

16. 车站站台边缘的施工属于不影响行车的施工。 （ ）

17. 不影响行车的施工也需要登记。 （ ）

18. 延时施工登记，无须向行车调度员另行申请命令号。 （ ）

19. 施工结束后，在正常情况下，施工负责人在确认施工注销令号填写完毕，且经值班员允许后方可离开。 （ ）

20. 行车调度员同意延时施工后，施工方即可无限时进行施工作业。 （ ）

21. 列车运行方向是调度命令的要素之一。 （ ）

22. 调度命令可以多事一令，先拟后发。 （ ）

23. 调度命令是指在规定进行某些行车作业时，向行车值班员、列车司机发布的一种命令。 （ ）

24. 封闭时，道岔不可以转换。 （ ）

25. 封闭时，道岔可以转换。 （ ）

26. 显示停车手信号，待列车头部越过显示地点后方可收回。 （ ）

27. 显示发车手信号，必须在确认列车启动后方可收回。 （ ）

28. 调车手信号显示方法：灯信号为黄色灯光高举头上左右摇动。 （ ）

29. 紧急停车手信号显示方法：无信号灯/旗时为两臂高举头上左右交叉急剧摇动。 （ ）

30. 所有地下车站一律按夜间办理，统一使用信号灯。（　　）

二、单项选择题（选择一个正确的答案，将相应的字母填入题内的括号中）

1. 手摇道岔过程中发现道岔无法手摇到位时，手摇道岔人员应该将道岔（　　）。

A. 转换至原有位置　　B. 在既有位置安装钩锁器

C. 继续手摇　　D. 均不是

2. 液压道岔无法手摇到位，（　　）使用手扳轴将道岔扳动至所需位置。

A. 车站道岔操作人员　　B. 通号人员

C. 列车驾驶员　　D. 均不是

3. 手摇道岔作业人员至现场进行道岔检查时，需对道岔（　　）种不正常情况进行检查。

A. 4　　B. 5　　C. 6　　D. 10

4. 除三开道岔以外的道岔安装钩锁器时，应尽量安装于尖轨与基本轨密贴侧第（　　）块滑床板之间位置。

A. 一、二　　B. 二、三　　C. 三、四　　D. 四、五

5. 道岔作业人员在得到车站值班员的指令进行手摇作业流程中，首先要（　　）。

A. 用套筒锁钥匙打开套筒锁　　B. 打开遮断器

C. 将手摇柄插入转辙机/液压站　　D. 转动手摇柄

6. 当中心故障时，行车值班员应转动（　　）钥匙，使电铃停止鸣响。

A. 总取消　　B. 1 分钟人工解锁　　C. 区段解锁　　D. 非常站控

7. 当中心故障排除后，非常站控钥匙复位后，站控黄灯稳定，遥控白灯（　　）。

A. 灭灯　　B. 闪烁　　C. 稳定　　D. 均不是

8. 非常站控灯显示（　　）。

A. 红色　　B. 白色　　C. 黄色　　D. 均不是

9. 当（　　）时，行车值班员可以采用非常站控方式强行站控。

A. 中央无法排列进路　　B. 危及人身安全

C. 控制面板停电　　D. 出现红光带

10. 当岛式站台上的一侧紧急关闭按钮被按下后，另一侧站台的进站列车将（　　）。

A. 紧急迫停　　B. 正常进站　　C. 跳停　　D. 均不是

11. 发车站在接车站同意闭塞和（　　）后，方可填发路票。

A. 准备好发车进路　　B. 填写完生产日志

C. 车调联控　　　　　　　　　D. 均不是

12. 发车站办理发车进路后，向司机递交（　　），显示发车手信号发车。

A. 路票　　　B. 调度命令　　　C. 红色许可证　　　D. 黄色许可证

13. 接车站同意闭塞的条件是（　　）。

A. 接车线路空闲　　　B. 两站两区间空闲　C. 均可　　　D. 均不行

14. 折返站的闭塞解除条件不包括（　　）。

A. 列车整列到达并进入折返线　　　B. 后续接车进路准备好

C. 信号机必须开放　　　D. 夜间施工列车到达电话闭塞终点站

15. 在已办理列车闭塞后，因故不能发车，应立即发出停车手信号进行防护并报行车调度，列车退回发车站后，由（　　）出的电话记录号码作为取消闭塞的依据。

A. 接车站　　　B. 发车站　　　C. 折返站　　　D. 中间站

16. A，B 两站，施工方在 A 站进行施工登记，须在 B 站进行注销。施工结束后，A 站值班员应根据（　　）电话通知内容进行注销。

A. 施工负责人　　　B. B 站值班员　　　C. 行车调度员　　　D. 生产调度

17. 车站动火施工时，动火证的有效性应由（　　）确认。

A. 车站值班员　　　B. 值班站长　　　C. 行车调度员　　　D. 区域站长

18. 主登记站施工负责人登记时，必须将（　　）通知主登记站值班员。

A. 其余作业点位置　　　B. 其余作业点人数

C. 其余作业点负责人　　　D. 均需

19. 运营时间内抢修行车设备时，作业负责人应设人员（　　）。

A. 监督　　　B. 防护　　　C. 休息　　　D. 沟通

20. 运营时间内抢修行车设备时，作业负责人在规定时刻终了前恢复正常行车条件，办理（　　）手续。

A. 注销　　　B. 登记　　　C. 抢修　　　D. 申请

21. 调度命令的要素不包括（　　）。

A. 时间　　　B. 受令处所　　　C. 电话记录号码　　　D. 调令内容

22. 行车方式不包括（　　）。

A. 封闭　　　B. 封锁　　　C. 电话闭塞　　　D. 半自动闭塞

23. 调度命令按格式分包括（　　）。

A. 命令　　　B. 口头命令

C. 书面命令、口头命令　　　D. 口头通知

24. 封锁调令中，变更进路两次，施工负责人与车站值班员签认（　　）次。

A. 0　　B. 1　　C. 2　　D. 3

25. 封锁调令中，车站变更进路，列车必须（　　）。

A. 低速　　B. 高速　　C. 停车　　D. 以上均可以

26. 显示停车手信号，待（　　）方可收回。

A. 看见列车头部灯光时　　B. 在确认列车起动后

C. 列车头部越过显示地点后　　D. 列车停稳后

27. 显示发车手信号，待（　　）方可收回。

A. 看见列车头部灯光时　　B. 在确认列车起动后

C. 列车头部越过显示地点后　　D. 列车停稳后

28. 调车手信号显示方法，旗信号为（　　）。

A. 拢起的黄色旗高举头上左右摇动　　B. 展开的黄色旗高举头上左右摇动

C. 展开的黄色旗　　D. 黄色旗下压数次

29. 紧急停车手信号显示方法，旗信号为（　　）。

A. 拢起的黄色旗高举头上左右摇动　　B. 展开的红色旗高举头上左右急剧摇动

C. 展开的黄色旗高举头上摇动　　D. 黄色旗下压数次

30. 调车手信号行车时，列车限速最高为（　　）km/h。

A. 10　　B. 20　　C. 30　　D. 45

理论知识复习题答案

一、判断题

1. ×	2. √	3. ×	4. √	5. ×	6. √	7. ×	8. ×
9. ×	10. ×	11. √	12. ×	13. ×	14. ×	15. ×	16. ×
17. √	18. √	19. √	20. ×	21. ×	22. ×	23. √	24. √
25. ×	26. ×	27. √	28. √	29. √	30. √		

二、单项选择题

1. A	2. A	3. C	4. A	5. A	6. D	7. B	8. A
9. B	10. B	11. A	12. A	13. B	14. C	15. B	16. B
17. A	18. D	19. B	20. A	21. C	22. D	23. C	24. C
25. C	26. D	27. B	28. B	29. B	30. B		

操作技能复习题

【道岔故障处置及分析】

中间站道岔失去表示的处置（试题代码：1. 3. 1；考核时间：10 min）

1. 试题单

（1）操作条件

中间有岔站B站4号道岔失表情况下车站如何到现场进行手摇作业，具体见附件1。

（2）操作内容

1）道岔失去表示后，作为车站值班员必须要完成的作业。

2）中间站道岔失表后的处理与折返站最大的区别点。

3）手摇道岔注意事项。

4）中间站道岔失去表示后，对列车运营有何影响。

5）中间站道岔失去表示后，车调联控用语是什么。

（3）操作要求

1）严格按照实际操作步骤进行。

2）操作中遵守相关操作注意事项。

附件1：

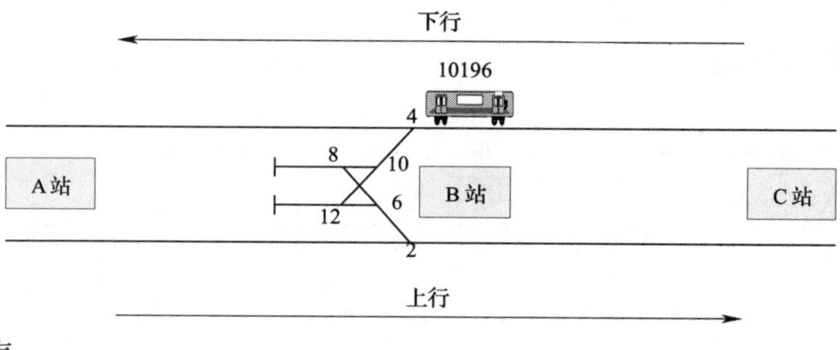

2. 评分表

见操作技能考核模拟试卷。

【ATC面板操作】

道岔区段红光带的行车组织（试题代码：1. 2. 3；考核时间：15 min）

1. 试题单

（1）操作条件

1）在 ATC 面板（6502 仿真软件）上进行操作。

2）ATC 面板处于日常运营状态，其中红光带为列车。

3）ATC 面板的其他操作或者相邻集中站的操作由考评员配合。

（2）操作内容

1）运营开始后，上海南站出库列车到达上海南站上行站台后，上海南站 C12 反位红光带，此时上行正线锦江乐园上行列车已经关门动车。

2）请学员按照考评员要求在 6502 仿真软件上进行操作，让后续锦江乐园上行发出列车凭信号进上海南站上行站台，并对后续列车尤其是后续出库列车进行优化组织。

（3）操作要求

1）严格按照实际操作步骤进行。

2）操作中要注意各种面板现象。

3）操作中遵守相关操作注意事项。

2. 评分表

见操作技能考核模拟试卷。

【施工管理】

全线施工安排（试题代码：1.4.1；考核时间：15 min）

1. 试题单

（1）操作条件

1）施工时间：0:10—3:30

2）线路平面示意图

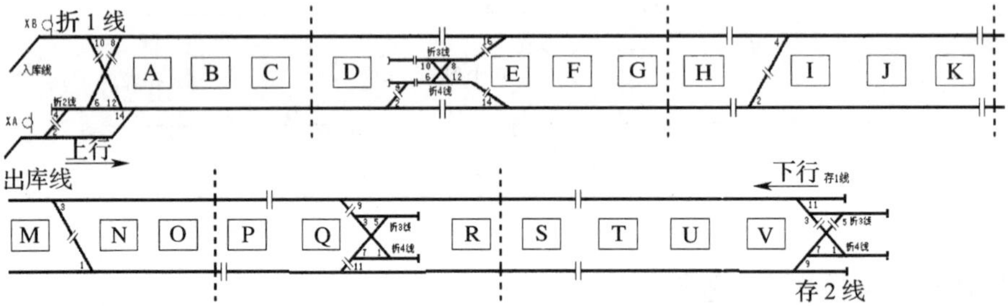

3）施工内容及时间

①运营公司的委外单位在 P 站至 V 站进行上下行区间消防设备巡检，计划时间为 0:10—3:00。

②清洁公司在A站至E站进行上下行屏蔽门清扫作业，涉及接触网停电作业，计划时间为0:10—3:00。

③维保工务在H站至O站进行上下行钢轨涂油作业，计划时间为0:10—3:00。

④维保通号在A站、E站和V站进行道岔设备检修，计划时间为0:10—2:00。

⑤因前日运营期间触网设备出现重大故障，维保供电申请临时施工，计划出动轨道车在I站至O站进行上下行触网设备检修，涉及接触网停电作业，计划时间为0:10—3:00。

（2）操作内容

1）请根据以上施工要求，妥善安排全线施工，并对施工进行具体的变更从而使施工安排更合理。

2）掌握车与车的安全防护距离。

3）掌握车与停电区段的安全防护距离。

4）掌握车与人的安全防护距离。

5）掌握因抢修施工，导致施工变更的规定。

（3）操作要求

1）掌握施工安排的有关规定。

2）掌握施工车辆开行的有关规定。

2. 评分表

见操作技能考核模拟试卷。

第 4 章

停车场行车组织

学习目标

- ✔ 掌握停车场的组成
- ✔ 掌握停车场的特殊设备
- ✔ 掌握停车场的行车架构
- ✔ 掌握停车场行车组织流程
- ✔ 掌握停车场列车收车的流程

4.1 停车场概述

我国城市轨道交通一般将检修车辆段简称为车辆段，将运用停车场简称为停车场。停车场配备停放车辆的股道和一般车辆维修整备设备，一般为停车列检线或周月检线，能完成车辆的运用管理、清洁整备、列车安全检查和月检等日常维修保养工作。车辆段除了具备停车场的功能以外，还能完成车辆定修及以上的修程，一般会建有检修库和大修库。本章节表述的为车场内的行车组织工作，故将执行行车组织工作的车辆段和停车场统称为停车场。

停车场主要承担电动列车、工程施工机车和车辆的存放、检修、整备、调试任务，办理正线运营列车出入场作业，施工作业车辆的施工准备和出入场作业，以及完成场内各类调车作业和试车作业。

知识要求

4.1.1 停车场的组成

停车场总体上分三个部分：咽喉部分、线路部分和车库部分，如图 4—1 所示。

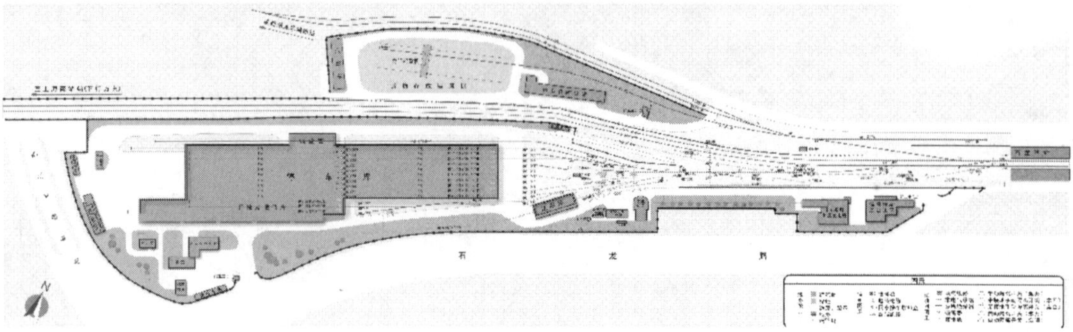

图 4—1　停车场

1. 咽喉部分

咽喉部分是停车场的停车库与正线连接地段，由出入段线和道岔组成。咽喉部分在规划设计中既要保证行车安全，满足输送、接受能力的需要，又要保证必要的平行作业，还要努力缩短咽喉区的长度，尽量节省用地。

2. 线路部分

停车场的线路应包括出入段线、停车线、列检线、检修线、洗车线、牵出线、试车线、静调线、救援线和联络线等。线路的配置应满足各种生产功能的要求，避免列车或车辆在场内的迂回走行或相互干扰。出于各种原因，有些小型停车场没有设置试车线、牵出线。

3. 车库部分

车库部分包括停车库、工程车库和检修库。停车库用于电客列车停放及日常检修保养。工程车库用于工程车辆停放及检查。检修库用于车辆维修。

车库的规模既与保有的列车数有关，也与车辆检修制度及检修修程有关。

4.1.2　停车场行车设备

1. 停车场线路

（1）出入场线。连接正线与停车场的线路供列车出入场使用，有效长度至少保证一列车的停放。尽端式停车场采用双线，贯通式停车场可在两端各设置一条线。出入场线与正线的接轨有平交和立交两种方式。

（2）停车线。用于停放列车的线路。为减少占地和道岔数量，一般每条线按停放两列车设计，称为二列位停车线（列位是一种换长单位，以定编电动车组的长度为一换长，一换长称为一列位）。为能进行列检作业，部分停车线设有检修坑道。

（3）试车线。用作列车调试、项目试验的线路，有效长度应保证列车最高时速和全制动的需求。试车线一般设在段内靠近检修库一侧，一般为平直线路。

（4）洗车线。用于车辆清洗作业的线路，一般安装自动洗车机，列车以低于5 km/h的速度通过洗车设备，完成车体清洗作业。目前，较高级洗车设备有喷淋、去污、上蜡、吹干等功能，节省了人力。

（5）检修线。用于各种不同修程的车辆定期检修的线路。检修线在车辆段里还可分为架定修线、临修线、静调线、解钩线、镟轮线、喷漆线和吹扫线等。其中，定修线、静调线等线路设有接触网和1.4～1.6 m深的检修坑道，中间设维修平台。根据需求配有架车机、悬挂式起重机、转向架转向盘等设备。

（6）牵出线。用于停车场内调车作业的线路，根据车库的位置，牵出线通常设置1～2条。

（7）联络线。轨道交通线路之间为调动列车等作业方便而设置的连接线路，一般指与铁路接轨的线路，用于车辆、设备等的调运。

2. 轨道和道岔

（1）轨道。停车场内除出入场线轨道采用60 kg/m重型钢轨外，其他轨道基本采用50 kg/m重型钢轨，每根钢轨标长为25 m。库外地面线路使用碎石道床，钢筋混凝土轨枕，岔区铺枕木。库内使用整体道床。

（2）道岔。停车场内道岔一般采用7号道岔，在试车线一般采用9号道岔。7号道岔侧向通过速度为25 km/h。常用的道岔有普通单开道岔、交叉渡线道岔、复式交分道岔。

3. 停车场联锁

（1）联锁设备。停车场一般采用VPI微机联锁（集中联锁）设备，部分停车场采用6502型电气集中设备。

VPI微机联锁设备的室内设备有VPI控制台（见图4—2）、VPI应急盘（见图4—3）、VPI联锁机、信号采样机、电源屏、室内继电器架和VPI设备维护机，室外设备有联锁道岔、轨道电路、信号机。

VPI控制台设有两套MMI人机界面设备，采用主备机模式。主机设备故障时备机自动转为主机，也可以人工干预转换。VPI联锁微机有两台，分别为VPI联锁机A机与B机，采用双机热备工作方式。一台联锁机故障时可自动转为另一台联锁机控制，也可以人工干预转换。

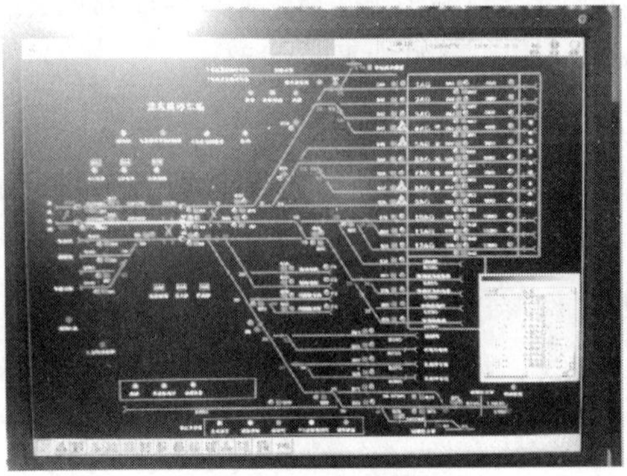

图 4—2　VPI 控制台

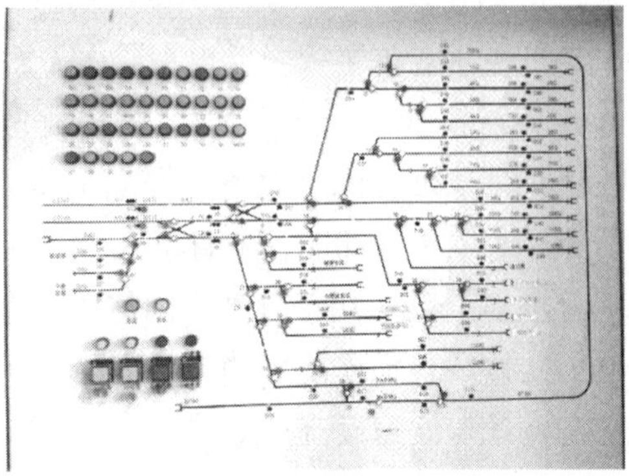

图 4—3　VPI 应急盘

VPI 微机联锁备有 VPI 应急盘，以备 VPI 微机联锁设备故障时使用。在 VPI 应急盘操纵方式下 VPI 应急盘可操纵现场道岔（区段锁闭的道岔不能操纵）。

（2）联锁范围及关系。停车场内除洗车线等部分线路外，其他线路都纳入集中联锁。进路上的顺向调车信号机由远至近依次开放，当车辆依次进入进站信号机或顺向的调车信号机内方时，有关信号机立即关闭。

在停车场内无联锁区，库内运转值班室和相应无联锁区控制室内分设同意按钮盘。无论该线是否空闲，向该线办理进路时，必须取得库内运转值班员同意后（按下同意按钮后），有关信号机才能开放。

4.1.3　停车场管理

按照停车场接发车、调车（试车）、施工、车辆检修、设备管理等作业管辖主体不同，停车场管理一般可分为分散控制和集中控制两种模式。

分散控制是由不同业务主管单位或部门根据停车场职责范围、作业性质等条件进行自我管理，并设计一定的程序对有接口的工作任务进行统一规范的管理模式。目前，大多数城市的轨道交通停车场管理都采用这种模式。

集中控制即 DCC（Depot Control Centre）管理模式，是由不同业务主管单位或部门联合组成车场控制中心，对停车场各项生产作业任务进行综合管理。与线路 OCC 统一管理正线相对应，停车场由 DCC 统一进行管理，两者相辅相成，构成线路运营指挥体系。

与分散控制相比，信号楼职能不变，只是在原有运转值班室功能的基础上，进一步整合车辆检修、车场安全防控、列车上线联控等工作。DCC 管理模式具有集中性强、生产效率高、信息流转快等特点。现已有城市轨道交通在试点采用这种模式。

4.2 停车场列车运转流程

列车运转流程是指每日列车运用过程，包括列车出车、正线运营、列车回库收车、列车场内检修及整备四个环节，如图4—4所示。除了列车上线运营不在停车场内进行外，其他工作都在停车场内进行。

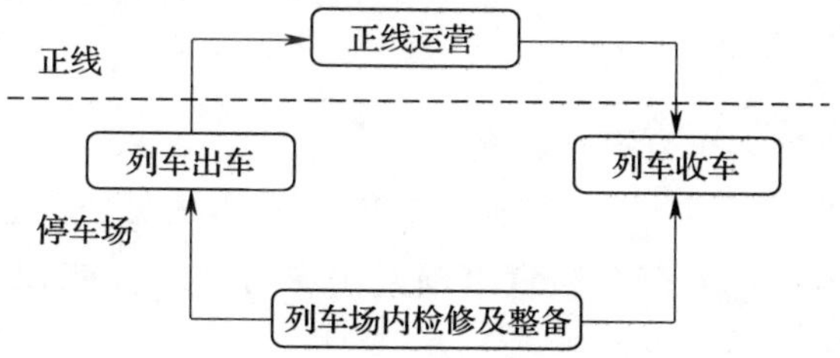

图4—4 列车运转流程图

知识要求

4.2.1 列车出车

列车发车工作流程分为制订发车计划、出乘作业及发车作业三部分。制订发车计划可分为检修交车、确认可用车数与编制、下达发车计划三个环节。出乘作业可细分为司机出勤、出车检查、列车出库三个环节。

1. 列车发车计划制订

（1）列车发车计划由运转值班员根据列车运行图、车辆运营检修用车安排，结合车场线路存车情况合理编制，内容包括执行运行图编号、列车车次、待发股道、运用车编号等。编制时必须考虑降低交叉发车作业的难度及保证各车的出车顺序无误，不堵车。

（2）列车发车计划编制完成后运转值班员应在运转台账内填写有关内容，并向信号楼值班员传达列车发车计划，信号楼值班员记录。

（3）信号楼值班员在接到运转下达的“列车发车计划”后应立即验证“列车发车计划”的可行性，发现问题及时汇报运转值班员更正，验证通过后根据“列车发车计划”编制“备用发车计划”。

（4）检修交车后运转值班员应立即与列车运营检修用车安排进行核对，发现数据有出入时，立即调整“列车发车计划”并及时将变更后的“列车发车计划”传达给信号楼值班员执行。确认后还应将计划中列车车次、车号、有无备车、备车车号等内容上报给行车调度员。

2. 出乘作业

（1）司机出勤。电客司机按列车运行图所规定的出库时间，提前半小时至运转值班室与运转值班员办理出勤手续。

司机在办理出勤手续时，按照“一看、二询问、三指示、四发放”的派班制度执行。

一看：看司机是否按规定着装并佩戴工号牌。

二询问：询问司机工作前 8 小时内是否饮酒、身体状况是否适合列车驾驶工作等。

三指示：向司机传达有关行车注意事项及出车股道，提醒司机仔细查看行车告示牌上的行车命令指示和安全注意事项。

四发放：向司机发放电客钥匙、《司机报单》《列车故障单》及其他备品。

（2）出车检查。出勤手续办妥后，司机对电客列车做一次出车前检查。检查完毕合格后报告“××次列车×股道准备完毕，司机×××”后等待发车。

如检车时发现电客车辆故障不能担负列车任务时，应及时通报运转值班员并按其指示执行。运转值班员应立即通知检修部门检修故障列车，及时调整司机出乘车辆及列车出车次序并向信号楼值班员传达变更出车计划。

（3）列车出库。司机凭出库信号显示出库，动车前应确认库门开放正常、平交道安全后通过。

（4）列车发车作业。列车经由停车库发出后，按照规定速度运行至出入场线转换轨处必须一度停车。

司机进行投入正线运行的准备工作，如建立驾驶模式，转换车载无线模式、弓靴转换等。

确认发车条件具备后驶入正线投入运营。

4.2.2 列车正线运行

从车辆运用角度，列车正线运行主要涉及列车运行交路、列车驾驶作业和司机正线交接班等。

1. 列车运行交路

列车正线运行的循环交路以及列车在两端折返站的到、发时刻和出入段时间、顺序由车辆周转图规定。

2. 列车驾驶作业

列车司机在值乘中应集中注意力，严禁违章行车。在发现异常、紧急情况时，司机应根据有关规章、应急预案，及时采取措施排除故障或险情，确保行车安全与乘客安全。

3. 司机正线交接班

司机在正线交接班时，接班司机应按规定提前到指定地点出勤，交班司机应将列车技术状态、有关行车命令与注意事项交代清楚，并填写在司机报单上。如接班司机因故未能按时接班，交班司机应坚守岗位并报告行车调度员。

4.2.3 列车收车

列车收车工作流程分为接车及回库作业。回库作业可细分为列车入库、回库检查及收车、司机退勤。

1. 编制列车回库计划

运转值班员根据列车运行图、检修部门检修计划安排、停车场线路情况合理编制列车回库计划。

回库计划内容应包含执行运行图编号、列车车次、列车车号、停放股道等。

编制回库计划时除考虑接车效率、作业难度外还应遵循的主要原则是尽量减少回库后列车的调车作业量。

2. 接车作业及入库作业

列车司机经由正线回库时，必须在进场信号机前方一度停车。

司机进行回库各项准备工作，如转换驾驶模式、切换车载无线模式等。

列车确认进场信号机开放后，必须与信号楼值班员确认车次、车号以及停放股道后方可动车回库。

列车司机按照场内运行速度规定在车库库门前停车，由安检人员对列车进行检查确认后方可驶入车库。

3. 列车司机回库及退勤

列车进入车库停稳后，司机应做回库检查并按《电动列车司机作业标准》有关内容收车。

确认回库列车无异常后司机携带列车钥匙、司机报单及列车故障单至运转值班室向运转值班员办理退勤手续。

司机在办理退勤手续时应将列车钥匙、司机报单及列车故障单交由运转值班员整理、保管。遇列车技术状态不良、故障和上线运营时发生行车事故等情况时，司机应向运转值班员报告并应在有关报表中详细记录，运转值班员应对当日列车故障情况与安全记录进行统计并上报有关部门处理。

司机退勤工作结束后应至司机公寓向司机组长汇报工作、总结一班工作情况并听取次日行车工作计划与安全注意事项。

4. 列车回库后信息流转

列车回库后技术统计工作由运转值班员负责。

所有列车回库、司机退勤后运转值班员及时收集整理列车故障信息，并将故障信息及时通报车辆维修部门。

运转值班员还要根据报单中有关影响安全生产的记录进行统计和记录，并及时传递至相关部门。

在发生列车晚点、大间隔、掉线、清客、救援及发生行车事故时组织当事人及有关人员填写《车辆事故（事件）情况报告》，并及时上报相关部门。

4.2.4 列车检修与整备

1. 列车清洗工作

电客列车清洗工作由运转值班室指派专人负责，洗车负责人根据电客列车清洗需要制订列车清洗计划，列车清洗计划制订完成后由运转值班员及时下达给信号楼值班员、司机、调车员及其他相关人员执行。

列车清洗工作包括客室内部清洁、清扫，车身清洗/机洗作业。

列车清扫及车身人工清洗作业在清扫线进行。清洗工作如需断电进行，由负责清洗工作单位负责至运转值班室办理接触网断电手续。断电后的防护工作由负责清洗工作单位指派专人负责。

列车机洗作业时，由运转值班员及时派出当值司机调车，司机动车时应确认地面调车信号机的进行信号，清洗时按相应设备操作办法执行。

2. 列车检修工作

（1）列车检修工作一般规定。列车回库停稳并按规定收车后，如无调动、机洗及其他任务，运转值班员应及时与日检车间检修负责人办理车辆交接手续。

未办理车辆交接手续的电客车辆，未经运转值班员同意检修部门不得擅自进行检修作业。

正在进行检修作业的电客车辆，未经检修负责人同意运转值班员不得擅自调动使用。

正在进行检修作业的电客车辆，应在司控器上挂上“禁动”牌，防止司机擅自动车。

电客车辆检修完毕后，检修负责人应及时与运转值班员办理车辆交接手续，将电客车辆移交给车辆运转部使用。

（2）司机配合检修部门调试车辆规定。司机配合检修部门调试车辆时，行车安全防护工作应由检修负责，检修负责人在指示车辆动车前应先确认无关工作人员已撤离、止轮器已撤除、股道上无障碍物、股道接触网已送电。

司机配合检修部门调试车辆时，行车安全由司机负责并严格按信号动车，遇有危险及时停车。

司机配合检修部门调试车辆时，检修负责人应指派检修联系人进入驾驶室内与司机保持联系。司机严格按照检修联系人的指示操作电客车辆，但检修联系人的指示违反安全规定及危及行车安全时司机应拒绝执行。

（3）车辆交接与验收。运转值班室接到车辆检修部门移交的车辆后应指派专人对车辆技术状态进行检查，确认车辆状态符合运营要求后方能接受投入正线使用。

如车辆技术状态不符合运营要求，运转值班员要交付车辆维修部门，进行维修。

4.3 停车场行车作业

知识要求

4.3.1 接发列车作业

停车场接发列车工作由信号楼值班员负责，统一组织和指挥段内接发车工作，有关行车人员都必须接受指挥。

1. 接发列车的一般规定

（1）停止影响接发列车的调车工作、准备进路和开放进出场信号的时机

1）接车。不迟于列车到达前 10 min 停止调车，不迟于列车到达前 5 min 开放信号。

2）发车。不迟于列车出发前 10 min 停止调车，不迟于列车发车前 2 min 开放。

（2）确认接车线路空闲的方法

1）信号楼值班员、信号员通过控制台股道表示光带的显示确认。

2）控制台发生故障不能确认时，信号楼值班员必须将故障情况汇报运转值班员、通号值班人员，安排信号员和通号有关人员现场确认。

（3）列车进路准备妥当的方法

信号楼值班员通过控制台股道光带表示显示进行确认，当显示屏或股道光带进路显示故障不能确认时，应通过控制台道岔定反位显示进行确认。如道岔定反位不能确认时，由信号员到现场确认并汇报进路上有关道岔开通的定反位置。

（4）电动客车进入车库的有关规定

1）电动列车进场闭塞完成后信号楼值班员应及时通知运转值班员，运转值班员确认停车库符合线路入库条件后发出："××次进×道 A（B）场"，信号楼值班员复诵。

2）运转值班员在同意电动客车进库前及时布置有关人员开启大门，接列车进库。

3）电动列车司机应在入库前的平交道处一度停车，并确认入库及周围安全状态良好，按规定进库，进库运行速度不大于 5 km/h。

（5）路票箱的保管和使用"路票"的规定

1）"路票"应保存在路票箱内加锁并由专人负责保管。

2）"路票"的使用规定：

①未办妥闭塞，不准从路票箱内取出"路票"。发车进路未准备妥当，不准填写"路票"。

②信号楼值班员与信号员或与司机交接"路票"时均应执行复唱核对制度。

③对到达"路票"必须确认无误后由运转值班员画"×"注销。

2. 正常情况下的接发车作业办法

（1）列车入场

1）运营车辆入场

①按图定计划入场列车或行车调度下达列车入场的命令，办理进场信号机至库线之间的进路，开放进场信号机。

②入场列车司机凭正线信号机显示的允许回库信号及收到的允许运行速度码驶入入场线。

③入场列车司机凭进场信号机的允许入库信号进入停车场。

④停车场信号楼值班员通过控制台光带显示确认列车整列进入停车场后，向正线车站报到点，填写行车台账。

2）施工车辆入场

①车站行车值班员向停车场信号楼值班员请求闭塞。

②停车场信号楼值班员安排进场进路或进场调车进路，开放进场信号机，确认无误后，同意闭塞，并填写行车台账，并通知运转值班员准备接车。

③入场车辆凭行车路票及车站行车人员发车手信号，驶入停车场。

④运转值班员向司机收回车站列车行车路票，注销并保存。

⑤停车场信号楼值班员通过控制台显示确认列车到达停车场后，信号楼值班员按规定报点，填写行车台账及开通闭塞区间。

（2）列车出场

1）运营列车出场

按图定计划信号楼值班员确定进入正线进路准备妥当，办理车辆出场调车进路。

司机凭停车场的允许出场信号显示及允许进入正线的信号显示后，动车驶入正线。

2）施工车辆出场

①根据行车调度员命令，停车场信号楼值班员与车站行车值班员按电话闭塞法办理闭塞。

②信号楼值班员在得到车站电话记录号后，向运转值班员通报路票的电话记录号，运转值班员向司机交路票。

③信号楼值班员在排列站场至正线的出场调车进路。

④车辆凭停车场出场信号机显示进入正线。

⑤信号楼值班员通过控制台光带显示确认列车起动出场信号机关闭后向车站报点，同时向行车调度员报点，填写行车台账。

3. 非正常情况下的接发车作业办法

（1）引导接车办法

1）当进场信号机发生故障停用时，可开放引导信号接车，遇引导信号故障时，信号楼值班员应命令信号员在进场信号机外方右侧显示引导手信号接车。

2）按手信号办法引导接车时，有关进路上的对向道岔（包括防护道岔）应加锁锁闭。

3）发车进路未准备妥当不准填写路票，接车进路未准备妥当，不准布置信号员接车。

（2）道岔故障或道岔区段故障

1）道岔故障是指在联锁设备的控制台上，道岔表示灯无显示，不能确认道岔的位置（定或反位）。道岔区段故障是指在道岔区段内出现红光带，不能确认道岔区段故障内的发生原因。

2）处置方法

①道岔发生故障影响站场行车时，信号值班员应立即向运转值班员汇报，通知信号工区、工务工区进行抢修。影响正线出车时，立即向行调汇报。

②信号员到现场检查，如道岔无不良病害，清除尖轨与基本轨间异物后，通知值班员单操道岔检测，在挤岔表示灯熄灭，道岔定反位表示灯正常后，可恢复使用。

③单操道岔检测不能恢复，在电气故障条件下改用手摇加钩锁器，并携带手摇工具（手摇柄、钩锁器、锁头、钥匙、对讲机等）到现场使用，按引导方法接车或按电话闭塞法行车。

④道岔修复后值班员试排进路正常后，汇报行调恢复正常使用。

（3）道岔挤岔

1）准备进路时 MMI 挤岔报警，道岔无法转换到位

其处理方式按照道岔故障程序进行处置。

2）车辆过岔因道岔位置不正确，导致挤岔

①在道岔尖轨被挤后，禁止列车司机擅自动车，保持现场。值班员应立即汇报行调及相关部门进行抢修。

②道岔修复后信号、工务人员确认正常，信号楼值班员试排进路正常后，汇报行调恢复正常使用。

（4）进场信号机内第一轨道电路区段故障

1）进场信号机内第一轨道电路区段故障指的是出现红光带，其特征是因延迟接点落下，构不成自闭电路，所以引导按钮不能松开，当松开后，白灯光即熄灭。

2）处置方法

①信号值班员应立即向运转值班员汇报，通知信号工区进行抢修。影响正线出车时，立即向行调汇报。

②单操道岔至正确位置，开放引导接车进路。每隔 30 s 就需要补办一次引导，直到接入列车。

(5) VPI设备主备机故障

1) VPI设备主备机故障而不能使用时，信号楼值班员立即通知信号部门维修，使用应急盘操纵道岔准备进路。

2) 使用应急盘时，信号楼值班员必须随时掌握各线路存车、场内行车设备施工维修、道岔是否良好、车辆调动及其他必须了解的现场情况。

3) 应急盘操纵道岔准备进路时，应先确认该进路上需要操纵的道岔区段内无机车车辆、无影响该进路的施工作业。由远至近逐副操纵道岔至所需位置，进路准备完毕后，按下［引导总锁］按钮锁闭进路，保障进路的安全。在同一时段内只能排列一条锁闭进路。

4) 进路锁闭后，信号楼值班员指示司机动车。指示动车的命令应包括锁闭进路妥当、进路起止位置、沿路信号机状态及可否越过、其他必须说明的状况。

5) 司机动车后，信号员应严格监控列车车辆运行情况，了解车辆运行位置。

6) 车辆出清进路或运行到位并已全列进入相应信号机内方后，信号楼值班员解锁锁闭进路。严禁在列车车辆未进入相应股道或到达指定地点前解锁进路或排列其他进路。

4.3.2 调车作业

1. 调车作业的一般规定

(1) 调车作业必须按调车作业计划及调车信号机显示的进行信号动车。

(2) 调车信号开放后不准随意变更，必须变更时，信号楼值班员应与司机进行联系，确认已符合规定要求后方可关闭信号机。

(3) 调车信号机故障、停用或调车作业压岔、压轨道绝缘节等导致调车信号机不能开放并且无法使用无线通信设备联系时，应按下列规定办理：

1) 由信号员在道岔处根据信号楼值班员股道开通的通知，口头通知司机，并执行“要道还道”制度。

2) 信号楼值班员或信号员必须确认现场安全状况，通知司机后方可进行调车作业。

3) 机车（重型轨道车）转线时，由信号楼值班员派人在道岔的适当地点显示股道号码和道岔开通信号。

4) 信号控制台操纵人员不准扳动调车进路上正在使用的有关道岔。进路部分解锁时，锁闭可能影响其他有关进路道岔，在必须操纵道岔时，应在通知司机、调车员停止作业并确认安全后，方准办理。

5）信号楼办理调车作业时必须办理长调车进路。原则上须办理线路有效长度的最长进路，不得分两段及以上进路办理，调车进路中信号不能出现半开通状态。如确须办理短进路或分段办理时，信号楼须通知司机并得到明确回复后方可办理。

（4）调车进路编排后，不准随意变更。必须变更时，信号楼值班员（信号员）应通知司机，待机车（车辆）到达规定位置后才能变更进路。司机与调车员在动车前应再度确认调车信号机正确开放。

2. 正常情况下的调车作业办法

（1）车场内的调车工作由运转值班员统一领导指挥。

（2）当班运转值班员在接班时应认真确认股道、线路存车辆数、停留车位置并实时监控，根据运营计划、施工计划、车辆检修/整备计划、车辆调动（包括转线、解编、编组、牵引对位）需求制订阶段调车计划。在阶段调车计划制订后及时向信号楼值班员下达并通知备用司机/调车组做好出车准备。

（3）遇有临时调车任务，运转值班员来不及制订阶段调车计划时可直接将调车作业内容下达至信号楼值班员，由信号楼值班员按现场作业状况和任务轻重缓急直接向调车指挥人下达调车作业内容，指挥调车作业。

（4）除电客自行驱动转线/洗车作业外，其他调车作业都必须由两人以上执行，一个司机（兼调车指挥人）及一个调车员。在推进时如司机确认调车员手信号有困难时应指派参与调车的其他人员中转信号，使用无线对讲机时司机如无法听清信号指示应立即停车。

（5）场内调车限速 25 km/h，进入车库限速 5 km/h，接近被连挂车及在尽头线调车时限速 3 km/h。遇瞭望条件不良应适当降低速度。

（6）场内调车不得与接发车作业相抵触，原则上在接发车时段内不安排任何调车作业，影响接发车作业的调车作业必须在接发车作业开始前 10 min 停止。

3. 非正常情况下的接发车作业办法

（1）VPI 主备均故障时，应使用应急盘用单操道岔锁闭进路的方法进行调车作业。

（2）失去联锁不能转为应急盘操纵方式时，以及道岔及轨道电路故障致使进路中的道岔不能转换到所需位置时，应立即按现场手摇道岔准备调车进路。

（3）严禁使用越出站界调车法，必须越出站界调车时，要向行调申请“发车作业”，行调同意并发出“发车作业”的调度命令后，方可向邻站请求闭塞。

（4）手推调车办法。停车场内原则上不实行手推调车作业。遇特殊情况必须使用手推调车时，要取得信号楼值班员的同意，由当班运转值班员编排调车计划。手推调车速度不得超过 3 km/h，并由调车人员负责制动。

下列情况禁止手推调车：

1）在坡度超过 2.5‰的线路上（确需手推调车时，须经安全部门和上级部门领导的批准）。

2）遇暴风雨雪天气车辆有溜走的可能或夜间无照明时。

3）接发列车时，能进入接发列车进路的线路，并且无隔开设备或止轮器。

4）装有爆炸品、压缩气体、液化气体的车辆。

5）接触网未停电的线路上，对篷车、敞车类的车辆。

6）人数不足或没有安排制动人员时。

4.3.3 试车作业

试车作业一般在试车线上进行，主要对检修或临修后的电客列车进行动态调试、功能验证等，检验电客车辆的技术性能；也用于对新车的调试、验收以及信号 ATC 轨旁与车载设备功能的调试。

1. 试车线主要行车标志

（1）列车折返位置停车标。列车折返位置停车标为试车前的停车位置，也用于列车试车结束后申请回库的停车位置。

（2）列车减速制动标或距离预告标。减速制动标设立在试车线两端，通常有 80 km/h减速制动标、60 km/h 减速制动标和 40 km/h 减速制动标三种。为满足高速列车试车需要，也会相应设置 120 km/h、100 km/h 减速制动标。

1）80 km/h 减速制动标（三条杠）。该标离停车标距离为 300 m。列车在试车线上以 80 km/h 速度调试时，到 80 km/h 减速制动标处必须采取全常用制动，确保列车能在规定的停车位置完全停下。

2）60 km/h 减速制动标（两条杠）。该标离停车标距离为 213 m。列车在试车线上以 60 km/h 速度调试时，到 60 km/h 减速制动标处必须采取全常用制动，确保列车能在规定的停车位置完全停下。

3）40 km/h 减速制动标（一条杠）。该标离停车标距离为 188 m。列车在试车线上以 40 km/h 速度调试时，到 40 km/h 减速制动标处必须采取全常用制动，确保列车能在规定的停车位置完全停下。

距离预告标设立在试车线两端，通常有 300 m 预告标、200 m 预告标、100 m 预告标，提示试车司机列车与试车线阻挡停车标的实际距离，以便及时采取制动措施，确保在规定的停车位置完全停车。

（3）试车线阻挡停车标。试车线阻挡停车标设于试车线两端尽头车挡的前侧，作用为试车线尽头的阻挡，严禁列车头部越过该停车标。

2. 试车作业办法

（1）试车作业由试车单位和试车司机共同完成。试车单位指定专人为试车负责人，指挥试车全过程，发送试车指令。试车司机根据试车指令操作列车。

（2）试车前试车单位必须明确本次试验的内容、要求、程序及相关人员分工，并告知试车司机试车内容、要求、大致步骤及安全注意事项。

（3）每项试验内容由试车负责人确认完成后，再进行下一项试验内容。

（4）试车负责人向司机明确试车是否全部完成。试验中途遇到特殊情况时，试车负责人与试车司机协商决定是否中断试车。

（5）在可能危及行车安全的情况下，试车司机应拒绝并中断执行试车负责人的试车指令。

3. 试车作业流程

（1）试车申请。试车单位向运转值班室提出试车线的占用申请，填写《电客列车试车申请及交底单》。运转值班室接到试车申请后，安排试车部门具体占用试车线的时间，安排配合试车的司机，根据申请形式书面批复申请部门，通知信号楼开通进路。

（2）试验前交底。准备试车时，试车负责人按《电客列车试车申请及交底单》填写内容，向司机交代清楚试验内容、试验程序、具体的操作要求和相关注意事项。

（3）试验作业

1）试车作业一般采用带ATP保护的模式，按照试车线上的信号和减速、停车等标志操作。

2）试车中列车速度达到80 km/h或单向连续两个试验项目时，列车先停至试车线两端停车位置，保证足够的试验距离后再进行试验。

3）在雨雪天气试车时应充分考虑车轮打滑因素，严格控制车辆与试车线终端的距离。

4）夜间试车时应打开试车线照明灯，控制好车辆与试车线终端的距离。

5）试车中如需下车检查车底设备，由试车负责人通知司机停车。司机听从试车负责人的通知动车，必要时施加停放制动。

（4）试验完工

1）试验项目完成后，由试车负责人通知试车司机试验项目结束，并向运转值班员联系销点，将指挥列车运行的权力移交司机。

2）试车司机以 20 km/h 的速度将列车停到试车线停车位置。

3）试车司机告知运转值班员列车已停到回库位置，向运转值班员提出下试车线申请。

4）试车司机根据信号机显示，以低于 20 km/h 的速度驶离试车线。

理论知识复习题

一、判断题（将判断结果填入括号中。正确的填“√”，错误的填“×”）

1. 停车场管理一般可分为分散控制和集中控制两种模式。（　　）

2. 在运营线路大于 20 km 的线路，一般配置两个停车场。（　　）

3. 车辆段除了具备停车场的功能之外，还能完成车辆定修及以上的修程。（　　）

4. 停车场总体上分两个部分：线路部分和车库部分。（　　）

5. 停车场内均采用碎石道床。（　　）

6. 停车场日常生产组织实行线路主管负责制。（　　）

7. 停车场行车组织的领导人是信号楼值班员。（　　）

8. 列车运转流程包括列车出车、正线运营、列车回库收车、列车场内检修及整备 4 个环节。（　　）

9. 列车运转流程中的列车出车不在停车场进行。（　　）

10. 出乘作业包括司机出勤、出车检查及列车出库 3 个环节。（　　）

11. 停车场接发列车工作由信号楼值班员负责，统一组织和指挥停车场内接发车工作。（　　）

12. 停车场接发列车工作由运转值班员负责，统一组织和指挥停车场内接发车工作。（　　）

13. 施工车辆入场时，正线车站值班员向停车场运转值班员请求闭塞。（　　）

14. 电动列车司机应在入库前的平交道处一度停车，并确认入库及周围安全状态良好，按规定进库，进库运行速度不大于 15 km/h。（　　）

15. 信号楼办理调车作业时必须办理长调车进路。（　　）

二、单项选择题（选择一个正确的答案，将相应的字母填入题内的括号中）

1. 集中控制具备（　　）等特点。

A. 集中性强　　B. 生产效率高　　C. 信息流转快　　D. 以上均是

2．停车场内影响出入场的施工必须得到（　　）的同意。

A．运转值班员　B．线路主管　C．行车调度　D．停车场主管

3．停车场内，列车以低于（　　）km/h 的速度通过洗车设备，完成车体清洗作业。

A．3　B．5　C．10　D．20

4．停车场与运营正线以（　　）为界。

A．调车信号机　B．进出场信号机　C．进出库信号机　D．均不是

5．停车场内试车线一般采用（　　）号道岔。

A．7　B．9　C．12　D．18

6．如接班司机因故未能按时接班，交班司机应（　　），并报告行车调度员。

A．正点下班　B．坚守岗位　C．停车待命　D．均可以

7．正线交接班时，交班司机应将列车技术状态、有关行车命令与注意事项交代清楚，并填写在（　　）。

A．车站生产日志　B．司机报单　C．调度命令登记簿　D．施工登记簿

8．以下（　　）不属于列车发车计划内容。

A．执行运行图编号B．列车车次　C．待发股道　D．电动列车驾驶员姓名

9．以下（　　）不属于列车出车工作流程。

A．制订发车计划　B．出乘作业　C．发车作业　D．列车检修

10．以下（　　）不属于停车场内的列车运转流程。

A．列车出车　B．正线运行

C．列车回库收车　D．列车场内检修及整备

11．停车场接车时，不得迟于列车到达前（　　）min 开发信号。

A．3　B．5　C．10　D．15

12．停车场接车时，不得迟于列车到达前（　　）min 停止调车。

A．3　B．5　C．10　D．15

13．调车作业计划由（　　）根据相关单位提出的作业申请编制书面计划。

A．运转值班员　B．信号楼值班员　C．助理值班员　D．停车场主管

14．一张调车作业通知单内的一批作业变更计划不超过（　　）钩时，可用口头方式布置。

A．2　B．3　C．4　D．5

15．施工车辆出场时，（　　）填写路票，并交司机。

A．运转值班员　B．信号楼值班员　C．助理值班员　D．停车场主管

理论知识复习题答案

一、判断题

1．√　2．√　3．√　4．×　5．×　6．√　7．×　8．√

9．×　10．√　11．√　12．×　13．×　14．×　15．√

二、单项选择题

1．D　2．C　3．D　4．B　5．B　6．B　7．B　8．D

9．B　10．B　11．B　12．C　13．B　14．B　15．A

第5章

行车安全管理

学习目标

- 掌握运营安全的定义及影响因素
- 掌握车站应急处置的分类及定义
- 掌握车站突发情况和行车设备故障的应急处置
- 掌握应急处置中的调整方法
- 能够进行运营延误或中断时的调整

5.1　运营安全

城市轨道交通运营过程中所出现的大部分不安全现象都发生在行车工作中，因此，从某种程度上说，保证行车工作安全的同时，也就保证了城市轨道交通运营的安全。本节通过对城市轨道交通运营安全事故分类及事故原因分析，介绍了行车事故的分类和事故处置，并通过行车事故案例分析，提出防范措施。

知识要求

5.1.1　运营安全概述

城市轨道交通的安全性要远远高于其他交通方式，但仍应重视安全生产。安全防范工作没有做好，轻则扰乱运营生产秩序，重则设备受损，甚至危及乘客的生命财产安全，给社会带来重大损失。从企业角度来讲，安全是实现效益的保证，抓好安全，运营生产才不致因事故而中断，才能保证生产过程的连续性，不断提高生产的效率和效益；从社会角度讲，城市轨道交通的运营安全涉及城市各行各业的活动，涉及千家万户的日常生活，因而直接关系城市社会经济的发展，有时甚至涉及政治的稳定。可以说，安全是城市轨道交通运营管理的头等大事，运营必须安全，只有安全才能保障运营。

“安全第一，预防为主，综合治理”是城市轨道交通企业永恒的主题。尤其要注重以下三点：

1．安全是头等大事

安全是城市轨道交通运营的头等大事，直接关系乘客的生命安全和设备的使用安全。

2．安全效益的保证

安全是实现城市轨道交通运营效益的保证，没有运营的安全，就没有人敢乘坐轨道交通，更遑论运营效益。

3．安全受法律约束

安全管理受到城市轨道交通运营管理的法律约束，因此受到行业的普遍重视。

5.1.2　运营安全管理

1．影响运营安全的因素

城市轨道交通重大运营安全事故及灾害发生的原因主要可以分为人员因素、设备因素、环境因素、管理因素四个方面。

（1）人员因素

1）工作人员的不当操作。工作人员违反安全操作流程和规范，或无意间的操作失误等都容易造成安全事故。为确保城市轨道交通运营生产安全，有必要进行培训，以提高工作人员的业务技术素质、心理素质、团队协作能力、反应能力等。

2）乘客的不当行为。由于乘客自身或乘客群体发生危及城市轨道交通安全的事故，如乘客擅自携带明令禁止的物品；站台上乘客过多产生拥挤，使乘客跌入轨道区；由于个人精神失常而无法自我控制的破坏举动；乘客对运营设施设备的不当使用，以及在事故发生后乘客的不理智行为等。

3）恐怖袭击。城市轨道交通是客流集中地，容易成为恐怖分子袭击的目标。

（2）设备因素。设备因素主要是指基础设备自身故障，因设施设备老化、使用不当等造成系统自身的不可控故障。基础设备主要包括固定设备和移动设备，固定设备有线路设备、车站设备、信号设备，移动设备有车辆设备、通信设备等。

1）电气系统。变电所、配电室中的电气设备由于短路、过载、接触不良、散热不良，照明、电热器具安置或使用不当、违章作业等均会引起电气灾害、触电故障。

2）车辆系统。车辆失控或故障引发列车脱轨或相撞；轨道损伤或断裂导致的列车脱轨；地铁车门的安全标志不清造成机械伤人事故；地铁列车内材料发生火灾后产生有毒烟气，加重事故后果等。

3）通风/排烟系统。发生火灾后，若通风系统故障或操作不当，火灾产生的致命烟气难以消散，进入人的呼吸系统导致窒息，严重危害在场人员的生命安全。

4）给/排水系统。隧道内排水系统不完善，隧道防水设计等级过低，导致涝灾或地表水侵入，轻则影响环境卫生，重则造成水灾；给、排水管道的防腐、绝缘效果不佳发生泄漏现象；地面车站的地坪高度低于洪水设防要求等。

5）通信/信号系统。由于通信系统的电源发生故障或通信设备本身发生故障，不能保证各种行车信息及控制信息的可靠传输引起的事故。

（3）环境因素。环境因素主要有外部环境和内部环境两部分。

1）外部环境。外部环境主要是指自然灾害（气候因素）、季节因素、时间因素和沿线地形地貌等，如台风、暴雨或暴雨引发的水灾，雨雪冰冻等，台风对于高架轨道交通破坏程度较高。

2）内部环境。内部环境主要是指人为形成的系统环境条件，包括周围的空间和一切运营设施构成的人工环境。城市轨道交通地下区间隧道、地下车站设备用房等场所的常年阴暗潮湿环境和虫、鼠害等，极易造成关键设施设备的故障。另外，车站内商业区域的可燃物较多，也会增加发生火灾的危险性。

（4）管理因素。城市轨道交通运营安全管理是指管理者按照安全运营的客观规律，对运营系统的人、财、物、信息等资源进行计划、组织、指挥、协调和控制。管理因素包括安全管理办法、安全法制、检测与维修、安全教育与培训、安全组织等。

2. 事故分类

事故是指因故障或工作人员操作不当或管理人员指挥不力而造成人员伤亡、设备损坏，影响可靠性或危及运营安全的事件。

根据事件性质划分，城市轨道交通运营安全事故可以分为火灾事故、水灾事故、停电事故、自然灾害、列车事故、恐怖活动、公共安全事故以及停运事故。

（1）火灾事故。火灾事故是对城市轨道交通运营安全影响最严重，危害最大的一类事故。导致起火的原因有很多，如电路故障、设备故障、操作不当、人为纵火，或者其他灾害衍生出来的次生灾害，都有可能导致火灾。

（2）水灾事故。水灾事故主要是指由于自然降雨、台风或地下结构破坏渗水等导致水淹，致使城市轨道交通设备损害、运营中断等后果的事故。

（3）停电事故。停电事故主要是指由于灾害或者供电系统损坏导致的城市轨道交通站点、列车断电停运等造成运营瘫痪甚至人员受伤的事故。

（4）自然灾害。影响城市轨道交通系统的自然灾害主要包括地震、大风、雷击、洪水、雨雪、冰冻等，其中地震和雨水倒灌是发生比较多、危害比较大的灾害。

（5）列车事故。城市轨道交通列车事故主要是指运营过程中发生列车追尾、相撞、脱轨和颠覆，造成人员伤亡、运营中断、瘫痪等严重后果的事故。

（6）恐怖活动。城市轨道交通的恐怖活动主要形式为爆炸、投放毒气。

（7）公共安全事故。城市轨道交通公共安全事故主要是指由乘客造成的事故或对乘客人身安全造成直接影响的公共性质事故，导致财产损失、运营中断甚至人员伤亡，如踩踏事故、坠轨事故等。车站人数过多、拥挤，或乘客蓄意，或公共设施故障等都易造成此类事故。

（8）停运事故。城市轨道交通停运事故是指由于各种原因造成的线路停运甚至扩大到整个路网瘫痪的事故。

另外，事故按照导致后果的程度可分为一般事故、较大事故、重大事故、特别重大事故；事故按照紧急和轻重程度可分为一般事件、突发事件、突发事故、重大事故等；事故按照城市轨道交通物理设备或性质可分为设备事故、工伤事故（人员受伤等）、消防事故（火灾事故）、行车事故等。

3. 事故处置基本规定

（1）事故处理原则

1）事故处理基本原则（国家总体）。按照国务院 493 号令、国家安监总局 13 号令，事故处理基本原则以“四不放过”原则进行处理：

——事故原因未查清不放过。

——事故责任人未受到处理不放过。

——事故责任人和周围群众没有受到教育不放过。

——事故没有制订切实可行的整改措施不放过。

2）事故处理总体原则（企业适用）：

——发生事故时，首要确保乘客及有关人员的安全。

——发生事故时，要积极采取措施，迅速抢救，尽快恢复运营，尽量减少损失。

——有关人员应尽力判明事故对行车服务的影响，以提高处理事故的效率。

——控制中心必须按照“先通后复”的原则组织指挥事故处理。

——发现或确认事故后，必须确保信息畅通，立即报告有关人员。

3）事故处理分级原则（分级细化）。根据发生事故的隶属关系和事故的等级分类，按分级管理原则予以处理。

①凡发生下列重大安全生产事故的，由城市轨道交通安全管理部门或者配合上级有关部门调查处理：

——轨道交通发生重大事故、大事故、火灾、爆炸、毒害等事故。

——造成2人（含）以上死亡的重、特大交通事故。

②凡发生下列安全生产事故的，由城市轨道交通安全管理部门具体负责调查处理：

——发生行车的险性事故、涉及两个单位以上的一般事故。

——火灾、爆炸、毒害事故，造成人员伤亡，直接财产损失达到一定数额的。

——发生因工死亡事故。

——发生重大道路交通事故以上的。

——设施设备重大事故、大事故或涉及两个单位以上的一般事故。

——在短时间内连续发生多起安全事故。

——因人员违规操作或行车设备故障造成严重晚点15 min或30 min以上的事件。

——城市轨道交通安全管理部分安全生产委员会认为要调查处理的事故。

③凡发生下列安全生产事故的，由各直属单位具体负责调查处理：

—发生行车的一般事故。

——因人员违规操作或行车设备故障造成晚点10 min以上事件。

——发生因工轻伤、重伤事故。

——发生设施设备一般事故、故障和障碍。

——客伤事故。

（2）事故处理程序

1）事故处理程序（国家级）

根据国务院493号令要求，事故处理程序主要分三部分，即事故报告、调查分析、事故处理。

①事故报告。事故处理直接关系事故发生后的处置，以及事故发生后能否及时、迅速恢复运营线路正常行车秩序。良好畅通的信息传递能够使事故损失降到最低。反之，如果信息传输程序复杂、混乱，将会引起事故后果与损失扩大，不良影响扩大，延误事故的处理。

事故报告的主要内容包括：

——事故基本情况，包括事故经过、人员伤亡、财产损失等。

——事故原因，包括直接原因、间接原因、事故性质及认定依据。

——事故有关人员的责任认定和处理意见。

——事故的教训及采取的防范措施。

——员工受教育情况。

——其他需要报告的事项。

②调查分析

各处理职责单位应按照职责要求，开展事故的调查取证工作。根据相关法律法规，分析火灾事故和因工死亡事故的主要原因分别以《火灾原因认定书》《企业职工伤亡事故报告和处理规定》和市、区安全生产监督管理局制定的法律文书有关规定为准。分析轨道交通事故、设施设备事故、客伤事故发生的原因可以按照城市轨道交通企业颁发的各类规章制度为准。

——查清事故原因

调查事故的原因从主观原因和客观原因、直接原因和间接原因、管理原因和技术原因等多层次、全方位分析查找，对一时难以查清的，要采用挂牌制度，定时间、排节点，落实负责人，落实有效的安全防范措施，以确保安全。

——组织安全再教育

各单位必须针对事故所暴露的安全隐患，要通过召开事故分析会、班组学习等形式，有针对性开展员工安全教育。要从安全法规、安全意识、安全技能、事故教训、预防措施等方面着手，让每个员工都能吸取教训，举一反三，增强防范意识。安全教育必须做到有内容、有记录、实行备案制。

——落实预防措施

在查清事故原因的基础上，应及时制定落实安全预防整改措施。预防措施的落实必须建立安全责任制，落实到责任部门和责任人，做到明确期限，并从人力、物力、财力上给予必要的保证，确保措施真正落到实处。

调查工作中注意原始操作资料的收集、分析工作，并要求在规定的时间内完成事故（件）的调查取证工作，并提出相应的处理意见的报告。根据事故责任、事故性质、经济损失、延误列车运行事件及造成的不良影响进行事故综合判定，以事实为依据处理。

③事故处理

——重大事故、较大事故、一般事故，负责事故调查的人民政府应当自收到事故调查报告之日起 15 日内做出批复；特别重大事故，30 日内做出批复，特殊情况下，批复时间可以适当延长，但延长的时间最长不超过30日。

——有关机关应按照人民政府的批复，依照法律、行政法规规定的权限和程序，对事故发生单位和有关人员进行行政处罚，对负有事故责任的国家工作人员进行处分。

——事故发生单位应当按照负责事故调查的人民政府的批复，对本单位负有事故责任的人员进行处理。

——负有事故责任的人员涉嫌犯罪的，依法追究刑事责任。

——事故发生单位应当认真吸取事故教训，落实防范和整改措施，防止事故再次发生。防范和整改措施的落实情况应当接受工会和职工的监督。

——安全生产监督管理部门和负有安全生产监督管理职责的有关部门应当对事故发生单位落实防范和整改措施的情况进行监督检查。

——事故处理的情况由负责事故调查的人民政府或者其授权的有关部门、机构向社会公布，依法应当保密的除外。

2）行车事故处理程序（企业）

不同的城市轨道交通系统可根据各自的运营实践和线路等设备情况，制定不同的事故处理程序。以某城市行车事故处理为例进行说明。

①行车事故现场报告内容。无论行车事故的性质如何，在发生有关行车事故（事件）后，其报告内容应包括：

——事故概况，包括事故发生的时间、地点、简要经过、区间（上、下行、百米标）、线路条件、事故相关单位和人员等。

——事故造成的伤亡人数、救助情况，是否涉及境外人员伤亡。

——行车设备损坏程度等情况。

——事故造成对运营的影响程度及救援要求。

——事故原因的初步判断、事故发生后采取的措施及事故的控制情况。

——应当报告的其他情况。

②行车事故报告程序

——事故发生后，现场人员应严格保护现场，保留原始记录；若因运营恢复需要，无法有效保护，应在第一时间由现场人员自行取证，取证的样本应确保能真实反映实际情况，不得人为破坏、伪造现场，不得毁灭、篡改原始记录。

——事故发生后，现场有关人员应立即向行车调度员及邻近车站、相关负责人报告。紧急情况下，事故现场有关人员可以越级上报事故情况，不得隐瞒不报、迟报、谎报或拖延不报。

——在区间发生各类事故时由司机或相关人员立即向行车调度员或通过车站行车值班员向行车调度员报告；在车站或车场发生事故时，由行车值班员、运转值班员或相关人员立即向行车调度员报告。

——在报告事故时，报告人应认真检查确认现场情况，及时提供信息。对一时难以判断清楚的现场情况，应先快报，后续了解确认，随时报告。若发现内容有误，应立即更正报告内容。

——各相关单位应速报现场的实际情况，认真核查事故造成的影响和后果，不断按要求续报相关救援、抢修信息。在事故处置结束后，应立即形成情况报告。

③行车事故的调查

——事故调查的程序：成立事故调查小组；事故的现场处理；物证收集；事故事实材料的收集；证人材料的收集；现场摄影；事故图绘制；事故原因分析；事故调查报告编写；事故调查结案归档。

——成立事故调查组时，成员应具备以下条件：事故调查所需要的某一方面专长；与所发生事故没有直接利害关系；调查小组成员根据事故性质，至少由 3 人组成。

——事故调查组履行的职责：查明事故发生的经过、原因、人员伤亡情况及直接经济损失；认定事故的性质和责任；提出对事故责任单位、责任人的处理建议；总结事故教训，提出防范和整改措施；提交事故调查报告。

——事故调查组调查时的权限：勘查事故现场，收集有关物证；询问有关人员；要求被调查单位、当事人提供书面材料和证明；要求当事人提供工作记录、相关设备操作记录、员工职务岗位证书以及其他必要的文件资料；查验设备设施和财产等损坏和人员伤亡情况；核实事故发生前设备运营状态、设施的技术状态，配员及职务状况。

——事故调查组应当依据事故的调查材料，查明事故原因，提出处理建议，并编写事故调查报告书。事故调查报告书应包括以下内容：事故概况；事故造成的人员伤亡和直接经济损失；事故发生的原因和事件性质；事故责任的认定以及对事故责任者的处理建议；事故防范和整改措施建议；与事故有关的证明材料；事故调查组成员名单。

5.2 应急处置

知识要求

5.2.1 车站的应急处置

1. 车站应急处置的定义及要求

（1）车站应急处置的定义。轨道交通区域内一旦发生突发事件，运营单位在向上级部门报告的同时，必须进行先期处置，迅速组织工作人员及广大乘客开展自救互救，采取应急措施，设置警戒线、封锁现场，疏散人群，维护好现场秩序，有效控制局面和事态发展。如有人员受伤或中毒的要及时送医院救治。如果险情扩大，在现场指挥部成立后，接受现场指挥部统一指挥调度。

（2）车站应急处置的要求。车站必须按照职责分工，并与相关单位密切配合，共同搞好抢险救灾工作。事发现场要积极寻找目击证人，及时向上级领导报告现场情况。车站和员工未经批准不得擅自对外发布突发事件相关信息。媒体记者应在统一组织下进入事发现场采访、报道。

轨道交通区域内一旦发生突发事件，车站控制室值班人员应立即向线路 OCC 报告，换乘枢纽站同时向 COCC/ETC 报告，按事态类别和要求立即拨打“110”“119”报警。

车站区域站长或车站值班站长应启动本车站的突发事件应急处置预案，组织车站工作人员进行先期处置，并根据灾情及时采取相应的灭火排烟措施，保护好事发现场、迅速疏散乘客。

2. 突发情况的应急处置

（1）站台紧急关闭按钮动作。装有站台紧急关闭按钮的车站，紧急关闭按钮被按下。应急处置要求：

1）紧急关闭按钮被按下后，该车站应立即向运营调度汇报现场情况。

2）运营调度根据车站汇报情况发布邻近区段列车行车作业方式的调度命令。

3）列车司机根据调度命令执行行车作业。

4）运营调度根据车站汇报情况发布紧急关闭按钮恢复的调度命令。

5）车站恢复站台紧急关闭按钮后，运营调度发布恢复正常运营的调度命令。

（2）人车冲突。地铁运营线路范围内发生人员与列车发生冲撞的事件。

1）人车冲突处置期间的要求：

①站台区段时：

——车站负责事故列车动车作业方式的指挥工作。

——事故列车司机根据车站人员指令移动列车。

——其他区段列车由运营调度负责行车指挥工作。

②站间区间时：

——运营调度负责事故列车动车作业方式的指挥工作。

——事故列车司机根据运营调度指令移动列车。

——其他区段列车由运营调度负责行车指挥工作。

2）人车冲突处置完毕后的要求：

①运营调度负责指挥列车运行。

②列车司机根据运营调度命令执行行车作业。

（3）列车脱轨、冲突、颠覆。地铁运营线路范围内发生列车脱轨、冲突、颠覆等事件。

1）抢险期间，处置要求：

①事故发生后，列车司机应立即向运营调度报告事件情况，运营调度通知相关单位和部门至事件现场。

②现场抢险指挥人负责事故列车动车作业方式的指挥工作。

③事故列车司机根据现场抢险指挥人指令移动列车。

④其他区段列车由运营调度负责行车指挥工作。

2）抢险完毕，处置要求：

①现场抢险指挥人在现场设备状态恢复正常后，通知运营调度抢险作业完毕。

②运营调度负责指挥列车运行。

③列车司机根据运营调度命令执行行车作业。

（4）恶劣天气。地铁运营线路范围内发生大风、暴雨、冰雪等恶劣天气。

处置要求：

1）现场人员注意观察，如遇危及行车安全时，应及时将现场情况及对行车的影响告知运营调度。

2）运营调度负责根据现场情况发布行车作业方式变更的调度命令。

3）车站根据调度命令执行行车作业。

4）冰冻天气车站应对道岔区段采取单操、解冻等措施。

5）列车司机根据调度命令执行行车作业。

6）运营调度根据实际情况可采取限速、调整行车密度、行车交路等措施。

（5）火灾、毒气、爆炸。地铁运营线路范围内发生火灾、毒气、爆炸等事件。

处置要求：

1）如在区间发生火灾、毒气、爆炸等事件，列车应尽量维持运行至前方车站，并向运营调度汇报现场情况。

2）运营调度根据现场情况通知消防、轨道公安、医疗等外部部门赶至现场。

3）运营调度负责根据现场情况发布行车作业方式变更的调度命令。

4）车站根据调度命令执行行车作业并组织乘客疏散。

5）列车司机根据调度命令执行行车作业。

6）运营调度根据实际情况可采取限速、停运等措施。

（6）大客流爆满。地铁运营线路范围发生客流持续增多，超出车站承受能力的情况。

处置要求：

1）车站及时向运营调度汇报车站大客流情况，并采取相应的限流措施。

2）运营调度负责发布行车作业方式变更的调度命令。

3）车站根据调度命令执行行车作业。

4）列车司机根据调度命令执行行车作业。

5）运营调度根据实际情况可采取限速、跳停、加开列车等行车调整措施。

（7）列车退行。因下列几种情况，造成列车退行：

1）列车停站时越过停车牌，第一扇客室门影响乘客安全上下车时。

2）因列车在车站动车后需临时停车，列车尚未出清站台时。

3）救援连挂至折返线退出时。

处置要求：

1）列车需采用退行方式时，司机应立即向运营调度汇报。

2）运营调度确认列车退行条件，发布允许退行的口头调度命令。

3）接到退行的调度命令后，司机、车站应立即告知乘客，车站必须做好站台秩序维护工作。

4）司机在原驾驶端按照规定驾驶模式，以小于 3 km/h 的速度退行至站台规定停车位置。

5）严禁司机擅自退行。

（8）跳停。因下列情况，造成列车跳停时：

1）运营调整需要。

2）车站不具备乘客安全乘降条件。

处置要求：

1）列车跳停应由运营调度发布口头调度命令。

2）司机根据调度命令，执行车站跳停作业，手动驾驶模式限速 30 km/h（有屏蔽门车站限速 45 km/h）运行。

3）接到跳停的调度命令后，司机、车站必须立即告知乘客，车站应做好站台秩序维护工作。

（9）列车反向运行。非图定列车因运营调整需要反向运行。

处置要求：

1）反向运行应由运营调度发布调度命令。

2）运营调度确保反向运行区段内线路空闲，进路准备妥当。

3）反向运行具备 ATP 系统保护时，列车以带有 ATP 保护的驾驶模式，凭列车收到的允许速度码及允许的轨旁信号运行。

4）运营调度应确保反向运行列车与对向列车相隔至少一站一区间，运营调度实施扣车措施，确保行车安全。

5）列车司机应加强瞭望，认真确认线路、信号情况，根据调度命令或所经区段的限速要求运行。

6）运营期间，车站值班员收到反向运行命令后，应及时告知乘客，维护站台秩序。

（10）外来人员进入区间，列车无法按照正常情况运营。

处置要求：

1）事发区间立即打开区间照明。

2）运营调度通知两端车站派出工作人员封堵站台出口。

3）运营调度通知车站派员登乘列车。

4）列车以人工驾驶模式限速 20 km/h 进入事发区间查看，发现擅闯人员随时停车，并将人带上列车客室送至下一车站警务站处理，如第一列车未能找到擅闯人员，后续第二、第三列车继续以人工限速方式进入区间查找，若仍未发现，可取消该区间限速，但相关车站仍应加强对该区间站台出口的巡视。

5）事发区间如是地面、高架线路或有旁通道时，运营调度应对邻线做类似安排。

3. 行车设备故障的应急处置

（1）屏蔽门故障。屏蔽门已投用的车站，屏蔽门发生故障，无法按原有状态使用、影响列车运行、办理正常乘降作业。

应急处置要求：

1）车站屏蔽门发生故障时，车站值班员、司机应立即向运营调度报告。

2）运营调度负责发布屏蔽门运行模式变更、屏蔽门应急操作方法及相应行车作业方式的命令。

3）车站负责根据调度命令执行屏蔽门运行模式变更的操作。

4）列车司机负责根据调度命令执行行车作业方式的变更作业。

5）车站屏蔽门故障无法启用，且无法确保每节车厢开启一扇屏蔽门时，列车可在该站办理跳停作业。

（2）道岔故障。地铁运营线路道岔出现故障，影响列车正常运行。

应急处置要求：

1）车站道岔发生故障时，车站值班员应立即将故障情况向运营调度报告。

2）运营调度确定列车运行及折返方案，并以调度命令的形式向车站值班员下达行车作业方式的安排。

3）运营调度应通知设备管理部门组织抢修，设备管理部门的抢修人员到达现场后，立即确定故障原因，并向运营调度汇报故障影响范围、抢修方案及作业时间，运营调度根据运营的情况下达抢修命令，未经运营调度的允许严禁擅动设备。

4）车站负责根据运营调度的命令完成接、发列车作业，并配合抢修人员的抢修作业。

5）信号不能正常显示时，列车司机根据调度命令及车站的手信号执行行车作业。

（3）轨道区段非正常占用。轨道区段无列车占用情况下显示占用状态。

应急处置要求：

1）运营调度负责发布列车通过故障区段的行车作业方式的命令。

2）车站、司机根据调度命令执行行车作业。

3）运营调度根据实际情况可采取限制人工向前、切除 ATP 或电话闭塞法行车。

（4）接触网/轨异常。地铁运营线路接触网/轨发生异常。

1）接触网/轨异常导致失电时，应急处置要求：

①运营调度发布该区段运营调整命令。

②车站负责根据调度命令完成客运组织。

③列车司机根据调度命令执行行车作业。

2）接触网/轨恢复供电时，执行要求如下：

①运营调度根据实际情况可采取限速、调整行车密度、行车交路等措施。

②运营调度负责发布行车作业的命令。

③车站根据调度命令执行行车作业。

④列车司机负责根据调度命令执行行车作业。

（5）变更行车作业方法。因设备或线路故障造成列车需要采用其他行车闭塞法进行行车作业。

处置要求：

1）运营调度确认现场情况，下达书面调度命令，明确行车作业方法、对应的区段及不同行车作业方法转换的车站。

2）书面命令不能传达到司机时，运营调度下达口头命令指挥列车行驶，明确行车作业方法及目的地。

3）司机、车站值班员根据调度命令规定的行车作业方法执行。

4）在不同行车作业方法的衔接车站，司机应及时完成作业方法的转换。

（6）信号系统故障

1）集中站联锁故障

集中站电气联锁故障或微机联锁故障，进路无法排列，道岔失去联锁保护。

处置要求：

①车站值班员得到运营调度同意后，安排扳道员至现场确认道岔位置，道岔位置正确则打开遮断器，加钩锁器人工锁闭；道岔位置如不正确，则手摇道岔并加钩锁器确保列车进路安全。

②如果多个集中站发生故障，则改为电话闭塞法行车，电话闭塞法行车区间为故障集中站管辖车站两端各增加一个车站。

2）轨旁ATP设备故障，造成列车之间无ATP保护。ATP轨旁设备发生故障，ATO车载设备接收不到速度码。

处置要求：

①如是小范围的设备故障，在确认故障区段无列车占用且闭塞条件满足行车安全条件后，列车可以按照人工限速或切除ATP的驾驶模式运行，并按照规定的速度通过

故障区段。

②如是大范围的设备故障（两个及以上站间区间），则停止使用自动闭塞法（ATC自动闭塞），改为集中站人工控制，实施集中站间电话闭塞法行车。

3）车载ATP故障。ATP车载设备发生故障，列车接收不到速度码。

处置要求：

①故障列车切除ATP，按照规定的速度限速运行至就近的存车线、折返线或出入库线退出运营。

②车站按照规定安排人员进行登乘。

4）车载ATO故障。ATO发生故障，无法以ATO方式运行。

应急处置：

①列车驾驶模式应降级为ATP人工驾驶。

②在ATP车载设备的监护下，按速度码显示运行。

5）ATS设备故障

ATS故障，信号系统无法按照列车运行图对列车进行控制、调整。

①ATS子系统自动功能发生故障，改为调度集中控制，由行车调度员人工排列列车进路和进行列车运行调整。

②在控制中心对所管辖的信号机或道岔失去控制作用或控制中心显示屏或显示器失去显示作用或不能正常显示时，由调度集中控制（中控）改为集中站局部控制（站控），由集中站行车值班员办理闭塞、排列进路、开闭信号和接发列车。

③当中央与车站的ATS显示均不正常时，对故障区段采取电话闭塞法行车。

（7）列车故障救援。正线列车无法动车。

处置要求：

①救援作业应由运营调度发布调度命令。

②原则上应由非载客列车担任救援列车，特殊情况下由载客列车担任救援列车需经线路调度长批准后方可执行。

③救援列车与被救援列车司机根据操作规定进行连挂，然后汇报运营调度。

④运营调度根据线路情况发布连挂列车行车方式、运行目的地及动车的命令。

⑤列车牵引运行方式为ATP人工驾驶，限速30 km/h，列车推进运行方式为切除ATP人工驾驶，限速30 km/h；非电动列车救援时必须以人工驾驶方式运行。

⑥被救援列车在车站时应先清客再执行救援作业，被救援列车在区间时救援作业完毕后应在就近车站清客。

⑦接到救援命令后，司机、车站必须立即告知乘客，车站做好站台秩序维护工作。

5.2.2 应急处置调整

1. 常见调整方法

城市轨道交通运营组织中，作为运营组织的核心，运营调度应严格按照列车运行图进行指挥行车。如果列车实际运行轨迹与列车运行图计划有轻微的偏差时，轨道交通 ATS 系统会根据列车时刻表对早晚点时间在一定范围内的列车自动进行列车运行调整。

当列车不能按图行车或者因为设备故障等突发情况，系统无法进行自动调整时，则需要人为进行调整干预，主要由运营调度亲自调整或者指挥组织车站值班员调整，调整过程中，做到恢复正常有序的运营和确保行车安全均兼顾，运营调度主要的调整方法有以下几种：

（1）扣车。扣车是指通过增加列车在车站的停站时间，达到确保列车安全、实现运营调整目的而采取的一项调整措施。遇突发情况时，为防止列车可能在区间长时间停留或列车进入前方非安全区段，运营调度员需采用扣车手段。因安全因素进行的扣车，必须在确认安全后方可取消扣车，因运营调整而进行的扣车作业，原则上单站扣车时间不大于 5 min。

扣车要遵守“谁扣谁放”的原则。一般在前行列车有故障或者列车早点时采用，在确保列车间隔时采用比较多，如扣车不及时，造成列车在区间停车时，要及时通知司机做好广播，安抚乘客。

（2）调整终端站发点。由于某种原因，实际列车上线数少于图定列车数或线路发生拥堵时，调度员应采用调整终端站发点措施，确保列车之间的间隔均匀。调整终端站发点前后对比如图 5—1 所示。

图 5—1 中，在线路运行列车数少于图定列车数时，3 号车因故障必须在终端站停运，必须对该列车的前后列车进行调整，前发列车晚发，后发列车早发，确保列车间隔均匀，无论是从运能的实际发挥，还是乘客的服务上出发，都必须对列车的间隔进行调整，使列车早发或晚发。

遇早晚高峰时段，调度员为避免列车晚点，也可采取终端站早发措施，但应控制在 2 min 内。这样调整的目的是让该车在中途可以有 2 min 的延误，确保列车终到不晚点，但对线路的通过能力起的作用不大。

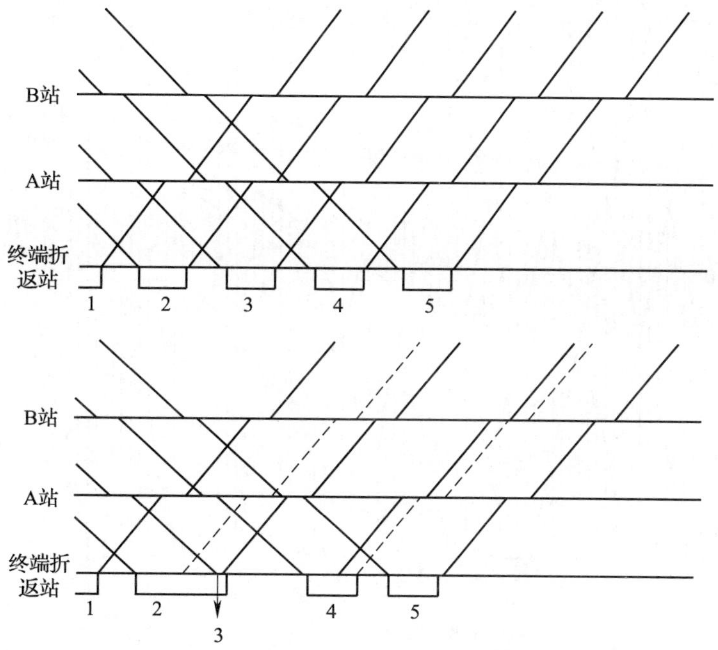

图 5—1　调整终端站发点前后对比

（3）降低运行等级（调整区间运行时分）。除线路故障造成的区间限速外，为避免列车长时间在车站停留，可采用降低运行等级（调整区间运行时分）的措施，一般在突发情况下，结合扣车使用。突发情况下，列车扣停在站台的时间如过长，容易引起乘客的恐慌，在确保前行列车动车的前提下，可以安排停站时间过长的列车低速前行至下一站，这样可以将列车等待的时间分散到车站扣车和区间低速运行。

调整停站时间：通过扣车或更改车站停站时间，以缩短列车与前后列车的间隔。在正常情况下，列车出现早点时，第一选择是调整停站时间，不得任由系统自动调整运行等级，这样可以将列车的早点的时间多留给乘客上下车。

（4）运休列车（收车）。由于设备故障等原因，造成线路拥堵严重，调度员应主动采取安排列车回库、进存车线（折返线）停运的措施。这样可以适当减少线路列车的拥堵情况。运休列车如图 5—2 所示。

图5—2 中，1 号车在丙至丁上行区间故障，无法运行时，后续2 号、3 号车也无法越过 1 号车，必须停止待命，此时 4 号列车的正点发车则没有意义，可以考虑将该车停在终点站待命，或者开空车至中间站折返至下行替开载客列车。

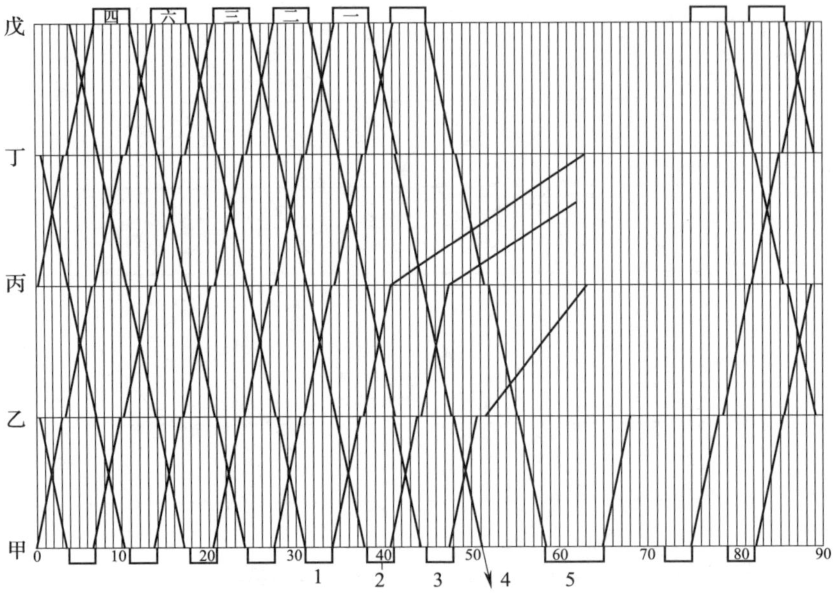

图 5—2　运休列车

（5）加开列车。遇突发性客流增加或列车晚点造成客流集聚时，调度应进行备车的加开，在某一区段和时间段达到缩短列车间隔，增加线路输送能力的效果，从而缓解客流压力。

（6）列车替开。通过备车替开计划列车（换表），减少列车晚点，尽快恢复列车按图行车，列车替开统计应符合运行图统计规则。

假如图定列车因故晚点，可以通过安排终点站备车或者中间站备车替开晚点列车折返后的车次，而晚点列车折返后可以改开后续列车的车次，这样可以确保列车实际运行轨迹与列车运行图符合。

（7）变更交路或者小交路。通过变更列车终到目的地，以满足运营的需要。主要适用于：前方区段异常，防止列车进入；均衡不同区段列车运能（大小交路列车密度的变更，上下行列车密度的变更）。

当某一侧线路因故障或特殊情况造成拥堵时，则拥堵区段列车无法正点在终点站折返，势必会引起另一侧线路的运用列车数量减少，甚至在较长时间内某些车站及区段无车运行，造成某方向乘客滞留车站人数增加。为了减少这种影响，最有效的方法就是变更列车运行交路或组织小交路运行，即一种方法是组织拥堵侧区段线路的列车在中间站清客后，经渡线或折返线到另一侧线路运行；另一种方法是组织另一侧线路列车在中间站清客，渡线或折返线到拥堵侧前方区段填补大间隔。在客流量较大而运用列车不够时，为了确保断面客流量大的区段的列车间隔，也可以采用此方式。

（8）载客通过。在车站不具备乘客安全乘降条件以及列车晚点可能或已经造成后续列车发生拥堵时，调度员可安排载客列车在部分车站通过，以达到恢复行车间隔，确保线路通畅和乘客人身安全的目的。载客通过是调度员调整列车运行间隔，组织按图行车的重要手段。在组织列车通过车站时，行调应提前下达命令。司机和车站有关人员应对乘客做好宣传解释工作，以防乘客恐慌。车站应维持秩序，严密组织好乘客乘降，确保乘客安全。

（9）列车救援。列车在运行中发生故障，运行速度极其缓慢或停滞，如果距离终点站较远，继续让故障列车独立运行，势必会造成线路堵塞，给全线列车的正常运行带来严重影响，如故障车与前方列车间隔不断拉大，与后续列车的间隔不断缩小，从而造成整条线路上的通过能力大幅度减小。此时可根据情况，采用前方或后方列车救援（一般优先采用后续列车推进救援的方式），将故障列车送至存车线或回停车场进行检修。对因接触网故障造成的救援应当使用内燃工程列车，当然此时的影响必然会扩大化。

（10）列车反方向运行。地铁线路通常是按上、下行两侧分别设计，在同一侧线路上所有列车的运行方向是一致的。当突发情况导致一侧列车密度较大，而另一侧列车密度较小时，为均衡列车之间的运行间隔，减少乘客的额外等待时间，可利用有岔站的渡线，将密度大的一侧的列车转到密度较小的一侧线路上进行反方向运行填补大间隔；当一侧由于列车故障救援等因素可能造成较大间隔时，也可利用渡线将列车转到另一侧线路上反方向运行，以缩小列车间隔，均衡运行。

（11）列车单线双向运行。单线双向运行，也称“拉风箱”，就是在固定区段固定时间段内只有一列车往返运行。轨道交通线路一般都是双线运行，即站与站之间通过两条线进行衔接，当某个区段一侧线路上堵塞时，可以在该区段的另一侧线路上采用此种行车方式，但是两端车站必须控制好列车的接驳，否则会导致单线运行的列车与区段外列车冲突。另外，如果单线双向运行区段过长，则列车的间隔也会过长，从而导致该区段内乘客的等待时间过长。

（12）列车折返方式的变更。对于一座具有站前折返和站后折返两种折返方式的混合站台，列车在折返时，通常采用站后折返方式。此种方式下，车站发车的同时可以进行接车作业，不存在进路交叉干扰，有利于行车安全，同时也通过物理条件避免了上车和下车的客流交会，但因为列车折返时从站台至折返线的空走距离长，所以额外增加了折返时间，从而人为增加了整个折返作业时间。所以在列车晚点时，可以通过站前折返来缩短列车空走距离，从而缩短折返时间，但站前折返时，站台折返的列车会占用站台，影响后续列车进站折返，同时导致站台上的上、下车的客流形成交会，不利于车站的客流组织。

在列车晚点时可采取变化折返方式来增加该站的折返能力，或者当该车站某道岔发生故障，也可以通过改变折返方式来避开故障道岔的手摇操作。如图5—3所示的车站中6号道岔故障，如果采用站台折返需要不断手摇6号道岔进行折返，在该种情况下，可以利用站后折返，增加折返能力。

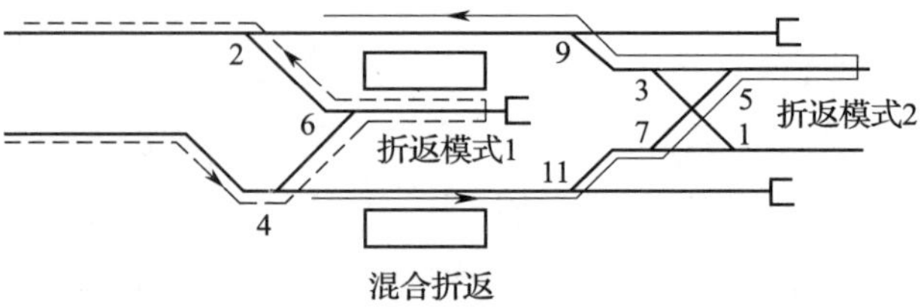

图5—3　上海轨道交通1号线富锦路车站

（13）公交接驳。当地铁某段线路因故停运时，为确保乘客的利益，将启动公交接驳，即将事故区段一个地铁站的乘客通过公交车运送到另一个地铁站，但这需要地方客运管理部门的积极协调。但是公交接驳涉及面比较广，对乘客影响比较大，一般不常用，只有在严重的突发情况下方可采用。

以上是城市轨道交通进行运营调整的一些方法，在通常的情况下，需要几种调整方法综合使用，形成调整方案，才能达到良好的效果。例如，正线列车故障，需要采用扣车、小交路调整、运休、列车救援等调整方法综合处理，而且由于调整过程中线路的通过能力下降，如果时间比较长、区段比较广，还需要公交接驳，这个综合了几种调整方法的集成体就是调整方案。

尤其是在突发情况导致运营延误或者运营中断时，调整方案都是有明显的区别的，但是运营延误和运营中断这两种后果不是一成不变的，在突发故障发生后，随着时间的变化，运营延误可以发展成运营中断，同样原来是运营中断的情况经过处理可以改善到运营延误，这就要求行车人员在面对这种情况时要善于预判，及时对调整方案进行调整。

2. 运营延误的调整

不同的运营突发情况，对运营的影响也不同，当突发情况造成运营延误即晚点时，需要视运营延误的程度来制定调整方案。

故障发生在具体线路的不同区段，导致的后果和调整的方案也各不相同，如图5—4所示为轨道交通X号线的线路图，该线路具有24个车站。一般视两端终点站最近的有岔站之间的线路为线路中段，如D站至V站，而两端终点站与最近的有岔站之间的线路为线路一端，如A站至D站。

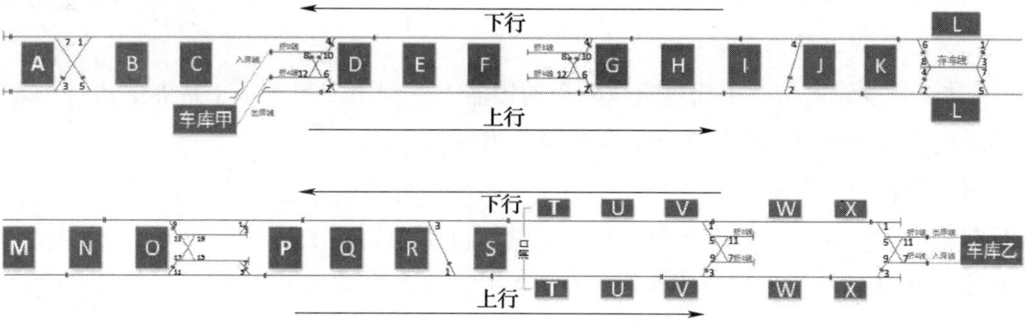

图5—4　轨道交通X号线

（1）线路中间段运营延误。线路中间段运营延误指的是事故点在线路中间段，如O站下行发生了人车冲突故障，或者J站下行4号道岔失去表示等，这些事故均会造成下行列车的运营延误，对乘客造成影响。如果行车人员不及时采取调整措施，运营秩序紊乱会迅速扩散到整条线路，如果轨道交通已经网络化运营时，也会影响整个轨道交通网络，甚至影响整个城市公共交通。

突发事件发生后，行车人员要迅速判别事故影响，制定调整方案。在事故影响仅是延误时，一般考虑对事故点前后列车进行扣车，如预计10 min以上延误时，要考虑利用事故点前后最近的有岔站进行折返，从而填补列车间隔。

举例说明：J站下行4号岔失去表示，如图5—5所示。

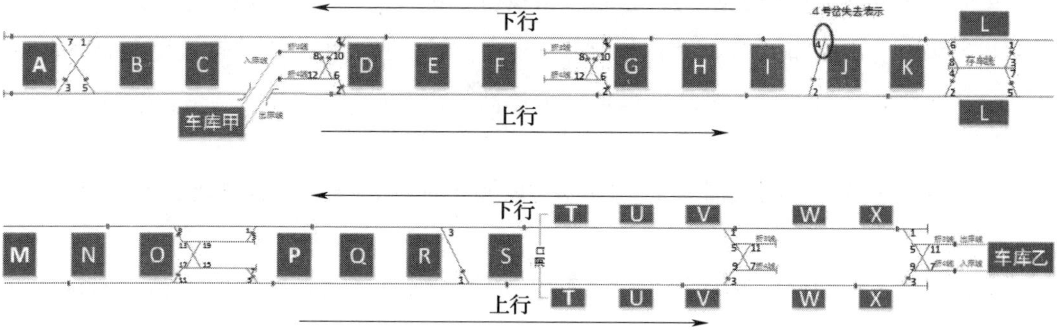

图5—5　道岔故障点

1）处理步骤

①运营调度对前后列车进行扣车，特别是事故点前后有岔站，L站及G站，相关列车至车站后扣车在车站。

②扣车完毕后，车站站控，对道岔单操。

③单操仍然不成功后，车站要对现场道岔进行确认，明确是道岔故障失去表示，此时，调度员制定调整方案：

J站4号故障道岔，手摇至定位并用钩锁器人工锁闭，列车由J站进出站时，确认车站手信号（如可开放引导信号，优先开放引导信号）。

视过程长短和客流大小，可对G站上行列车进行清客并利用G站折返线至G站下行后载客运营至A站，填补下行间隔；X站可以临时调整1列车更改交路至L站，或者直接安排M站下行1列车清客后，利用L站存车线进行折返至M站上行后，载客运营至X站，这个调整可以减少下行的拥堵，填补因为下行晚点而扩散到上行的列车间隔。道岔失表调整方案如图5—6所示。

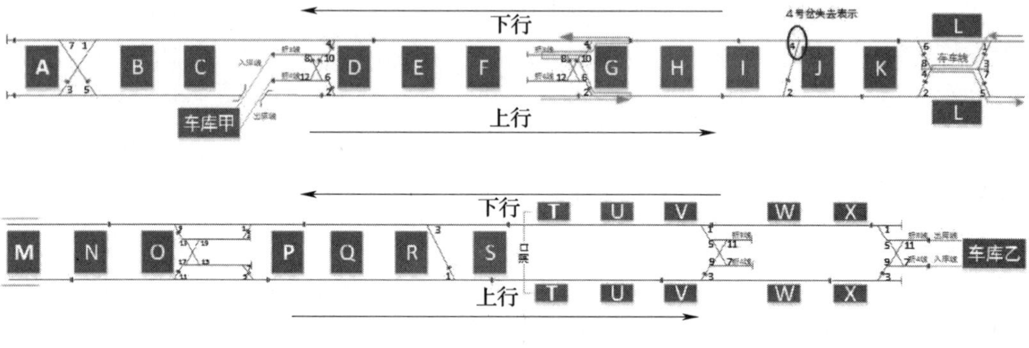

图5—6 道岔失表调整方案

④抢修人员现场抢修道岔时，必须严格执行登记要点、销点制度。

⑤修复后，车站测试前，确认钩锁器去除，然后进行单操和试排进路测试，均正常后，方可视为恢复正常，所有的运营调整也恢复正常。

2）注意事项

①车站对4号岔加钩锁器人工锁闭时，必须同时对2号岔加钩锁器，并打开2号、4号道岔的遮断器。

②利用有岔站进行折返时，必须将有岔站信号机的自动触发功能取消，确认所有进路均是人工操作。

③G站折返时，从上行站台至折返线及从折返线至下行站台，均涉及进路干扰，

或者敌对进路，要做好扣车工作，确保安全。

④L站折返时，虽然没有敌对进路，但存在干扰进路，也必须做好扣车工作。

⑤突发情况，客流组织必须重视，尤其是客流接驳站，G、M站。

（2）线路一端运营延误。线路一端运营延误指的是事故点在线路一端，如B站下行列车故障或者W站上行发生人车冲突等。此时，行车人员要对后续列车进行扣车，尤其是对距离事故点最近的有岔站的列车进行扣车，然后判别事故的影响再决定采取的调整措施。线路一端故障与线路中间段故障的区分点是一端故障仅需要对非事故区段进行调整，一般为一端，事故控制点相对较少。

举例说明：W站上行列车进站时，发生人车冲突，列车尚未完全进站，列车驾驶员为第一汇报人。人车冲突事故点如图5—7所示。

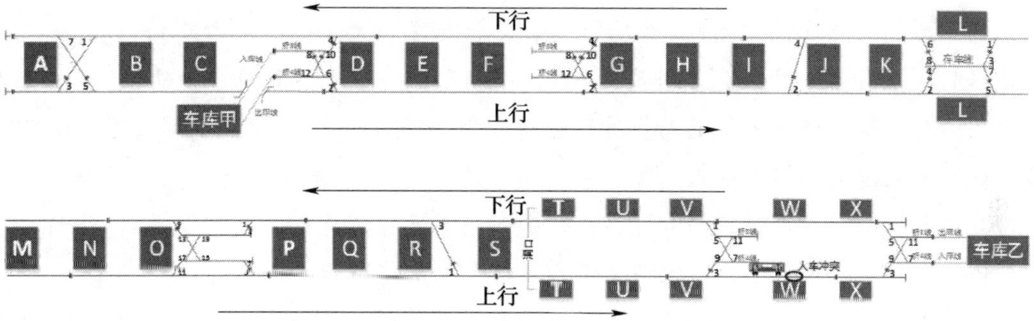

图5—7　人车冲突事故点

1）处理步骤

①运营调度得到列车驾驶员的汇报后，立即通知W站车站值班员触发紧急关闭按钮，确保列车不动车，并派人到现场确认。

②运营调度对后续列车进行扣车，尤其是V站上行，并取消V站相关信号机的自动信号功能，为后续调整做准备。因为W站是地面车站，所以也要对邻线进行扣车。

③运营调度得到车站值班员的现场确认反馈后，如确定发生了人员冲突，车站人员现场进行处理时，运营调度要制定调整方案，因为是人车冲突，按照经验，不会造成运营中断，15 min以内应该处理完毕，所以运营调度可以安排上行事故列车后续列车在V站清客后，利用V站折返线折返至下行载客运营，W站下行如有列车，则进行扣车；无车，则对站台进行封闭，不允许后续列车进站；如恰好有列车进站或出站，则该车鸣笛，慢速运行，确保上行事故处理人员安全。人车冲突调整方案如图5—8所示。

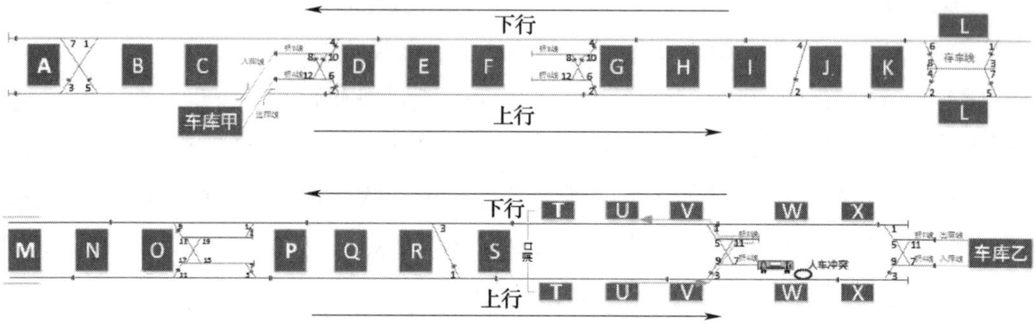

图 5—8　人车冲突调整方案

④车站人员在进行事故处理时，要进行拍照取证，主要包括伤（亡）者所处位置上方列车车门（含车门编号）；事发列车车头全景（如无法拍摄可省略）；列车未移动时伤（亡）者位置；事发列车驶离车站后，伤（亡）者姿势全景（含轨道）；事发地点（可以里程标或隧道壁上有特点的广告牌作为拍摄对象）。并在站台做好警戒隔离工作，找好两名以上的目击证人。

⑤按照公安要求现场拍照取证后，组织人员迅速将道床伤亡者移至站台指定地点，若在移动有困难的情况下，可将道床伤亡者移至安全位置。

值班站长在确认全部工作人员撤离线路后，通知司机移动列车（司机报单上签字），组织进行上下客作业，待列车驶离后再移动道床伤亡者至站台，配合“120”急救。

⑥运营调度在事故处理阶段，通知维保车辆人员，待事故列车运营至终点站 X 站后，安排该车停运，由车辆人员进行检查。

⑦运营调度安排后续第一列车必须 ATP 手动进站，加强瞭望，确保安全。

2）注意事项

①W 站是地面侧式站台，上行线路发生人车冲突后，现场处理时要同时确认上下行列车。

②下线路必须触发紧急关闭装置。

③恢复紧急关闭装置前，值班站长必须对现场进行确认，确定线路人员出清后，方可通知值班员恢复紧急关闭装置，值班站长在司机报单上签字。

④如需二次下线时，也必须触发紧急关闭装置。

⑤V 站进行列车折返时，必须取消相关信号机的自动信号功能。

3. 运营中断的调整

比较严重的运营突发事件发生后，造成了线路运营的中断，不考虑换乘的条件下，即在故障区段，某个车站的乘客无法通过乘坐轨道交通至另一个车站，此时运营人员要通过制定调整方案来降低事故对运营的影响。

严重的突发事件造成的运营中断主要分为四类：线路中段单侧线路运营中断、线路中段两侧线路运营中断、线路一端单侧线路运营中断和线路一端两侧线路运营中断。可能造成运营中断的故障包括接触网失电、区间积水、挤岔、脱轨等。

（1）线路中段单侧线路运营中断。线路中段单侧线路运营中断指的是整条轨道交通线路距离两端终点站最近的有岔站之间的区段发生故障，造成单侧线路运营中断。此时的调整方案一般是安排事故点两侧最近的有岔站进行小交路，事故点另一侧进行单线双向运行，事故区段安排公交接驳弥补运能不足。

举例说明：某日运营期间，N 站至 M 站下行区间出现积水，列车无法通过，具体情况如图 5—9 所示，相关行车人员进行运营组织，确保影响最小。

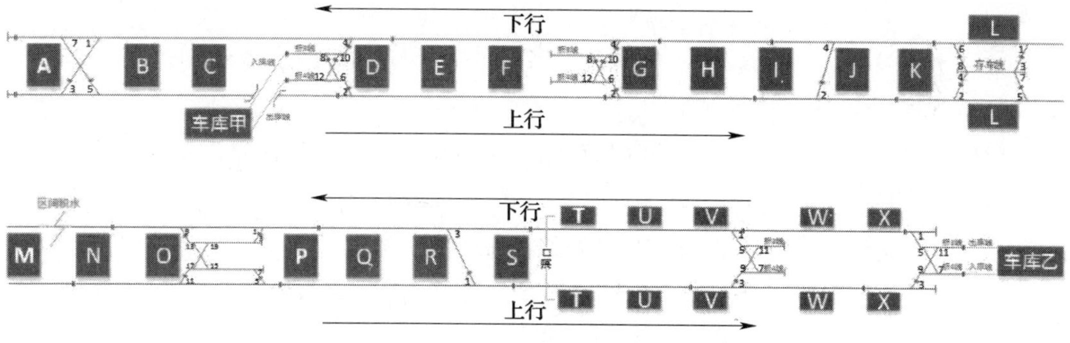

图 5—9　单侧区间积水事故点

1）处理步骤

①对事故点前后列车进行扣车，在明确列车无法通过时，运营调度必须制定调整方案，A 站至 L 站（利用 L 站存车线折返）进行小交路运行，O 站（下行站台折返）至 X 站进行小交路运行，K 站至 O 站上行单线双向运行，单线双向运营区段进行公交接驳增加运能。单侧区间积水调整方案如图 5—10 所示。

②对事故点前后列车进行安排，事故点后列车（N 站至 O 站下行）运行至 N 站下行清客待命。如存在两列车，则第一列车在 N 站清客待命，区间列车反向运行至 O 站下行后，进行 O 站至 X 站小交路运营；事故点前列车以正常方式运行至 K 站后，投入 L 站至 A 站小交路运营。

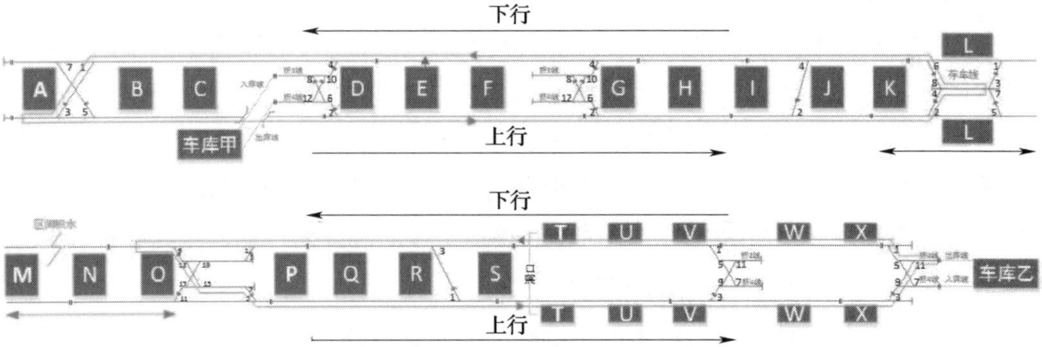

图 5—10　单侧区间积水调整方案

③实行特殊交路后，接驳车站进行站控，即 L 站和 O 站，此时 L 站和 O 站必须取消相关信号机的自动信号功能，确保列车折返进路均由人工排列。

④接驳车站要确认不同交路列车交汇时的安全间隔，做好扣车工作，尤其是 K 站至 L 站上行这一区段，要做好小交路列车和单线双向列车的扣车工作，确保没有安全隐患。

⑤故障情况下，全线交路均出现了变化，全线车站要加强广播告知，尤其是事故区段 O 站至 K 站，要加强客流组织。

⑥在事故处理过程中，运营调度和车站值班员均要及时进行信息汇报。

2）注意事项

①接驳车站对不同交路的列车及时做好扣车工作，确保安全间隔。

②接驳站 K、O 站及时做好客流组织工作，涉及清客、换乘组织等。

③确认积水对运营的影响，一般规定见表 5—1。

表 5—1　　积水对运营的影响

H：积水面与轨面的高度差	范围（mm）	限速（km/h）
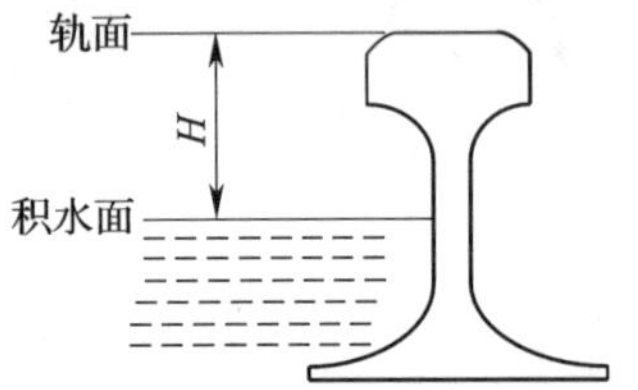	$H \geqslant 150$	正常速度
	$100 \leqslant H < 150$	40
	$50 \leqslant H < 100$	20
	$H < 50$	0（禁止通过）

④抢修人员至事故点进行抢修时，尽管该区段已经停运，也必须做好登记、注销工作。

（2）线路中段两侧线路运营中断。两侧线路运营中断相对于单侧线路运营中断的不同点就是事故的影响不仅仅是单侧线路，对两侧线路均有影响，造成两侧线路均无法运营，即运营中断。此时的调整方案为安排事故点两侧最近的有岔站进行小交路，事故点所在区段进行公交接驳。

举例说明：某日运营期间，I 站至 N 站上下行接触网失电，列车无法通过，具体情况如图 5—11 所示，其中列车 1、2、3、4 共四列车为线路上比较典型的列车，接触网停电时，四列车在图示区域，其余位置列车也均正常运行，相关行车人员进行运营组织，确保影响最小。

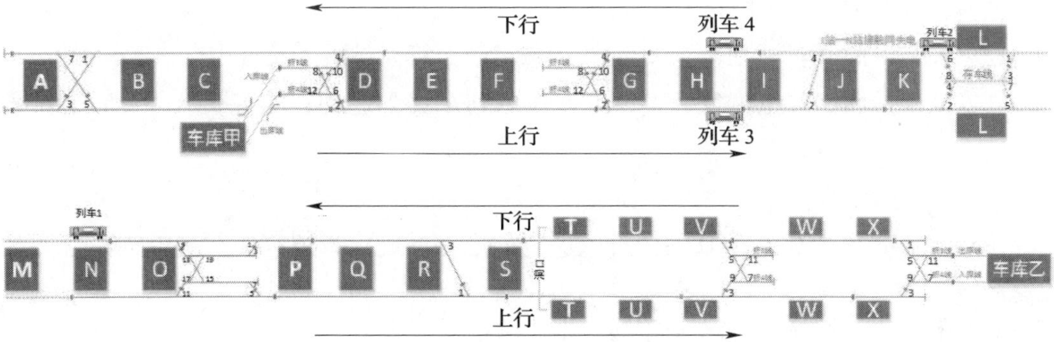

图 5—11　接触网失电事故点

1）处理步骤

①接触网失电后，失电区段列车无法运行，未失电区段列车正常运行，运营调度要做好扣车工作，确保非失电区段列车不进入失电区段。

②明确失电区段短时间无法恢复时，制定调整方案：A 站至 G 站小交路运行，O 站至 X 站小交路运行，事故区段 G 站至 O 站采用公交预案，如图 5—12 所示。因故障区段较长，可以安排几列车回库或停运，降低 G 站和 O 站的折返压力。

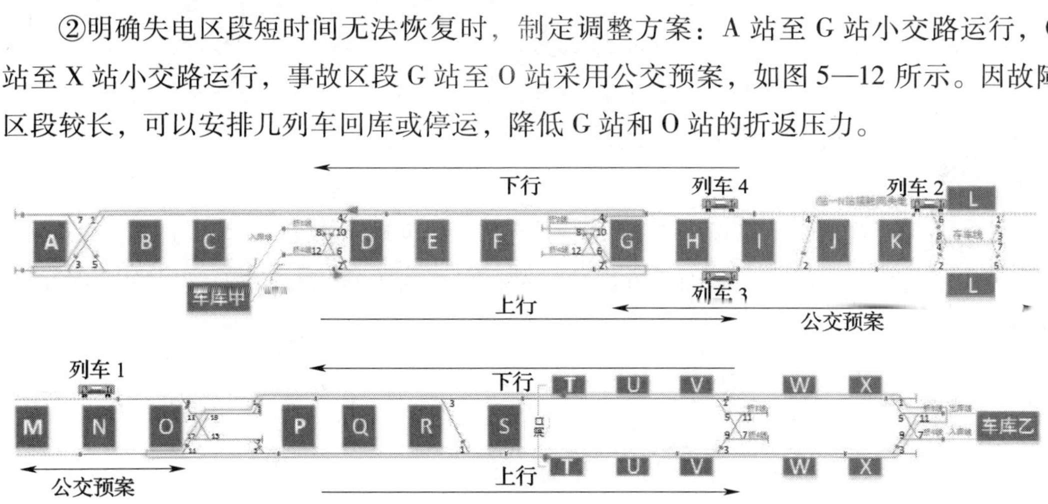

图 5—12　接触网失电调整方案

③对特殊列车进行安排：

失电区段内站台列车（列车 1）进行清客、落弓、收车，司机留下联系方式后待命。

失电区段内区间列车（列车 2），首先加强广播，落弓不收车，保持紧急照明和通风，长时间不恢复供电时，运营调度进行区间疏散指令（疏散至较近站台），疏散完毕后，收车，司机留下备用联系方式后待命。

驶向失电区段且及时停在有电区段的列车（列车 3），首先待命，加强广播，听从运营调度指令，后退至 H 站后，清客，完毕后关门待命，暂时不投入运营。如有列车停在站台，及时清客后关门待命。

驶离失电区间列车（列车 4），继续正常运营至终点站后，投入小交路运营。

④恢复。接触网失电恢复后，停电区段内列车逐列起动；如有故障，及时安排救援。

2）注意事项

①小交路列车在 G 站和 O 站的折返进路的准备，确保折返列车与后续列车之间的安全间隔。

②折返站 G 站和 O 站的折返进路均需人工准备。

③事故区段内的列车的安排，区间列车在明确短时间无法恢复供电时，及时进行疏散，站台列车及时清客收车待命。

④恢复后，事故区段内列车要逐列起动。

（3）线路一端单侧线路运营中断。线路一端单侧线路运营中断指的是轨道交通线路一端（终点站与距离两端终点站最近的有岔站之间的区段）发生故障，造成单侧线路运营中断。此时的调整方案一般是安排事故点最近的有岔站与另一端终点站进行小交路运营，事故区段另一侧进行单线双向运行，视客流情况在事故区段安排公交接驳弥补运能不足。

举例说明：某日早高峰运营期间，A 站下行进站列车 1 造成 1 号岔发生挤岔事故，行车人员要进行行车组织，确保事故影响最小，并尽快恢复运营。挤岔事故点如图 5—13 所示。

1）处理步骤

①现场确认。发现挤岔后，运营调度通知车站值班员至现场进行确认。运营调度对前后列车进行扣车。A 站值班员取消相关信号机的自动信号功能。

②制定调整方案。确认挤岔后，列车 1 禁止动车，车站派人现场监护，运营调度

制定调整方案，D 站至 X 站小交路运行，B 站至 D 站上行单线双向运行，因为 A 站岔区挤岔，故单线双向运行区段不是 A 站至 D 站。A 站至 D 站进行公交预案，如图 5—14 所示。运营调度通知维保工务、通号进行抢修。挤岔列车后续列车（A 至 D 下行区间）到达车站后进行清客待命。

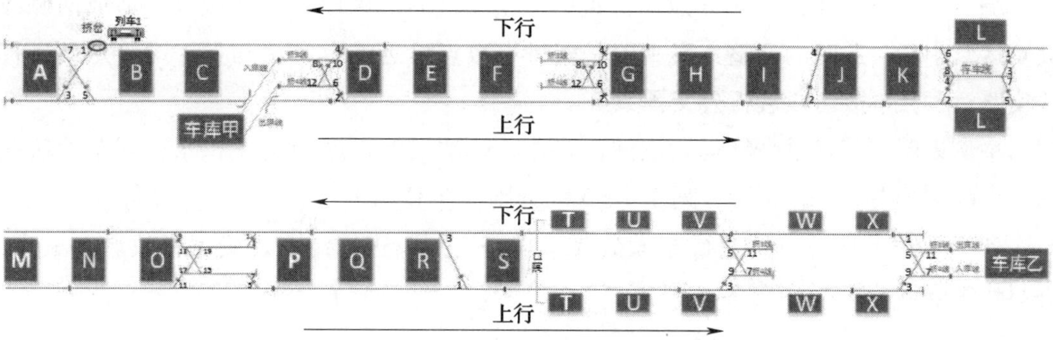

图 5—13　挤岔事故点

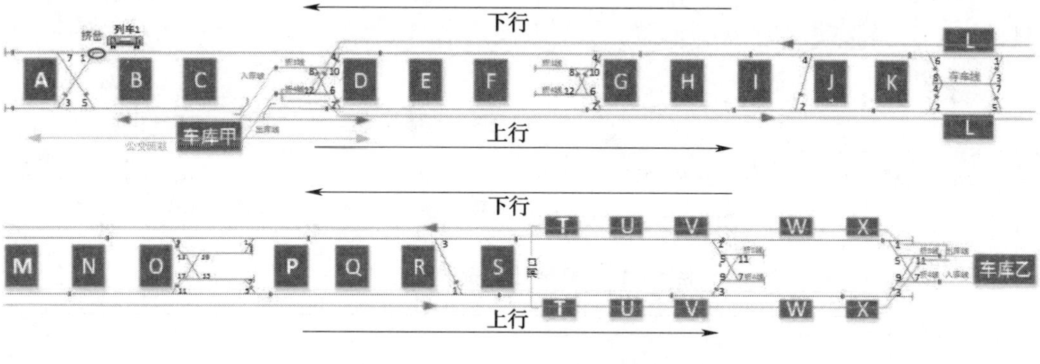

图 5—14　挤岔调整方案

③因为挤岔，列车 1 无法动车，车上乘客进行区间疏散。

④抢修人员到达车站后，进出岔区必须严格进行登记、注销，挤岔列车的动车指挥人为工务负责人，动车前必须确认乘客疏散完毕，疏散门已经收起。

⑤抢修完毕后，车站值班员要进行单操道岔和试排进路，确认道岔恢复。

2）注意事项

①挤岔后，列车禁止动车。

②单线双向运行列车与小交路运行列车在 D 站进行接驳，要做好扣车工作，确保列车间隔安全。

③接驳站D站、事故车站A站，取消信号机的自动信号功能，D站人工排列进路。

④单线双向运行区段不得包括A站及A站至B站区间。

⑤车站做好客流组织，尤其是A站至D站，并结合公交预案。

（4）线路一端两侧线路运营中断。线路一端两侧线路运营中断指的是轨道交通线路一端（终点站与距离两端终点站最近的有岔站之间的区段）发生故障，造成两侧线路均运营中断。此时的调整方案一般是安排事故点最近的有岔站与另一端终点站进行小交路运营，事故区段进行公交预案。

举例说明：某日早高峰运营期间，B站至C站上下行区间发现积水，列车无法通过，事故点如图5—15所示，列车1、3均分别停在C站下、上行，列车2停在A站上行，列车4停在D站下行，行车人员要对线路上列车进行组织，确保事故影响最小，并尽快恢复运营。

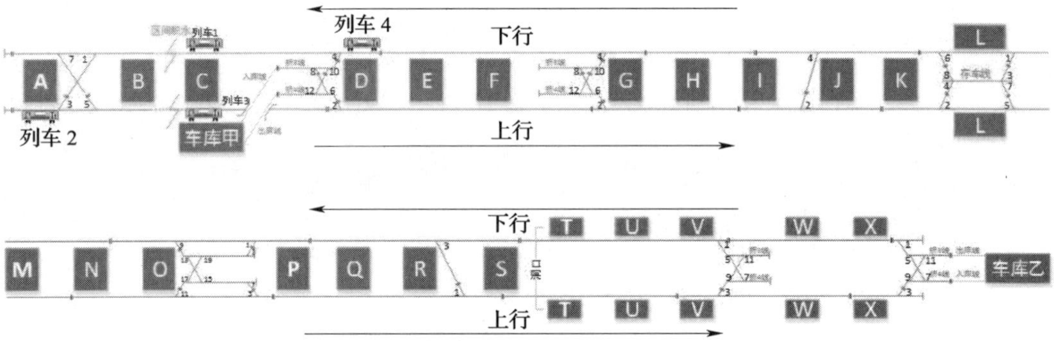

图5—15　双侧区间积水事故点

1）处理步骤

①运营调度对事故区段列车进行扣车，尤其是C站下行列车1、A站上行列车2，D站下行列车4。

②制定调整方案，D站至X站进行小交路运行，A站至D站公交预案，如图5—16所示。

③事故区段列车安排，列车1、2清客待命，列车3继续运行至D站上行后投入小交路运行，列车4清客折返后，投入小交路运行。

④积水处理完毕后，列车1空车ATP手动巡道。

2）注意事项

①扣车要及时，确保C站下行列车停在站台。

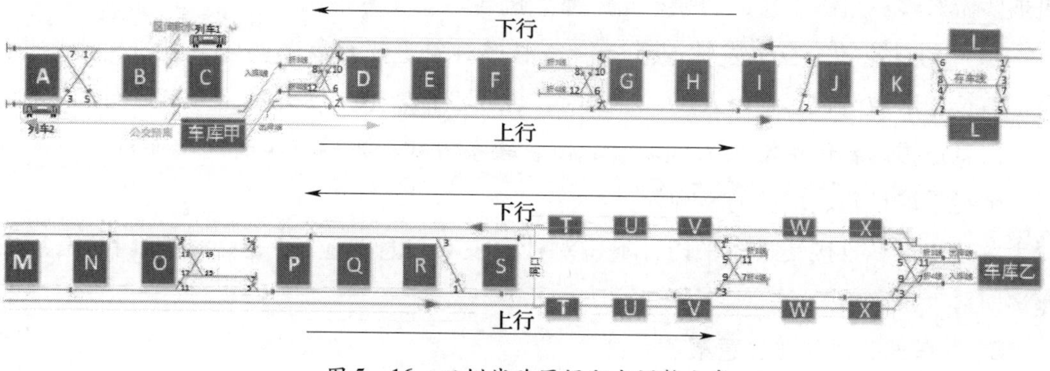

图5—16　双侧线路区间积水调整方案

②D站进行小交路折返时，确保列车间隔。

③安排部分列车回库，减少小交路列车折返压力。

5.2.3　行车作业人员安全注意事项

1. 运营调度作业注意事项

（1）调整方案的合理性。调整方案没有最优，但必须要合理，尤其要确保可操作性，每条线路的运营调度员基本是固定在2~3人，即控制点也就2~3个，如果一味寻求调整方案最优，导致调整方案比较复杂，控制点过多，根本没有办法操作，就会存在安全隐患。

（2）事故影响的预判。突发事件发生后，运营调度要比较准确地判别该事件对运营的影响，延误或是中断？单侧或是双侧？

（3）扣车的及时。突发事件发生后，要及时扣车，为后续的调整创造良好的条件，如未能及时扣车，列车进入事故影响区段，对后续的处理会造成极大的影响。

2. 车站值班员作业注意事项

（1）接驳车站人工准备进路。突发情况下，在执行运营调度制定的调整方案时，不同小路之间的接驳车站的操作非常重要，接驳站必须将信号机的自动触发功能取消，确保非正常交路列车的折返进路均由人工排列。

（2）确保安全间隔。采用非正常交路的列车可能没有信号保护，此时车站值班员要做好扣车工作，确保不同交路列车之间的安全间隔。

（3）现场作业安全有序。在突发情况下，可能涉及设备抢修，车站值班员要做好登记和注销工作，要绝对听从运营调度指令，确保不发生次生事故。

在突发情况下，车站值班员要做好客流组织，尤其是调整后，随着交路的变化，更加要做好客流组织工作，加强车站广播、疏导。

（4）信息流转。在突发情况下，信息汇报对象主要有运营调度、公司生产调度、值班站长、区域站长、维修人员，必要时，也要汇报轨道交通公安、“110”“120”等。

信息汇报内容包括汇报人姓名、职位、联系方式，事件发生时间、地点、目前概况、已经采取措施、事件的影响等。

车站不得私自接受媒体采访，不得对社会发布信息，应统一由公司专门的信息发布部门对外发布信息。

3. 列车驾驶员作业注意事项

突发情况处置过程中，列车驾驶员必须严格遵守运营调度指令。某些突发情况的动车条件必须严格确认，如路外伤亡、挤岔等。

有条件的情况下，特殊交路列车由专门列车驾驶员驾驶，采取包乘制，这对运营安全比较有利。

技能要求

应 急 处 置

操作准备

1. 某轨道交通线路如图 5—17 所示，在运营时段产生了突发事件，要求从运营调度的角度制定调整方案，并阐述关键车站车站值班员的安全操作要点，实例如下：

（1）某轨道交通线路共有 24 座车站，运营时段，所有列车按图运行，线路图见附件。

（2）运营中，A 站至 D 站下行区间接触网因故障失电，且短时间无法恢复，具体如线路图中所示（绿色虚线部分）。

（3）事故区段及相关区段列车位置：列车 1 迫停在 B 站与 A 站区间；列车 2 迫停在 C 站下行；列车 3 停在 E 站下行站台，尚未关门；列车 4 在 G 站下行进站。

2. 操作内容

（1）请你从行车调度员的角度，对线上列车的运行制定调整方案。

（2）请你从行车调度员的角度，对事故区段内的列车 1、列车 2，临近区段内的列车 3、列车 4 进行安排。

（3）调整过程中，接驳车站的操作要点。

（4）接触网抢修恢复过程中，具体的安全操作要点，包括车站值班员和列车驾驶员。

3．操作要求

（1）掌握列车运营调整方法。

（2）掌握发生触网事故时的安全保障措施。

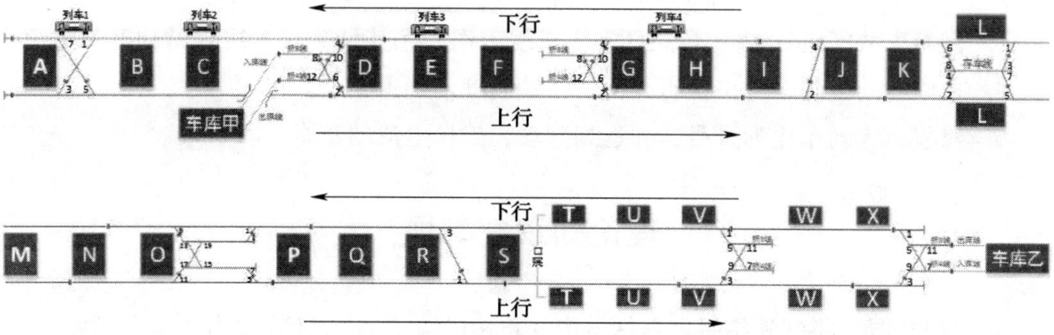

图 5—17　单侧接触网失电事故点

操作步骤

步骤 1　得到接触网失电的信息后，运营调度对全线列车进行扣车。

步骤 2　在明确接触网短时间无法恢复供电的情况下，运营调度制定调整方案：G 站至 X 站上下行小交路运行，列车在 A 站至 G 站上行进行单线双向运行；A 站至 G 站采用公交预案弥补运能。

对非事故区段列车逐列取消扣车，但对列车 3、列车 4 要明确在 E 站和 G 站下行待命。

步骤 3　故障区段内列车 1 因迫停区间，且无法动车，首先应进行广播安抚乘客，列车落弓不收车，打开紧急照明和通风，如接触网长时间未恢复供电，则进行区间疏散，将列车 1 上乘客疏散至距离比较近的车站，疏散完毕后，收车，电动列车驾驶员将手机号码告知运营调度作为备用联系方式，并在列车上待命。

故障区段内列车 2 因迫停站台，直接清客后，落弓收车，电动列车驾驶员将手机号码告知运营调度作为备用联系方式，并在列车上待命。

临近区段列车 3，清客待命，不落弓不收车。

临近区段列车 4，清客后，确认信号进行小交路折返至 G 站上行后载客投入运营。

步骤 4　取消 G 站相关信号机的自动信号功能，人工准备 G 站的折返进路。

步骤 5　A 站至 G 站上行单线双向运行的列车与小交路运行的列车确保安全间隔，并适当安排几列车回库，确保 G 站的折返能力。

步骤 6　抢修人员到达现场进行抢修时，严格执行登记、注销制度，抢修完毕后，列车升弓后逐列起动，并做好对故障区段内列车的救援准备工作。

注意事项

1. 确保小交路列车与单线双向列车的安全间隔。
2. 接驳站 G 站要取消信号机的自动信号功能，保证人工安排进路。
3. 做好事故区段 A 站至 G 站的客流组织工作，尤其是接驳车站 G 站的客流组织。
4. 抢修时间段内，严格执行登记、注销制度，确保安全。
5. 修复后，列车逐列升弓，并逐列起动，确保电流的正常。

理论知识复习题

一、判断题（将判断结果填入括号中。正确的填“√”，错误的填“×”）

1. 事故分为特别重大事故、重大事故、较大事故和一般事故四级。（　）
2. 安全生产的方针是“安全第一，预防为主，综合治理”。（　）
3. 城轨交通公共安全的处置主体是公安机关。（　）
4. 人员的高度集散性是轨道交通公共场所的特点。（　）
5. 从国家生产安全事故分类的大角度看，特别重大事故是运营安全事故中最严重的。（　）
6. 站务员在工作过程中发现有乘客晕倒在站台上，应立即电话通知“120”。（　）
7. 城市轨道交通发生火灾、爆炸、投毒时，具有“疏散救援较易，乘客伤亡较大，线路运营中断，影响地面交通”的特点。（　）
8. 城市轨道交通发生火灾、爆炸、投毒时，组织、指挥现场初期抢险救援工作是值班站长的职责。（　）
9. 列车脱轨时，行车值班员应及时汇报行车调度员、值班站长、生产调度及其他救援单位。（　）
10. 路外伤亡事故发生时，司机无须立即进行路外伤亡发生第一信息的报告。（　）

二、单项选择题（选择一个正确的答案，将相应的字母填入题内的括号中）

1. 依据国家《生产安全事故报告和调查处理条例》规定，事故分为（　）级。

A. 一　　B. 二　　C. 三　　D. 四

2. 安全生产的方针是（　）。

A. 安全第一，预防为主，综合治理　　B. 管生产必须管安全

C. 防止职业危害　　　　　　　　　D. 预防安全事故，持证上岗

3. “安全第一，预防为主，综合治理”是安全生产的（　　）。

A. 法规　　　　B. 政策　　　　C. 方针　　　　D. 要求

4. 城轨交通公共安全的处置主体包括公安机关、（　　）、乘客。

A. 政府主管部门　B. 维保单位　　C. 运营单位　　D. 安保单位

5. 轨道交通公共场所的特点包括人员的高度集散性、人员的异质性、（　　）。

A. 空间的有限性　B. 地域不对称性　C. 管理的困难性　D. 痕迹的易灭性

6. 城市轨道交通发生火灾、爆炸、投毒时，行车值班员应立即按下（　　）内AFC设备的紧急按钮，切断有关电源。

A. 编码室　　　B. 通信机房　　C. 站长室　　　D. 车控室

7. 列车脱轨时，行车值班员无须报告（　　）内容。

A. 时间　　　　B. 地点　　　　C. 乘客人数　　D. 伤亡情况

8. 列车脱轨时，值班站长根据（　　）指令的运行方案，停止售检票。

A. 行车调度员　B. 生产调度　　C. 主管经理　　D. 值班室

9. 路外伤亡拍照时，车站至少应该拍（　　）张反映不同位置的照片。

A. 3　　　　　B. 4　　　　　C. 5　　　　　D. 6

10. 路外伤亡事故发生时，站务员主动、迅速寻找（　　）。

A. 罪犯　　　　B. 医务人员　　C. 目击证人　　D. 警方

理论知识复习题答案

一、判断题

1. √　2. √　3. ×　4. √　5. √　6. ×　7. ×　8. √
9. √　10. ×

二、单项选择题

1. D　2. A　3. C　4. C　5. D　6. D　7. C　8. A
9. C　10. C

操作技能复习题

应急处置（一）（试题代码：2.2.1；考核时间：15min）

1．试题单

（1）操作条件

1）根据所给的线路图，详见附件。

2）运营中，H 站至 L 站下行区间接触网因故障失电，且短时间无法恢复，具体如线路图中所示（绿色虚线部分）。

3）事故区段，111 次在 I 站下行站台，112 次在 K 站至 J 站下行区间，113 次在 M 站下行站台。

（2）操作内容

1）请你从行车调度员的角度，对线上列车的运行制定调整方案。

2）请你从行车调度员的角度，对事故区段内的 111 次、112 次列车进行安排，对临近事故区段的 113 次进行安排。

3）调整过程中，接驳车站的操作要点。

4）接触网抢修恢复过程中，具体的安全操作要点，包括车站值班员和列车驾驶员。

（3）操作要求

1）掌握列车运营调整方法。

2）掌握发生接触网失电事故时的安全保障措施。

附件：

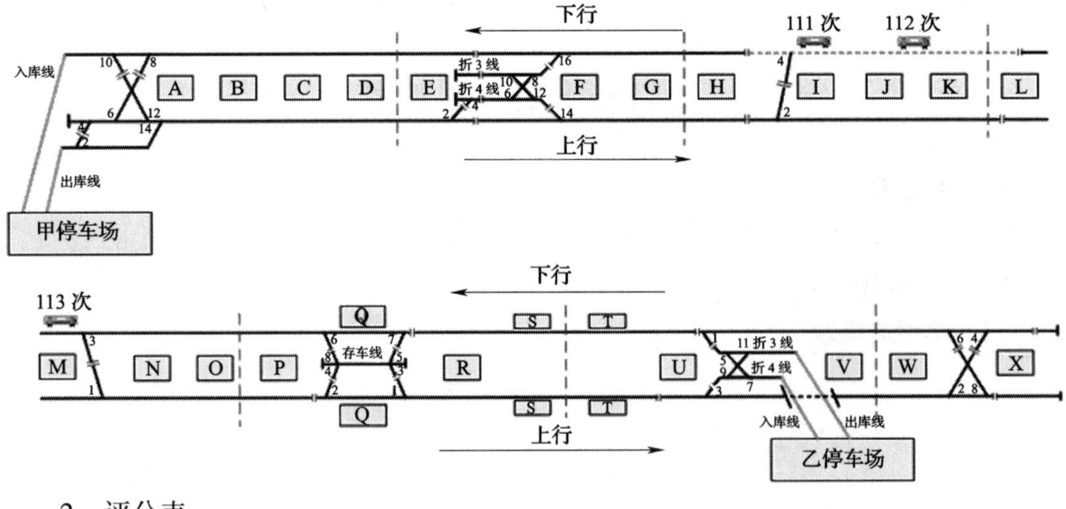

2．评分表

见操作技能考核模拟试卷。

理论知识考试模拟试卷及答案

城轨行车值班员（三级）理论知识试卷

注 意 事 项

1. 考试时间：90 min。
2. 请首先按要求在试卷的标封处填写您的姓名、准考证号和所在单位的名称。
3. 请仔细阅读各种题目的回答要求，在规定的位置填写您的答案。
4. 不要在试卷上乱写乱画，不要在标封区填写无关的内容。

	一	二	总 分
得 分			

得 分	
评分人	

一、判断题（第1题~第30题，请将判断结果填入括号中。正确的填“√”，错误的填“×”。每题1分，满分30分）

1. 信号设备的主要作用是保证行车的安全和提高线路的通过能力。（ ）
2. 信号装置是指示列车运行的专用装置。（ ）
3. 基于交叉感应环线通信的移动闭塞系统能实现90 s的最小行车间隔。（ ）
4. 基于无线通信的CBTC系统中车载控制器可以在安全速度限制范围内调整列车速度。（ ）
5. 区域控制器（ZC）接收其控制范围内列车通过无线通道发出的所有位置信息。（ ）
6. 办理反向进路时，应先由发车站办理反向发车进路，再由接车站办理反向接车进路。（ ）

7．正常取消进路时，信号关闭后，进路不立即解锁。（　）

8．人工顺时解锁又可称为一分人工解锁。（　）

9．取消反向进路时，应采用一分人工解锁的方式。（　）

10．设置自动进路成功与否，取决于信号是否开放。（　）

11．采用电话闭塞法行车时，列车发车间隔必须达到“一站两区间空闲”的要求。（　）

12．运营时间内抢修行车设备时，行车调度员以命令的形式将准许作业时刻通知车站值班员和作业负责人。（　）

13．行车调度员不得使列车提前开到抢修作业地点。（　）

14．调车作业时，没有信号不准动车。（　）

15．连挂车辆前司机必须一度停车，检查被连挂车辆状态。（　）

16．在线列车发生故障需要救援时，应竭力遵循快速救援的准则。（　）

17．在运行过程中，如列车出现故障无法继续运行需要救援时，司机应及时向行车值班员汇报。（　）

18．每日运营前只需行车调度员检查检修施工注销，线路空闲、正常，无侵限。（　）

19．每日运营前出场列车须保证车辆设备良好。（　）

20．列车运行图组成要素在内容上包含有时间要素、数量要素和其他相关因素。（　）

21．电动列车驾驶员作息时间是编制列车运行图的一个重要因素。（　）

22．路外伤亡事故发生时，司机无须立即进行路外伤亡发生第一信息的报告。（　）

23．应急物品原则上应放置于车站仓库。（　）

24．区间列车发生火灾时，尽量运行至车站处理。（　）

25．城市轨道交通发生火灾、爆炸、投毒时，具有“疏散救援较易，乘客伤亡较大，线路运营中断，影响地面交通”的特点。（　）

26．列车脱轨时，行车值班员应及时汇报行车调度员、值班站长、生产调度及其他救援单位。（　）

27．客流是静态流，不随天、时、地的变化而变化。（　）

28．各条线路客流不均衡包括现状客流分布不均衡和客流增长的不均衡两方面。（　）

29. 城市轨道交通的服务提供者是指所有从事城市轨道交通运营工作的人员。
（　　）

30. 单程票旧票进库时需要入库单。（　　）

得　分	
评分人	

二、单项选择题（第 31 题 ~ 第 80 题。选择一个正确的答案，将相应的字母填入题内的括号中。每题 1 分，满分 50 分）

31. 城市轨道交通地面与地下正线通常采用（　　）无缝线路。

A. 温度应力式　B. 自动放散应力式

C. 被动放散应力式　D. 定期放散应力式

32. 联锁确保（　　）行车安全。

A. 区间　B. 车站　C. 均是　D. 均不是

33. 数字程控电话交换网不提供的使用功能是（　　）。

A. 一般自动电话　B. 三方会议　C. 重呼功能　D. 电视电话会议

34. 牵引变电站的作用是为（　　）提供直流电源。

A. 电动列车　B. 信号　C. 车站空调　D. 车站广告

35. 遥控白灯稳定，站控黄灯闪烁，说明此时设备处于（　　）状态。

A. 遥控　B. 站控　C. 紧急站控　D. 紧急遥控

36. 列车到站停稳，站停表示灯亮（　　）。

A. 黄灯　B. 红灯　C. 白灯　D. 绿灯

37. 列车到站（　　），站停表示灯亮红灯。

A. 开门　B. 停稳　C. 广播　D. 清客

38. 列车扣车情况下，行车值班员可以进行（　　）。

A. 催发车　B. 中断站停　C. 扣车　D. 以上均不是

39. 当站台上的紧急关闭按钮被按下后，该站台（　　）变为红灯。

A. 进站信号机　B. 出站信号机　C. 两者均　D. 两者均不

40. 当站台上的紧急关闭按钮被按下后，控制面板上的相应紧急关闭表示灯点亮（　　）灯。

A. 红　　B. 绿　　C. 黄　　D. 白

41. 6502设备停电恢复后，行车值班员可不进行的操作为（　　）。

A. 站控　　B. 区段解锁　　C. 紧急关闭复位　　D. 道岔单锁

42. 当出现方向电路故障时，应转动（　　）钥匙进行处理。

A. 区间闭塞故障　　B. 区段解锁　　C. 总取消　　D. 紧急关闭复原

43. 道岔转换过程中，面板上电流表指针不可能的动作为（　　）。

A. 不动　　B. 波动　　C. 动作后回零　　D. 闪烁

44. 排列进路时，信号系统均会检查（　　）。

A. 是否有敌对进路　　B. 道岔位置是否正确

C. 信号机是否开放　　D. 均检查

45. 当人工排列进路后，无车号表示灯（　　）。

A. 点亮绿灯　　B. 熄灭　　C. 闪烁　　D. 点亮红灯

46.（　　）不设置有终端模式。

A. 中间无岔站　　B. 中间有岔折返站

C. 终点折返站　　D. 中间站

47. 当行车值班员进行重复开放信号操作时，确认相关条件满足后，行车值班员只要按压（　　）个按钮。

A. 1　　B. 2　　C. 3　　D. 4

48.（　　）信号机具有引导信号功能。

A. 进站方向　　B. 所有　　C. 出站方向　　D. 阻挡

49. 采用引导总锁闭方式开放引导信号，列车过后，引导信号显示（　　）。

A. 红　　B. 黄　　C. 绿　　D. 月白

50. 道岔开通手信号显示方法，旗信号为（　　）。

A. 展开的黄色旗高举头上左右摇动　　B. 拢起的黄色旗高举头上左右摇动

C. 展开的黄色旗　　D. 黄色旗下压数次

51. 轨道（　　）的误动，轨道区段会产生红光带。

A. 继电器　　B. 绝缘节　　C. 信号　　D. 电路

52. 待有关人员抢修完毕道岔后，行车值班员应（　　）后方可汇报行车调度员设备恢复正常使用。

A. 试排进路　　B. 申请遥控　　C. 申请站控　　D. 接发列车

53. 6502设备挤岔铃响，挤岔表示灯亮，确认道岔区段无车占用，（　　）道岔测试不能恢复，则属道岔电气故障。

A. 手摇　B. 单操　C. 锁闭　D. 解锁

54. 电话闭塞法行车中，发车手信号的显示方式为（　　）。

A. 右手持绿色信号灯/展开的绿色信号旗面对司机做顺时针圆形转动

B. 右手持绿色信号灯/展开的绿色信号旗面对司机做逆时针圆形转动

C. 左手持绿色信号灯/展开的绿色信号旗面对司机做顺时针圆形转动

D. 左手持绿色信号灯/展开的绿色信号旗面对司机做逆时针圆形转动

55. 非首次电话闭塞法列车的两站两区间空闲的理解是（　　）。

A. 电话确认前方站站台空闲

B. 前方站解除本站前次列车闭塞

C. 估计时间

D. 本站解除了后方站闭塞，前方站解除了本站的闭塞

56. 非折返站的闭塞解除条件为（　　）。

A. 列车整列到达并出发　B. 列车整列到达

C. 列车整列从前方站出清　D. 列车已由后方站发车

57. 列车出发后途中退回发车站时，由（　　）发出电话闭塞号码作为取消闭塞的依据。

A. 接车站　B. 发车站　C. 折返站　D. 中间站

58. 相邻站使用电话号码规定（　　）。

A. 不能使用相同号码　B. 能使用相同号码

C. 必须跳一号使用　D. 必须跳二号使用

59. 列车到达车站后，行车值班员应及时收回路票，并（　　）以示注销，整理后保存。

A. 画“X”并撕口　B. 画“X”

C. 撕口　D. 撕毁

60. 列车司机在车站发车前发现错误路票时，（　　）。

A. 严禁动车　B. 错误路票退还车站

C. 车站重新填写路票　D. 以上均是

61. 显示停车手信号，待（　　）方可收回。

A. 看见列车头部灯光时　B. 在确认列车起动后

C. 列车头部越过显示地点后　D. 列车停稳后

62. 共线段交会点车站在同一时间段内只能办理非共线段车站的（　　）个预办闭塞或闭塞。

A. 一　　B. 二　　C. 三　　D. 四

63. 封锁调令中，车站变更进路，列车必须（　　）。

A. 低速　　B. 高速　　C. 停车　　D. 以上均可以

64. 影响行车施工，施工负责人必须于施工前（　　）min 与行车值班员取得联系。

A. 15　　B. 20　　C. 25　　D. 30

65. 清扫道床作业中行车值班员通过（　　）确认无跟踪动车。

A. 列车运行图　　B. 检修施工通告

C. 行车调度员命令　　D. 6502 控制台

66. 主登记站施工负责人登记时，不必将（　　）通知主登记站值班员。

A. 其余作业点位置　　B. 其余作业点人数

C. 其余作业点负责人　　D. 其余作业点施工负责人联系方式

67. 擦拭道岔主要擦拭道岔的（　　）。

A. 尖轨　　B. 基本轨　　C. 护轮轨　　D. 滑床板

68. 责任事故不可分为的是（　　）。

A. 全部责任　　B. 主要责任　　C. 次要责任　　D. 领导责任

69. 造成已（不明）运营线路严重晚点（　　）h 以上，定为一般事故 C 类。

A. 1　　B. 2　　C. 3　　D. 4

70. 全日列车总走行公里等于（　　）之和。

A. 载客列车走行公里

B. 空驶列车走行公里

C. 载客列车走行公里加空驶列车走行公里

D. 折返列车走行公里

71. （　　）不是临时疏导措施。

A. 设置临时导向　B. 设置警戒绳　　C. 关闭出入口　　D. 人工引导

72. 当 4120 面板上监视服务状态报警，为停止蜂鸣器鸣响，应按（　　）键。

A. ACK　　B. TBLACK

C. SUPERVISORY ACK　　D. ALARM

73. 39F 空调箱离心风机电流偏小的主要原因是（　　）。

A. 出风口堵塞，电压低　　B. 传动带松，过滤网堵塞
C. 新风太大，传动带太紧　　D. 出风口堵塞，电压高

74. 自动售票机买一张车票出多张车票，（　　）张有效。

A. 4　　B. 3　　C. 2　　D. 1

75. 以下（　　）工种不需要特种作业人员操作证。

A. 行车值班员　　B. 电工　　C. 电焊工　　D. 司炉

76. 安全生产的方针是（　　）。

A. 安全是命、服务为本　　B. 安全、便捷、快速
C. 安全第一，预防为主，综合治理　　D. 平平安安上班、高高兴兴下班

77. 车站采用降级模式应征得（　　）的同意。

A. 值班站长　　B. 生产调度　　C. 行车调度员　　D. 值班室

78. 车站排水泵系统包括废水泵和（　　）。

A. 污水泵　　B. 集水泵　　C. 区间水泵　　D. 以上答案都正确

79. 消防用水采用（　　）供水。

A. 单路　　B. 双路　　C. 三路　　D. 四路

80. 行车值班员应乘客要求在站台寻找遗失物品，行车值班员应通知（　　）寻找。

A. 值班站长　　B. “110”　　C. 列车司机　　D. 站务员

得　分	
评分人	

三、多项选择题（第 81 题 ~ 第 90 题。选择正确的答案，将相应的字母填入题内的括号中。每题 2 分，满分 20 分，漏选或错选均不得分）

81. 普通单开道岔由（　　）组成。

A. 转辙器　　B. 辙叉　　C. 护轨　　D. 连接部分
E. 摇手柄

82. 地铁车站由（　　）组成。

A. 站厅　　B. 站台　　C. 出入口　　D. 生产用房
E. 隧道

83. 停车场应具有（　　）两大功能。

A. 停放车辆　　B. 检修车辆　　C. 清洗　　D. 编组

E. 组装

84. （　　）属于地铁各级修程内容。

A. 周检　　B. 定修　　C. 架修　　D. 大修

E. 时检

85. 当（　　）时，行车值班员必须采用非常站控方式强行站控。

A. 有危及行车安全的紧急情况　　B. 中央故障报警

C. 有危及乘客安全的紧急情况　　D. 出现红光带

E. 出现黄光带

86. 行车值班员进行区段解锁操作时，首先要确认（　　）。

A. 列车出清相邻的前方区段

B. 列车已进入本区段并出清

C. 列车已驶入下一个区段

D. 列车停稳

E. 列车开门

87. （　　）是调度命令的要素。

A. 调度命令号码　　B. 受令处所

C. 列车运行方向　　D. 调度命令内容

E. 列车车号

88. 以下（　　）内容属于“三不交”内容。

A. 一班行车作业不完成不交

B. 备品备件不齐不交

C. 车控室卫生不清不交

D. 清洁用具不齐不交

E. 行车人数

89. 车站停电时，行车值班员须向（　　）汇报。

A. 生产调度　　B. 值班站长

C. 警务站　　D. 上级生产调度

E. 消防部门

90. 以下（　　）是《车站生产日志》中“附注栏”内填写的内容。

A. 变更计划　　B. 晚点　　C. 加开列车　　D. 今日票款营收

E. 乘客人数

城轨行车值班员（三级）理论知识试卷答案

一、判断题（第 1 题 ~ 第 30 题。将判断结果填入括号中。正确的填“√”，错误的填“×”。每题 1 分，满分 30 分）

1. √　2. √　3. √　4. √　5. √　6. ×　7. ×　8. ×
9. √　10. √　11. ×　12. √　13. √　14. √　15. √　16. ×
17. ×　18. ×　19. √　20. √　21. ×　22. ×　23. ×　24. √
25. ×　26. √　27. ×　28. √　29. √　30. √

二、单项选择题（第 31 题 ~ 第 80 题。选择一个正确的答案，将相应的字母填入题内的括号中。每题 1 分，满分 50 分）

31. A　32. B　33. D　34. A　35. A　36. B　37. B　38. B
39. C　40. A　41. D　42. A　43. D　44. D　45. B　46. A
47. A　48. A　49. D　50. B　51. A　52. A　53. B　54. A
55. D　56. A　57. B　58. A　59. A　60. D　61. D　62. A
63. C　64. A　65. B　66. D　67. D　68. D　69. A　70. C
71. C　72. C　73. B　74. D　75. A　76. C　77. C　78. D
79. B　80. D

三、多项选择题（第 81 题 ~ 第 90 题。选择正确的答案，将相应的字母填入题内的括号中。每题 2 分，满分 20 分，漏选或错选均不得分）

81. ABCD　82. ABCD　83. AB　84. BCD　85. ABC　86. ABC
87. ABD　88. ABC　89. ABC　90. ABC

操作技能考核模拟试卷

注 意 事 项

1. 考生根据操作技能考核通知单中所列的试题做好考核准备。

2. 请考生仔细阅读试题单中具体考核内容和要求，并按要求完成操作或进行笔答或口答，若有笔答请考生在答题卷上完成。

3. 操作技能考核时要遵守考场纪律，服从考场管理人员指挥，以保证考核安全顺利进行。

注：操作技能鉴定试题评分表及答案是考评员对考生考核过程及考核结果的评分记录表，也是评分依据。

国家职业资格鉴定
城轨行车值班员（三级）操作技能考核通知单

姓名：

准考证号：

考核日期：

试题 1

试题代码：1. 1. 2。

试题名称：计算车辆总走行公里。

考核时间：15 min。

配分：15 分。

试题 2

试题代码：1. 2. 2。

试题名称：排列进路、小交路调整。
考核时间：15 min。
配分：15 分。

试题 3
试题代码：1. 3. 2。
试题名称：终端站道岔失去表示的处理。
考核时间：10 min。
配分：10 分。

试题 4
试题代码：1. 4. 2。
试题名称：施工审批流程。
考核时间：15 min。
配分：15 分。

试题 5
试题代码：2. 1. 2。
试题名称：列车挤岔事故的处置及调整。
考核时间：15 min。
配分：40 分。

城轨行车值班员（三级）操作技能鉴定
试题单（笔试类）

试题代码：1.1.2

试题名称：计算车辆总走行公里

考核时间：15 min

1．操作条件

（1）已知今日有10列车正常运营，1号至5号车由D站出库线出库至上行载客投入运营运行至P站，6至10号车由D站入库线出库至下行站台折返后空车至A站载客投入运营。

（2）每列车为6节编组，线路共有16个车站，A站至P站单程20 km，A站至D站单程5 km，D站至P站单程15 km。

（3）计划1号至10号车均需在A站折返10次后，由A站空车至D站回库。

（4）6号车在P站第三次折返时发生故障，调度安排其空车至D站下行回库。

2．操作内容

（1）写出全日车辆总走行公里的公式。

（2）对公式中相关因素进行确认。

（3）根据公式，计算全日车辆总走行公里。

3．操作要求

（1）计算全日车辆总走行公里所用公式及相关因素正确。

（2）掌握计算结果的确认方法。

（3）线路图见附件。

附件：线路图

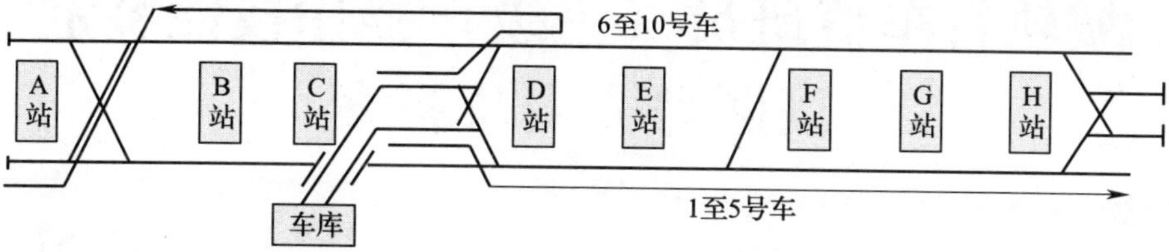

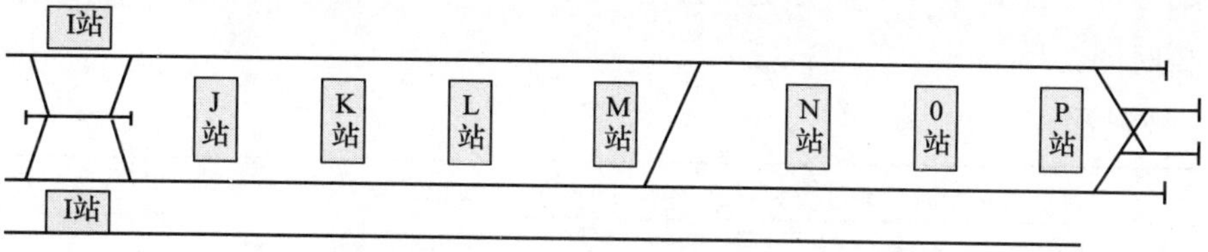

城轨行车值班员（三级）操作技能鉴定试题评分表及答案

试题代码：1.1.2

试题名称：计算全日车辆总走行公里

考核时间：15 min

1. 评分表

评价要素	配分	得分
1	3	
2	6	
3	6	
合计	15	

考评员（签名）：

2. 参考答案

（1）写出全日车辆总走行公里的公式。（3 分）

全日车辆总走行公里 = $\sum$（旅客列车数 × 列车编成辆数 × 列车运行距离）（3 分）

（2）对公式中相关因素进行分析。（6 分）

旅客列车数：总数 10 列车，故障车 1 列车，正常运行至运营结束 9 列，而 9 列又按照出库的不一样，分两类。（2 分）

列车编组数：列车的编组数为 6。（2 分）

列车运行距离：每列车的总运行距离，本题中，列车运行一圈为 40 km。（2 分）

（3）根据公式，计算全日车辆总走行公里。（6 分）

$5\times10\times20\times2\times6+4\times9\times20\times2\times6+4\times2\times5\times6+1\times3\times20\times2\times6=21\ 600$ 车辆公里

城轨行车值班员（三级）操作技能鉴定
试题单（操作类）

试题代码：1. 2. 2

试题名称：排列进路、小交路调整

考核时间：15 min

1．操作条件

（1）在 ATC 面板（6502 仿真软件）上进行操作。

（2）ATC 面板处于日常运营状态，其中红光带为列车。

（3）ATC 面板的其他操作或者相邻集中站的操作由考评员配合。

2．操作内容

因上海体育馆上行进站发生人车冲突，为缓解徐家汇上行客流压力，调度员要求徐家汇站值班员将徐家汇下行进站列车清客后经徐家汇折 4 线折返至徐家汇上行后，载客投入运营。徐家汇下行出站进路已经自动触发。

请学员按照考评员要求在 6502 仿真软件上进行操作。

3．操作要求

（1）严格按照实际操作步骤进行。

（2）操作中要注意各种面板现象。

（3）操作中遵守相关操作注意事项。

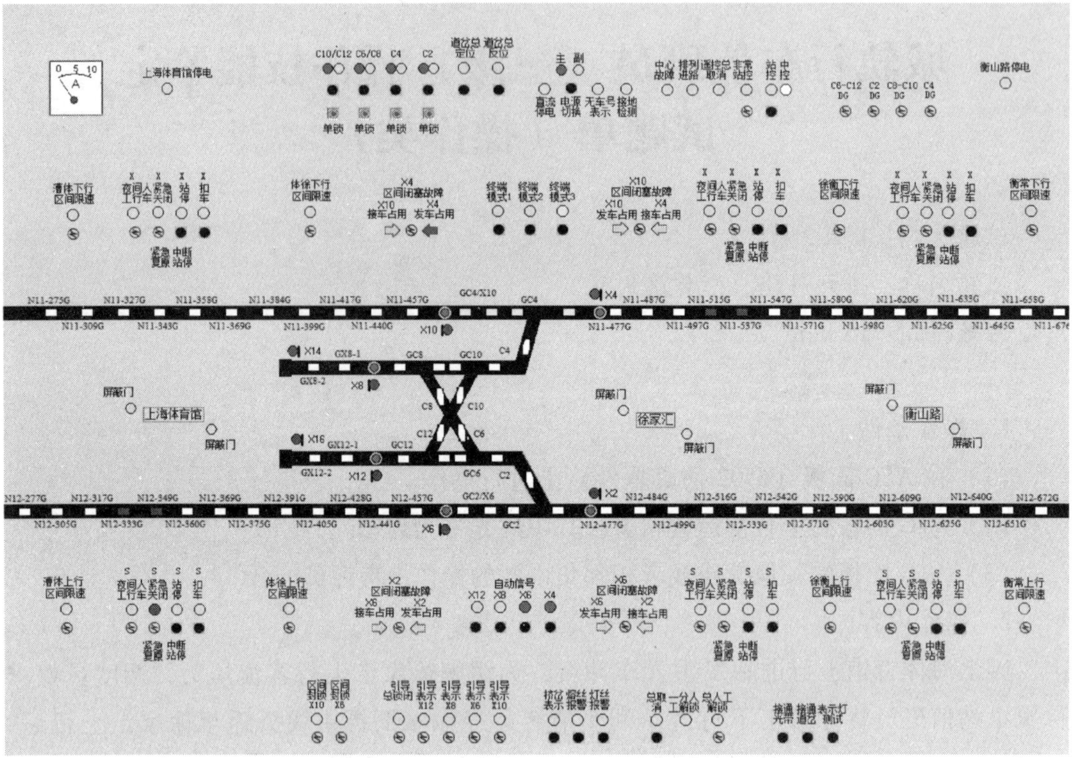
上海体育馆停电
C10/C12
C6/C8
C4
C2
道岔总定位
道岔总反位
单锁
主
副
直流停电
电源切换
无车号表示
接地检测
中心故障
排列进路
进路取消
非常站控
站控
中控
衡山路停电
C6-C12 DG
C2 DG
C8-C10 DG
C4 DG
体徐下行区间限速
区间闭塞故障
接车占用
发车占用
终端模式1
终端模式2
终端模式3
站停
扣车
紧急复原
中断站停
徐衡下行区间限速
衡常下行区间限速
屏蔽门
上海体育馆
徐家汇
衡山路
体徐上行区间限速
自动信号
徐衡上行区间限速
衡常上行区间限速
区间封锁
引导总锁闭
引导表示
接地表示
熔丝报警
灯丝报警
总取消
区段人工解锁
接通光带
接通道岔
表示灯测试

城轨行车值班员（三级）操作技能鉴定
试题评分表及答案

考生姓名：　　　　　　　　　　　　准考证号：

1. 评分表

试题代码及名称		1.2.2　排列进路、小交路调整			考核时间				15 min	
评价要素		配分	等级	评分细则	评定等级					得分
					A	B	C	D	E	
1	控制权的转换操作	2	A	中控成功转为站控						
			B	/						
			C	/						
			D	/						
			E	未答题						
2	准备工作1	2	A	对上海体育馆上行站台扣车						
			B	/						
			C	/						
			D	/						
			E	未答题						
3	准备工作2	3	A	车调联控+取消X4自动信号+取消下行出站进路						
			B	车调联控+取消X4自动信号						
			C	利用车调联控通知徐家汇下行进站列车要关闭前方信号						
			D	/						
			E	未答题						
4	准备工作3	2	A	取消X6自动信号						
			B	/						
			C	/						
			D	/						
			E	未答题						

续表

评价要素		配分	等级	评分细则	评定等级					得分
					A	B	C	D	E	
5	准备工作4	2	A	解除 C2、C4、C10/C12 单锁						
			B	/						
			C	解除 C2、C4 单锁						
			D	/						
			E	未答题						
6	准备 折返进路 X4－X12/ X12－X2	2	A	排列 X4－X12 进路，列车到达折4线后，排列 X12－X2 进路						
			B	/						
			C	排列 X4－X12 进路						
			D	/						
			E	未答题						
7	后续工作	2	A	单操 C2、C4 至定位并单锁，单锁 C10/C12，X4、X6 设置自动信号						
			B	单操 C2、C4 至定位并单锁，单锁 C10/C12						
			C	单操 C2、C4 至定位并单锁						
			D	/						
			E	未答题						
合计配分		15	合计得分							

考评员（签名）：

等级	A（优）	B（良）	C（尚可）	D（较差）	E（未答题）
比值	1.0	0.8	0.6	0.2	0

“评价要素”得分＝配分×等级比值

2．参考答案

（1）控制权转换，中控至站控。

（2）准备工作：对上海体育馆上行进行扣车，与徐家汇下行进站列车车调联控后，取消下行 X4 自动信号功能、取消 X6 自动信号功能；解除 C2、C4、C10/C12 的道岔单锁。

（3）准备折返进路。

（4）单操 C2、C4 至定位并单锁，单锁 C10/C12，X4、X6 设置自动信号功能。

城轨行车值班员（三级）操作技能鉴定
试题单（操作类）

试题代码：1.3.2

试题名称：终端站道岔失去表示的处理

考核时间：10 min

1. 操作条件

终端折返车站道岔失去表示。

2. 操作内容

（1）终端折返站道岔失表情况下的处理原则。

（2）终端折返站道岔失表情况下的影响。

（3）终端折返站道岔失表情况下的调整方式。

（4）手摇道岔作业注意事项。

（5）站后折返站 A 站 4 号道岔失表后，具体见附件，进折 4 线的车调联控用语。

（6）站后折返站 A 站 4 号道岔失表后，具体见附件，手摇道岔接发列车时，调度员发布的调度命令。

3. 操作要求

（1）严格按照实际操作步骤进行。

（2）操作中遵守相关操作注意事项。

附件：

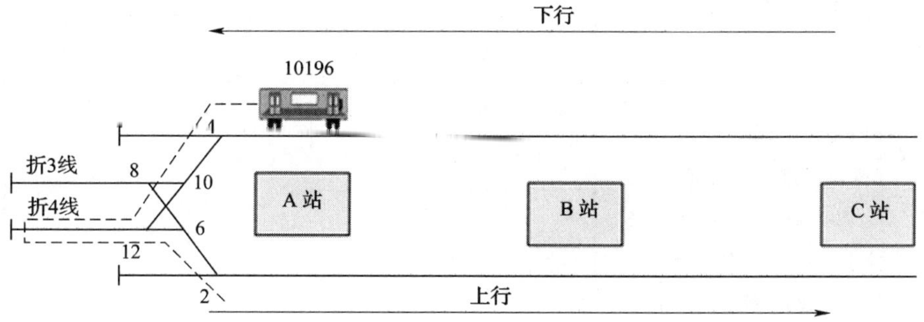

城轨行车值班员（三级）操作技能鉴定试题评分表及答案

考生姓名：　　　　　　　　准考证号：

1. 评分表

<table>
<tr><td colspan="2">试题代码及名称</td><td colspan="3">1.3.2　终端站道岔失去表示的处理</td><td colspan="3">考核时间</td><td colspan="3">10 min</td></tr>
<tr><td colspan="2" rowspan="2">评价要素</td><td rowspan="2">配分</td><td rowspan="2">等级</td><td rowspan="2">评分细则</td><td colspan="5">评定等级</td><td rowspan="2">得分</td></tr>
<tr><td>A</td><td>B</td><td>C</td><td>D</td><td>E</td></tr>
<tr><td rowspan="5">1</td><td rowspan="5">掌握道岔失表处置原则：1. 尽量利用有表示的道岔进行列车折返；2. 尽量利用失表道岔中有表示的位置进行列车折返</td><td rowspan="5">2</td><td>A</td><td>掌握 2 点</td><td rowspan="5"></td><td rowspan="5"></td><td rowspan="5"></td><td rowspan="5"></td><td rowspan="5"></td><td rowspan="5"></td></tr>
<tr><td>B</td><td>/</td></tr>
<tr><td>C</td><td>掌握 1 点</td></tr>
<tr><td>D</td><td>/</td></tr>
<tr><td>E</td><td>未答题</td></tr>
<tr><td rowspan="5">2</td><td rowspan="5">道岔失去表示后的影响：列车无法正常折返，折返效率降低</td><td rowspan="5">2</td><td>A</td><td>掌握</td><td rowspan="5"></td><td rowspan="5"></td><td rowspan="5"></td><td rowspan="5"></td><td rowspan="5"></td><td rowspan="5"></td></tr>
<tr><td>B</td><td>/</td></tr>
<tr><td>C</td><td>/</td></tr>
<tr><td>D</td><td>/</td></tr>
<tr><td>E</td><td>未答题</td></tr>
<tr><td rowspan="5">3</td><td rowspan="5">调整方式：利用折返站前方有岔站进行折返，减小终端站折返压力</td><td rowspan="5">2</td><td>A</td><td>掌握</td><td rowspan="5"></td><td rowspan="5"></td><td rowspan="5"></td><td rowspan="5"></td><td rowspan="5"></td><td rowspan="5"></td></tr>
<tr><td>B</td><td>/</td></tr>
<tr><td>C</td><td>/</td></tr>
<tr><td>D</td><td>/</td></tr>
<tr><td>E</td><td>未答题</td></tr>
<tr><td rowspan="5">4</td><td rowspan="5">掌握作业的5个注意事项：1. 行值与扳道员的沟通；2. 听从调度命令；3. 严禁擅自操动道岔；4. 钩锁器使用；5. 现场作业必须申请</td><td rowspan="5">3</td><td>A</td><td>掌握 5 点</td><td rowspan="5"></td><td rowspan="5"></td><td rowspan="5"></td><td rowspan="5"></td><td rowspan="5"></td><td rowspan="5"></td></tr>
<tr><td>B</td><td>掌握 4 点</td></tr>
<tr><td>C</td><td>掌握 3 点</td></tr>
<tr><td>D</td><td>/</td></tr>
<tr><td>E</td><td>未答题</td></tr>
</table>

续表

<table>
<tr><th colspan="2" rowspan="2">评价要素</th><th rowspan="2">配分</th><th rowspan="2">等级</th><th rowspan="2">评分细则</th><th colspan="5">评定等级</th><th rowspan="2">得分</th></tr>
<tr><th>A</th><th>B</th><th>C</th><th>D</th><th>E</th></tr>
<tr><td rowspan="5">5</td><td rowspan="5">站后折返站道岔失表后的车调联控用语：A 站呼叫 A 站下行 10196 次，注意前方调车手信号，运行至折 4 线</td><td rowspan="5">3</td><td>A</td><td>掌握</td><td rowspan="5"></td><td rowspan="5"></td><td rowspan="5"></td><td rowspan="5"></td><td rowspan="5"></td><td rowspan="5"></td></tr>
<tr><td>B</td><td>/</td></tr>
<tr><td>C</td><td>/</td></tr>
<tr><td>D</td><td>/</td></tr>
<tr><td>E</td><td>未答题</td></tr>
<tr><td rowspan="5">6</td><td rowspan="5">站后折返站道岔失表后的书面命令：×时×分起，A 站以手摇道岔方式办理折返作业，列车凭车站手信号折返</td><td rowspan="5">3</td><td>A</td><td>掌握</td><td rowspan="5"></td><td rowspan="5"></td><td rowspan="5"></td><td rowspan="5"></td><td rowspan="5"></td><td rowspan="5"></td></tr>
<tr><td>B</td><td>/</td></tr>
<tr><td>C</td><td>/</td></tr>
<tr><td>D</td><td>/</td></tr>
<tr><td>E</td><td>未答题</td></tr>
<tr><td colspan="2">合计配分</td><td>15</td><td colspan="8">合计得分</td></tr>
</table>

考评员（签名）：

等级	A（优）	B（良）	C（尚可）	D（较差）	E（未答题）
比值	1.0	0.8	0.6	0.2	0

“评价要素”得分 = 配分 × 等级比值

2. 参考答案

（1）掌握道岔失去表示处置原则

1）尽量利用有表示的道岔进行列车折返。

2）尽量利用失表道岔中有表示的位置进行列车折返。

（2）掌握道岔失去表示的影响：列车无法正常折返，折返效率降低。

（3）调整方式：利用折返站前方有岔站进行折返，减小终端站折返压力。

（4）掌握作业的 5 个注意事项

1）行值与扳道员的沟通。

2）听从调度命令。

3）严禁擅自操动道岔。

4）钩锁器使用。

5）现场作业必须申请。

（5）站后折返站道岔失表后的车调联控用语：A 站呼叫 A 站下行 10196 次，注意前方调车手信号，运行至折 4 线。

（6）站后折返站道岔失表后的书面命令：× 时 × 分起，A 站以手摇道岔方式办理折返作业，列车凭车站手信号折返。

城轨行车值班员（三级）操作技能鉴定试题单（操作类）

试题代码：1.4.2

试题名称：施工审批流程

考核时间：15 min

1. 操作条件

运营公司的委外单位计划对车站屏蔽门系统进行设备检修。

2. 操作内容

（1）根据施工影响和申报流程的不同，正线轨行区施工可具体分为哪几类。

（2）该施工属于哪类。

（3）上述施工的负责人应由谁担任。

（4）各类施工的审批先后次序。

（5）上述施工审批流程是什么。

（6）施工审批的注意事项。

3. 操作要求

（1）掌握施工分类规定。

（2）掌握施工负责人管理规定。

（3）掌握施工审批流程的规定。

城轨行车值班员（三级）操作技能鉴定试题评分表及答案

考生姓名：　　　　　　　　　　准考证号：

1. 评分表

试题代码及名称		1.4.2　施工审批流程			考核时间			15 min		
评价要素		配分	等级	评分细则	评定等级					得分
					A	B	C	D	E	
1	施工分类：抢修施工、一级重大施工、二级重大施工和日常检修施工四类	3	A	掌握 3 种						
			B	掌握 3 种						
			C	掌握 2 种						
			D	/						
			E	未答题						
2	该施工属于哪类施工？（日常检修）	2	A	掌握						
			B	/						
			C	/						
			D	/						
			E	未答题						
3	施工负责人：运营公司认可的委外单位人员，必须进入数据库	2	A	掌握						
			B	/						
			C	/						
			D	/						
			E	未答题						
4	各类施工的审批次序： 1. 抢修施工 2. 一级重大施工 3. 二级重大施工 4. 日常检修	3	A	掌握						
			B	/						
			C	/						
			D	/						
			E	未答题						

续表

评价要素		配分	等级	评分细则	评定等级					得分
					A	B	C	D	E	
5	施工审批流程：外单位制订计划，交由计划申报单位申报，交由调度所批准后，由计划申报单位流转至外单位实施	3	A	掌握外部、内部流程						
			B	/						
			C	掌握内部流程						
			D	/						
			E	未答题						
6	施工审批流程的注意事项：涉及多家单位的施工需要的计划流转，配合单位先行批复后，方可申报	2	A	掌握全部施工审批流程的注意事项						
			B	基本掌握施工审批流程的注意事项						
			C	掌握施工审批流程的注意事项的计划流转						
			D	/						
			E	未答题						
合计配分		15	合计得分							

考评员（签名）：

等级	A（优）	B（良）	C（尚可）	D（较差）	E（未答题）
比值	1.0	0.8	0.6	0.2	0

“评价要素”得分 = 配分 × 等级比值

2．参考答案

（1）施工分类：抢修施工、一级重大施工、二级重大施工和日常检修施工四类。

（2）该施工属于日常检修施工。

（3）施工负责人：运营公司认可的委外单位人员，必须进入数据库。

（4）各类施工的审批次序：抢修施工→一级重大施工→二级重大施工→日常检修。

（5）施工审批流程：外单位制订计划，交由计划申报单位申报，交由调度所批准后，由计划申报单位流转至外单位实施。

（6）施工审批流程的注意事项：涉及多家单位的施工需要的计划流转，配合单位先行批复后，方可申报。

城轨行车值班员（三级）操作技能鉴定
试题单（操作类）

试题代码：2. 1. 2

试题名称：列车挤岔事故的处置及调整

考核时间：15 min

1．操作条件

（1）根据所给的线路图（具体见附件）。

（2）终端折返站A站下行列车X次进折返线过程中，在8号道岔处发生挤岔事故。

（3）A站上行停有Y次列车等待发车。

2．操作内容

（1）假设你作为A站行车值班员，对挤岔事故进行处理的要点。

（2）从行车调度员的角度，对线上列车的运行制定调整方案。

（3）根据制定的调整方案，重点说明接驳车站的行车作业要点。

（4）该事故在红黄牌规定中，对应事故类型及等级。

3．操作要求

（1）掌握挤岔事故的处置方法及规定。

（2）掌握列车运营调整方法。

（3）掌握发生挤岔事故时的安全保障措施。

附件：线路图

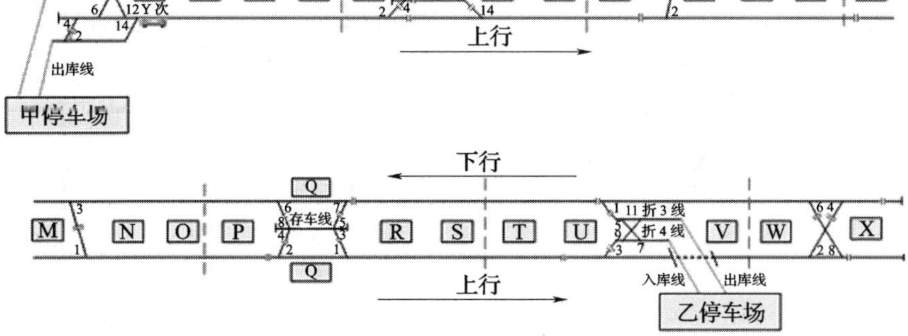

城轨行车值班员（三级）操作技能鉴定
试题评分表及答案

考生姓名： 准考证号：

1．评分表

试题代码及名称		2.1.2　列车挤岔事故的处置及调整			考核时间			15 min		
评价要素		配分	等级	评分细则	评定等级					得分
					A	B	C	D	E	
1	挤岔后，A站值班员的操作要点	8	A	掌握4点及以上						
			B	掌握3点						
			C	掌握2点						
			D	/						
			E	未答题						
2	调度调整方案	14	A	掌握5点						
			B	掌握3点						
			C	掌握第1、2点						
			D	/						
			E	未答题						
3	接驳车站的操作要点	10	A	掌握3点及以上						
			B	掌握2点						
			C	必须掌握第1点						
			D	/						
			E	未答题						
4	红黄牌规定	4	A	掌握事故类型及等级						
			B	/						
			C	掌握事故类型或等级						
			D	/						
			E	未答题						

续表

评价要素		配分	等级	评分细则	评定等级					得分
					A	B	C	D	E	
5	挤岔列车的动车指挥人	4	A	掌握（工务抢修工长）						
			B	/						
			C	/						
			D	/						
			E	未答题						
合计配分		40	合计得分							

考评员（签名）：

等级	A（优）	B（良）	C（尚可）	D（较差）	E（未答题）
比值	1.0	0.8	0.6	0.2	0

“评价要素”得分 = 配分 × 等级比值

2. 参考答案

（1）A 站值班员的操作要点

1）信息汇报。

2）现场确认。

3）派人现场监护。

4）禁止列车动车。

（2）作为行车调度，制定调整方案

1）必答：X 站至 F 站小交路运行。

2）必答：A 站至 F 站上行单列车单线双向运行。

3）E 站至 A 站下行在挤岔车 X 次的后续列车到达站台后停运。

4）适当安排部分列车回乙停车场，减少正线列车密度。

5）启动 A 站至 F 站之间的公交预案。

（3）接驳车站的操作要点

1）必答：接驳站为 F 站。

2）F 站要注意小交路列车折返线进入上行时，单线双向列车要扣在 E 站上行站台。

3）单线双向列车从 E 站向 F 站上行运行时，小交路列车必须停在折返线，或者小交路列车在上行站台时，确保出折返线的进路不触发。

4）F 站要做好客流组织。

（4）红黄牌规定：信号设备故障，红牌 1。

（5）动车指挥人：工务抢修工长。

参 考 文 献

1. 上海申通地铁集团有限公司轨道交通培训中心. 城市轨道交通概论 [M]. 北京：中国铁道出版社，2009

2. 上海申通地铁集团有限公司轨道交通培训中心. 城市轨道交通列车运行组织 [M]. 北京：中国铁道出版社，2013

3. 上海申通地铁集团有限公司轨道交通培训中心. 城市轨道交通设备调度 [M]. 北京：中国铁道出版社，2012

4. 上海申通地铁集团有限公司轨道交通培训中心. 城市轨道交通运营调度 [M]. 北京：中国铁道出版社，2012